作者简介
ABOUT THE AUTHOR

雷娜特·努梅拉·凯恩（Renate Nummela Caine），博士，美国加利福尼亚州立大学圣贝纳迪诺分校的教育荣誉教授，目前是加利福尼亚州爱德怀镇的一个非营利组织——自然学习研究所（Natural Learning Research Institute）的执行主任。同时担任“凯恩学习中心”的联合主任。

杰弗里·凯恩（Geoffrey Caine），法学硕士，凯恩学习中心主任、自然学习研究所董事会副主席、作家和过程教练。他曾在教育单位、企业单位、政府部门任职，曾担任法律教授、某软件公司的教育服务经理以及美国培训与发展协会（American Society for Training & Development，ASTD）心智与大脑网络项目主任。

卡罗尔·麦克林蒂克（Carol McClintic），文学硕士，自然学习研究所教育者的计划主任，自然学习中心——一个地方社区推广计划的统筹。她也是一名教师，其高超的教学方式得到了业内人士认可。

卡尔·J. 克里梅克（Karl J. Klimek），文学硕士，是一个支持学校的创新和相关教学的教育咨询团队“两种视角：通过领导力学习”（2 Perspectives: Learning Through Leadership）的主席。他有学校管理的经历，曾担任小学校长、课程和教学副主管。

新课堂学习译丛 | 主编 盛群力

12条
脑智学习原理运用

培养高阶思维和执行功能

[美]雷娜特·努梅拉·凯恩 [美]杰弗里·凯恩
[美]卡罗尔·麦克林蒂克 [美]卡尔·J.克里梅克 著

徐琴美 陈梦笛 杜青青 等译
盛群力 审订

浙江教育出版社·杭州

图书在版编目（CIP）数据

12条脑智学习原理运用 ： 培养高阶思维和执行功能 / (美) 雷娜特・努梅拉・凯恩 (Renate Nummela Caine) 等著 ； 徐琴美等译. -- 杭州 ： 浙江教育出版社, 2022.11
（新课堂学习译丛）
书名原文: 12 Brain/Mind Learning Principles In Action: Teach for the Development of Higher-Order Thinking and Executive Function
ISBN 978-7-5722-3716-4

Ⅰ. ①1… Ⅱ. ①雷… ②徐… Ⅲ. ①课堂教学一教学研究一中小学 Ⅳ. ①G632.421

中国版本图书馆CIP数据核字(2022)第104187号

引进版图书合同登记号　浙江省版权局图字：11-2022-029

12 条脑智学习原理运用：培养高阶思维和执行功能
12 TIAO NAOZHI XUEXI YUANLI YUNYONG: PEIYANG GAOJIE SIWEI HE ZHIXING GONGNENG
［美］雷娜特・努梅拉・凯恩　［美］杰弗里・凯恩　［美］卡罗尔・麦克林蒂克
［美］卡尔・J. 克里梅克　著
徐琴美　陈梦笛　杜青青　等译　盛群力　审订

责任编辑　王方家　　**美术编辑**　韩　波
责任校对　查奕倩　　**责任印务**　曹雨辰
封面设计　观止堂＿未氓

出版发行　浙江教育出版社（杭州市天目山路 40 号　电话：0571-85170300-80928）
图文制作　杭州林智广告有限公司
印　　刷　杭州佳园彩色印刷有限公司
开　　本　710mm × 1000mm　1/16
印　　张　20.5
字　　数　350 000
版　　次　2022 年 11 月第 1 版
印　　次　2022 年 11 月第 1 次印刷
标准书号　ISBN 978-7-5722-3716-4
定　　价　68.00 元

总 序

智能时代需要发生学习变革。“新课堂学习”来了，大家准备好了吗？“新课堂学习”是时代的呼唤。“新课堂学习”实际上可以看成是“新课堂”和“新学习”的集合。“新课堂”是指学习环境的变革，在学习时间上实现长短结合、模块组合和交错学习多样态结构；在学习空间上打通教室、校园、社会和网络的链接，贯彻实（体）虚（拟）一体化要求，以此满足教学的时间和空间更加适合学生个性化和差异化发展的需要。“新学习”需要我们准确理解“学习”的含义，将学习者内部心理结构的变化和外部行为动作的表现结合起来，确保通过课堂教学促使学习完整地发生。只有内外协调一致，才能真正做到学有所得和实现迁移。内部心理结构变化是基础，是根本，外部行为表现是目的，是结果。准确或者辩证地说，我们应该将两者看成是“以内养外，以外表内，内外协调，表里贯通”的关系。

在学习过程中，我们要做好“选择”“组织”“整合”这三项工作。在学习任务的类别上，要区分“是什么”“如何做”“为什么”之间的差异，尤其要重视“为什么”知识的内化和外化，在动力、策略和原理培育上下功夫。要依据不同的知识类型（学习目标）来开展有针对性的教学，同时也倡导依据不同的学习任务类型，扶放有度地为学生提供指导，培养学生的自我调节、自主发展能力。要依据学习目标达成度开展评估，同时开展形成性评估和自我评估。我们要理直气壮地提出“学教统一”，调动师生双方的积极性。

不学习，无教育；不知学，焉知教。“新课堂学习”首先为智能时代的教师学习服务，其次为教师教学服务。落实核心素养培育、推进减负增效、加快作业与评价改革等都需要教师潜心学习、锐意改革，从教教材走向教能力，从考教材转为测水平。在这样的学习环境中，学生成为焦点，学习位于中央；教师俯身指导，教学旨在促进；扶放有度教学，学教形成合力；培育素养为重，实现迁移为本。

“新课堂学习译丛”正是应这一时代变革需求而推出的。译丛包括《元认知学习：策略、活动与课例设计》《专注学习：给师生的 101 条课堂策略》《深度学习：7 种深入、持久学习的课堂策略》《综合学习：从 STEM 迈向 STEAM》《12 条脑智学习原理运用：培养高阶思维和执行功能》五本书，由浙江大学教育学院盛群力教授主持策划和组织翻译。参加翻译的学术成员主要是浙江大学课程与学习科学系的教师、研究生和访问学者等。所选择图书主要面向中小学一线教师，主题涉及元认知发展、专注学习、深度学习、跨学科教学的策略以及脑智学习的原理与运用。这套译丛观念新颖，可读性强，图文并茂，具有较强的操作性，能够很好地指导教师开展教学实践。其比较明显的优势是汲取了脑科学发展与学习科学研究的营养，重点阐释了“新课堂学习”需要的教学策略与方法。这些策略与方法是原来的教育学、课程论和教学法书籍中较少涉及或者没有具体展开论述的，相信可以帮助教师达成“新课堂学习”的目标以及完成相应评价。

衷心感谢浙江教育出版社将“新课堂学习译丛”列入出版计划，衷心感谢浙江教育出版社学术出版中心的编辑团队为精心推出译丛所付诸的辛劳，衷心感谢翻译团队为交出翻译成果协力同心。希望“新课堂学习译丛”能为提升教师教学效能、提升学生学习效果与促进学生发展起到添砖加瓦的作用。

2021 年 12 月 21 日于杭州

第三版序言

心智、身体和大脑对于人类意义建构都是不可或缺的。因此，与这三者紧密相关的神经科学学科引起了教育学者们的兴趣。他们希望能从中得到教学和学习的启示并加以应用。在这个过程中，他们努力使教学更加“与脑相容”，并且因为附加研究对脑智学习产生了新见解，更统一的教学方法也由此产生。

同时，教育工作者和开发人员已经制定了准则和标准来衡量何为有效的教学成果。许多教师已经得到美国国家教学专业标准委员会（National Board of Professional Teaching Standards，NBPTS）的“认证”。本书中一个独特的增值贡献是将神经科学研究、建构主义、教学实践与美国国家教学标准联系起来。

作者基于大量的研究，结合个人在各国的经历以及在教育实践中的第一手资料，编写了这本极具可读性和实用性的著作。他们描述了学习的最佳环境，阐释了许多神经心理学中的抽象概念，同时还为教师提供了可以直接加以应用的课堂教学策略。此外，作者还通过提供大量的例子，摘取教师日志中的真实反思，描述学生在课堂中的小插曲，以及将校园、课堂环境和策略与如何发挥学习的脑与心智最大效益相联系，使本书成为一本有价值的教师指南。

此外，此书中的建议可以被广泛运用于现代课程：STEAM（科学，技术，工程，艺术，数学）课程，国际学士学位课程（International Baccalaureate，IB），美国共同核心州立标准（Common Core State

Standards，CCSS），下一代科学教育标准（Next Generation Science Standards，NGSS），21 世纪技能（21st Century Skills），心智习惯（Habits of Mind），先修课程（Advanced Placement）；等等。进行这些学习需要三个基本的“与脑相容”元素：

- ◆ 放松心理警觉（Relaxed Alertness）
- ◆ 全情投入体验（Orchestrated Immersion in Complex Experiences）
- ◆ 主动加工经验（Active Processing of Experience）

作者认为每个教师都是独一无二的，其教学方法反映了各自的哲学理念、感知和思维方法。本书描述了三种教学方法的利弊，也探讨了如何让每种教学方法最大程度地开发脑智学习的潜能。当然课堂运用不等同于生搬硬套。因而作者也进一步说明了教师如何像三股螺旋一样对这三种方法进行整合、重组和实施。可以说本书丰富了教与学两个环节。

凯恩夫妇认为重要的领导者将在倡导和支持学校变革中发挥重要作用，故在本书的每章末尾，都为学校领导如何带头行动、各相关工作人员如何应用这些原理提出了相应的建议，希望能够以此创建一个更高效的学习社群。当 12 条脑智学习原理成为学校的规范并被更多的人接受时，学校将能够成为一个不断发展的学习组织。

这本书是凯恩夫妇及其同事在创建一个能够进一步促进学习的课堂中取得的有益成果。无论教育工作者是想要将大脑的研究运用到教育实践，还是想要在学校建立学习的社群，抑或是想让更多人学会思考，都一定能够从中受益。

美国加利福尼亚州立大学萨克拉门托分校
荣誉教授，教育学博士
亚瑟•L. 科斯塔（Arthur L. Costa）

前　言

随着时间的推移，教育领域日新月异。越来越多的力量正推动着教育的发展。

◆ 国际学士学位课程，CCSS 倡议，STEM 教育联盟（STEM Education Coalition）和 NGSS 等计划为学生制定更严格的标准。

◆ 国家教学标准也在努力推动新型的课堂教学，旨在更严格地以学生为中心，以项目为导向。

◆ 技术让人们互联互通，使大家能够更便捷地获取各地的信息和多样的知识，这是前所未有的。

◆ 神经科学、认知科学研究和集体的智慧正在发挥更大的作用，帮助我们寻找学习本质的同时创建一个更为丰富、更具自主性、更具活力的学习系统。

此书总结了我们为了能够让教育受益于上述的变化做出的努力，我们希望能够以此推动教师专业的发展，也希望能够对学习和教育产生强大的积极影响。

更多地使用一个人的脑与心智意味着什么？

对于这个问题，很多人的答案是能够拥有更强的记忆力。但是根据神经科学和认知科学研究成果，严格意义上来说，脑力不仅仅指记忆力。“脑与心智”涵盖了情绪、行动、创造力、免疫反应、语言、推理、规划、组织和梦想，让我们能够产生怜悯之心、感受与周围的联系、体会内心的平和或迷茫。此外，环境和体验会影响人类并促使人类通过各种方式来调节心理以增强自己的脑力，所以我们需要重新定义学习。

为了回答标题中的问题，我们需要意识到每一个学生的身—心—脑构成了内部联系紧密的整体，参与着个体与环境的互动。这让我们意识到，从生理学角度来说，大脑是用来学习的，自然学习应该是强大的神经网络的构建。这个过程的每一方面都需要感知和行动调节，影响着人们与现实世界的交互方式。

凯恩夫妇将阐明这些观点的不同学科的研究进行了整合（参见 Caine & Caine，1991，1994），进而总结出了 12 条原理，现在被称为“12 条脑智学习原理”（12 Brain/Mind Principles of Natural Learning）。

大脑的运作涉及如此多的内容，教育者能够从中得到什么启发呢？凯恩夫妇建议，教育要立足于人自然学习的方式，并且要具备以下三个基本要素：

◆ 放松心理警觉：一个能够给予学生支持，允许学生自由发挥，但是又不失挑战性的社会环境，不仅能够激发学生的兴趣，更能引导他们找寻自己努力的目标和意义。这被称为放松心理警觉。因此，本书的第一部分重点介绍如何以及为什么要帮助学生在各种学习环境中达到放松心理警觉的状态。

◆ 全情投入体验：教学的内容和标准需要结合涉及情感、思考和想象力的事件和体验，更重要的是，要让学习者感觉有意义。这种在全面体验的环境中的学习与教学被称为全情投入体验。因此，本书的第二部分重点介绍如何创建这些环境，以及为什么它们对有效的教学来说至关重要。

◆主动加工经验：仅有体验本身是不够的。当学生以自然的方式沉浸在丰富、复杂、动态的体验中时，教师需要一直鼓励学生总结、分析、反思、论证、展示和呈现他们学习内容的反馈。因此，本书的第三部分重点介绍如何处理学生的体验，巩固关键知识以用现实世界的表现得到评价和结果。

我们怎样达到那样的境界？

当着手写这篇前言时，我们四个作者特地找时间看了《夺宝奇兵3之圣战奇兵》（*Indiana Jones and the Last Crusade*）这部电影。当时我们正在找一个关于“勇气”的比较恰当的隐喻。在电影的尾声，男主角印第安纳必须通过层层考验才能获得圣杯。在一些关键时刻，他甚至需要跳出地图的限制来破译指令。其中有一个考验是男主角必须相信一座实际存在的隐形桥。唯有他真正相信这座桥的存在，勇敢走上隐形桥，这座桥才会出现。所以他必须先想象出这座桥并且对此深信不疑，才能勇敢地迈出步子。

同样的道理，正在阅读这本书的读者们，唯有你们愿意尝试，愿意相信我们提出来的这些建议，这本书才能真正地为你们所理解，这本书也才会“被看见”。

我们必须一起学习

在这个联系紧密、充满挑战及科技迅速发展的世界里，教育工作者应该走出孤立的课堂，不再孤军奋战。事实上，在整本书中我们都秉持着如下信念：唯有更多人愿意凝聚在一起，交流并相互学习，我们才能更好地理解最新的研究成果及其带给教育的影响。所以，我们鼓励读者至少和另外一位伙伴一起学习，如果条件允许，尝试参与到“过程学习圈”（Process Learning Circles）中。[详细信息请参考凯恩夫妇于2010年发表的文章《加强和丰富你的专业学习社群：共同学习的艺术》（*Strengthening and Enriching Your Professional Learning Community: The Art of Learning Together*）]。

当今时代要求我们在促进跨学科、国际化交流的同时，依旧要充分发挥我们社群的作用，利用好社群中已有的经验与资源。

我们需要能赋权的领导者

好的领导者往往在团队中起着举足轻重的作用。具体而言，实现我们的目标需要有一个能够促进发展、赋权以及有执行力的领导者。如果你是一个可以鼓励、支持他人在专业上取得成长的人，那么我们鼓励你开始展开行动。在全国范围内，学校领导者对校内规范教学持续施加压力。这种使教学统一规范的举措与我们对大脑如何学习的理解相悖。因为那些不符合规范的学生和教师反倒取得了显著的成绩。无论你是教师领导、管理者、后勤人员还是监督人，我们都呼吁你通过展示经实践证实的素养来引领大家。

目前的成果

自从1991年首次出版以来，凯恩夫妇的“脑智学习原理”已经在各地被广泛引用。以下还有一些信息：

◆ 所有作者都参与了长期的学校和地区范围内的计划，已经实施了这本书中的想法和过程。包括与美国加利福尼亚州、密歇根州、内华达州和美国其他地方的个别学校或地区的多年互动。

◆ 多年来，凯恩夫妇是世界上领先的、国家支持的教育改革计划国际项目成员之一，该计划在澳大利亚南澳大利亚州阿德莱德市最初被称为“学会学习”。该项目中的一个实验学校——布里奇沃特小学，在凯恩夫妇 2011 年的《相互联系的世界里的自然学习：教育、技术和人类大脑》（*Natural Learning for a Connected World: Education, Technology, and the Human Brain*）一书中作了深入的描述。

◆ 合著者卡尔·J. 克里梅克负责指导和监督起点教育网（Square One Education Network）的赠款和创新项目的实施，该网站是由支持美国中西部三州地区教育变革的行业和企业所组成的公共基金会创立的。由这些基金会支持的计划、项目、教学和领导力都十分卓越，并有效地反映了基于项目的教学方法的价值和学习影响。

◆ 这些原理和过程为由其他人创办的特级学校发展计划奠定了基础。一个例子是蒂姆·琼斯（Tim Jones）博士在他 2013 年出版的《为人类大脑而教育：通往学校中自然学习的路线图》（*Education for the Human Brain: A Road Map to Natural Learning in Schools*）一书中描述的工作。

◆ 许多其他高水平的区域和基于学校的教学项目已经自发地发展起来了，虽然没有提及我们，但我们分享和展示了同样的基本实践和哲学。凯恩夫妇在其 2011 年推出的《自然学习》（*Natural Learning*）一书中还深入描述了一个例子，即智利共和国圣地亚哥的高科技中学。

任何地方都有优秀的学校、教师和领导者，但我们尤为感谢那些把这本书中的想法和过程付诸行动的人。

第三版中有什么新的内容？

每章的研究部分都已更新。例如，我们介绍所谓的“镜像神经元”（mirror neurons）的发现，以进一步支持脑与心智的社会性原理。还有更多关于“可塑性”——大脑由于体验而改变的能力，以及神经再生（neurogenesis）——大脑再生的能力的内容。对执行功能的研究已经更新，并结合了杰奎因•福斯特（Joaquin Fuster）关于从感知和行动两方面，大脑如何通过经验塑造自身的研究。

现在，我们更多地把整个过程称为“自然学习”。我们还与一些同事联合创立了一个新的非营利组织，称为自然学习研究所。其目的是对自然学习的多个方面提供支撑性研究，与教师和管理人员进行长期努力，并将评估结果尽可能广泛地传播给大众。

读者将能感觉到这个版本的内容更为清晰和有序。书中有大量新的或不寻常的词汇，因而每个章节的末尾都有一个“词汇表”。我们将领导力部分改为“赋权领导者”，因为它更好地描述了我们对“领导力”一词想要表达的意思。每章结尾的领导力部分已经作了大幅修改。关于“如何开发过程学习圈”的资源已经扩大，并增加了新的故事和全面的经验。

你还会发现架构和标题也发生了其他变化，我们希望这些变化将使这本书更易于独立阅读和与他人分享。

我们希望这个新版本反映了我们与同事和合作伙伴通过参与学校项目得出的心得体会。我们将使用过程学习圈原理开展更多的培训。

我们应该感谢许多人，包括第一版中提到的那些人。我们特别要感谢那些继续分享研究的神经学家和教育家，那些已经成为自然学习研究所的顾问，包括美国加利福尼亚大学洛杉矶分校的杰奎因•福斯特，在纽约的神经心理学和认知表现研究所的埃尔克霍诺恩•高德伯格（Elkhonon Goldberg），美国亚利桑那大学的林恩•纳德尔（Lynn Nadel），美国佩珀代因大学的路易斯•科佐利诺（Louis Cozolino），美国俄勒冈大学荣誉教授罗伯特•西尔韦斯特（Robert Sylwester）以及领导力题材的高产作家威廉•斯佩迪（William Spady）。

我们也感谢 CCSS，它要求在学生、教师和领导者中无论如何都要发展高阶思维的能力。最终，这本书可以并且应该运用到任何专门用于教师教育和发展的计划中。

最后，我们要感谢与我们分享想法乃至进行实践的教育家、家长、决策者、商人以及其他与我们分享过观点和行为的人。现在是用每个人都被赋予的自然学习能力来接受教育的时候了。我们为呼吁此次集体变革到来的参与者感到骄傲和高兴。

致谢

谨向参与本书出版的学生、教师和世界各地的同事们致以诚挚的感谢。同时也感谢众多优秀的专业人士为本书贡献了你们的独特见解和宝贵的经验。这些支持和帮助都与本书的出版息息相关。最后我们还要感谢科温（Corwin）出版公司及其工作人员，正是因为你们的耐心指导和信任才有了这样的一本书。

目　录
CONTENTS

第1章 导 论

本书是专为教育工作者们所作的。教师能给周围的学生带来极大影响。神经科学家所讨论的往往是教育工作者能够直观感受到的。学生通过生命科学、自身经历、社会文化理解并感知其生活。如果这一点是毋庸置疑的，那么教育就应该有一个全新的定义——教育不应该只是死记硬背和通过考试。整个社会应该参与到教育的过程中。教育工作者要像父母或者家人一样有机会和责任去影响学生的发展。最终影响和塑造学生的关键在于教育工作者如何充分调动智慧、包容、耐心和专业技能，伴随着对“学习”的新的理解，并进一步消除学习与生活技能的隔阂。

人类的脑与心智就像一个动态的万花筒。我们发现当代学生的学习不再局限在课堂里，这现象是前所未有的。日新月异的变化已将教育者置于过去、现在与未来的交界地带。

教育工作者宛如时代的先锋，小心翼翼地寻找能指引方向的路标。在这征程中，有人精疲力竭，不断遭受许多不可控因素的打击，也有人因为新事物的不断涌现，眼花缭乱而迷失了方向。但这些事物并非每时每刻都出现在学校和课堂中。只要教育从本质上没有发生变化，我们都应该确信：当今的学生要能从生活中尽可能学习新知识。

当下的一个重大分歧在于学校应该“注重基础”还是“以学生为中心”。前者的倡导者致力于精简教学，目标在于让每个孩子离开学校时都能掌握一个成年人生活所必需的知识水平和能力。他们不相信“以学生为中心”的学习有助于他们在特定的领域或者在生活中取得成功。

而后者的倡导者鼓励创新，提倡“以学生为中心”，他们的目标也是帮助学生取得成功，并且掌握学科所必需的知识、信息和技能（McCombs & Miller, 2009）。但他们坚持认为，唯有注意力高度集中并且充满动力时，大脑才能进入最佳学习状态，这样的学习才是真正的学习。这是一个让人激动不已也能让人受益匪浅的过程。此外，他们还十分重视社会联结和社群在学习中发挥的关键作用。可以说这个分歧也是当下神经科学和其他关于学习的研究的分歧点。

新时代的学生

传统的教学和教育是立足于过去时代的理念和价值观。

这当中最重要的一个观念是父母能够培养孩子的“高阶思维”（higher order thinking）。高阶思维包括许多复杂的能力，这些能力与大脑的执行功能（executive function）密切相关。待大脑该功能进一步完善后，这些能力还将包括冲动抑制、自我调节、抽象思维、规划和决策等。以前，父母总是陪伴着小孩，所以他们更能了解小孩，同时会帮助他们规划未来。他们为孩子设定了目标，并确保其能够实现这些目标。家长认为他们有责任确保孩子能够掌握学校里所学的所有内容。因为父母觉得规划未来是大多数儿童还不具备的认知能力，因而自己作为成年人就应该承担这样的责任。父母需要教导孩子“今日事今日毕”，需要帮助孩子们理解尽管学习费时费力，而且不总是一帆风顺的，但是一定要忍耐克服。理想的情况是父母每天都能够和孩子一起讨论问题，巩固所学的知识，并确保孩子每天按时完成作业。

现在大脑执行功能得到了足够多的重视，但是在信息快速获取的时代，孩子们反倒失去了丰富多彩的经历。这些经历能够引导自主选择、将所学运用到实际的问题和项目中、反思所想所得、运用批判性思维并获得积极反馈。在这个信息时代成长起来的孩子们，其世界已与正在阅读此书的读者们——不论是父母还是教育工作者们所经历的截然不同。

在过去，生活节奏慢，最重要的是在那时大多数成年人掌握着各类信息。

显然，许多家庭还难以达到上述的理想状态，但当时的社会结构也给孩子们独立自主决策能力的发展提供了良好的条件。

> 近年来，社会发生了翻天覆地的变化。现在只有不到三分之一的家庭会一起吃饭。约 46% 的美国孩子在单亲家庭中长大，87% 的美国家庭中父母都有全职或兼职工作（America's Children, 2012）。那么，学生们的生活技能和决策能力又该由谁及如何来培养呢？

数据显示，学生平均每晚看 3—4 个小时电视，而在这个过程中获取的信息是仅靠与成年人的交流无法得到的。电脑、游戏和电影占用了更多课外的时间（Healy, 1998）。根据凯撒家庭基金会（Kaiser Family Foundation）的调查（Rideout et al., 2010），接受调查的 8—18 岁学生中，71% 的学生说他们的房间配备了电视，其中有 50% 还同时拥有游戏设备。有 VCR 或 DVD 的孩子的比例从 36% 增加到 54%：

> 房间里配备了电视的学生比没有的每天会多花 1.5 个小时看电视。电视甚至能够贯穿他们一整天的生活：近三分之二（64%）的人说，吃饭时家里的电视"通常"开着，也有近一半（45%）参与调查的人说不论是否有人在看，家里的电视"几乎"或"一直"都是开着的。

主持这项研究的凯撒家庭基金会副主席维奇•赖德奥特（Vicky Rideout）说："孩子使用多媒体设备的时间相当于是一周上班加上加班的总时长。"更多相关统计数据，请参考《相互联系的世界里的自然学习：教育、技术和人类大脑》（Caine & Caine, 2011）。

当下的问题在于信息和游戏都在史无前例地快速增加，与此同时大量的信息、观点和"事实"争先恐后地涌到孩子们的跟前。然而并没有人来提醒孩子们要批判性地看待问题，要深入分析，要先弄清楚发生了什么再独立地做出明智的判断。除非孩子们身边有一个很亲密的成年人，能够指出他们日常做法的不足，能够帮助他们解决个人难题，或者能够让他们意识到自己一些看法的潜在后果，否则孩子们根本没有机会受到挑战，也不会自发地去反思一个特定的观点、场景或者一些行为、经历。我们的学生似乎一直都在一个远离真实生活或者逃避现实后果的世界里。

如果父母没有引导孩子思考，教师没有考虑孩子的感受，只是纯粹地输出信息，电视让孩子们怠于思考和分析，游戏带给他们的也只有刺激感，我们怎么能够期待他们提升自己的能力，发展高阶思维呢？我们又怎么能够期待他们在这个技术迅猛发展的时代去成为一个有责任感、有责任心的成年人呢？

教育者也必须认识到信息时代已经到来，信息随手可得。仅仅关注“识记”的教育已经过时了。现在，借用任何搜索引擎几乎都可以立即在网络上对任何学科进行检索。输入诗中的一行，搜索引擎就可以找出诗句的标题和诗人的名字。有了作者的名字，也可以很快了解到作者个人资料和其他的作品。网络几乎能够提供所有学生所需要的信息。而原本只关注信息获取的“学习”需要利用好这些相关信息并加速向更高层次的学习转变。

教育者必须了解如何利用课堂和课程来调动孩子们大脑进行思考，发挥孩子们的创造力，充实和提升现有的知识和技能，让他们能够学会待人接物之道，学会运用时间线、逻辑梳理和智能应用提升做事效率。这种学习需要使用高阶思维。这些能力在大脑中并不是分离的，它们应该被融合在教育的过程之中。

本书的架构

本书提供了自然学习的 12 条脑智学习原理，同时根据这 12 条原理围绕的三大教学要素进行编排。第一部分首先介绍了理想的状态“放松心理警觉”，这是因为如果没有良好的社会环境和情感支持，学生不会敢于冒险尝试我们倡导的教学方法。第二部分关注“全情投入体验”，这是为了能够创造充满挑战的学习环境。第三部分围绕着“主动加工经验”展开，包括即时和持续的反馈和反思。

脑智学习原理

我们曾被问及教育领域中发生的重大变化。答案显而易见：我们必须了解人类的学习方式，并围绕这样的学习方式进行教学。这在实践中是极具挑战性的，有时甚至令人望而生畏。

为了能够让更多人了解到从心理学、生物学、神经科学等领域已经取得的大量研究成果，凯恩夫妇在他们的书《创造联结：教学和人类大脑》（*Making Connections: Teaching and the Human Brain*）中首次归纳整理出了 12 条脑智学习原理（Caine & Caine, 1991, 1994）。

这些原理出发点在于，认为人类自身就是一个系统，学习过程中不同的要素都在相互发生作用。因此，这些原理中没有孰重孰轻。它们的编号仅供辨识用。

每条脑智学习原理都满足了以下四个基本标准：

1. 该原理所描述的现象应该是普遍的。因此，尽管存在个体遗传变异、个体经历的差异和发育差异，脑智学习原理必须是适用于全体人类的。

2. 该原理相关的研究必须是经过实证的，且其影响力必须是跨学科或跨领域的。因为一个学习原理描述了一个系统的属性，所以人们期望它能被多个学科 / 领域多次研究和验证。

3. 该原理应能预测未来的研究。我们期待未来会有更多的研究将继续精简和验证每条原理。例如，大多数为了了解情绪和认知之间的联系而展开的大脑研究是在 1990 年我们首次提出这些原理之后陆续进行的。

4. 该原理应能指导实践。尽管原理大多是一般性的，很难给教育工作者提供确切做法。但是有效的自然学习原理应至少能够为一个总体框架奠定基础，来指导教学决策以及恰当的方法策略的选择。这些原理还应阐明新的学习能力，以此为标准来指导未来教学实践。

看上去每条原理都浅显易懂，例如，“脑与心智具有社会性”（原理 2）。但每条原理也为深入理解打开了一扇大门。原理 2 可以帮助教育者更好地理解社会关系、大脑发展和学习之间的联系（见第 4 章）。这些原理并非孤立的和离散的。因为这些原理描述了学习是一个系统的属性，这当中每个原理都有其特定的关注点，但同时也涉及其他方面的内容。本书的大多数章节都围绕着脑智学习原理展开，进一步总结了当下关于学习的研究和对学习的新理解（见图 1.1）。

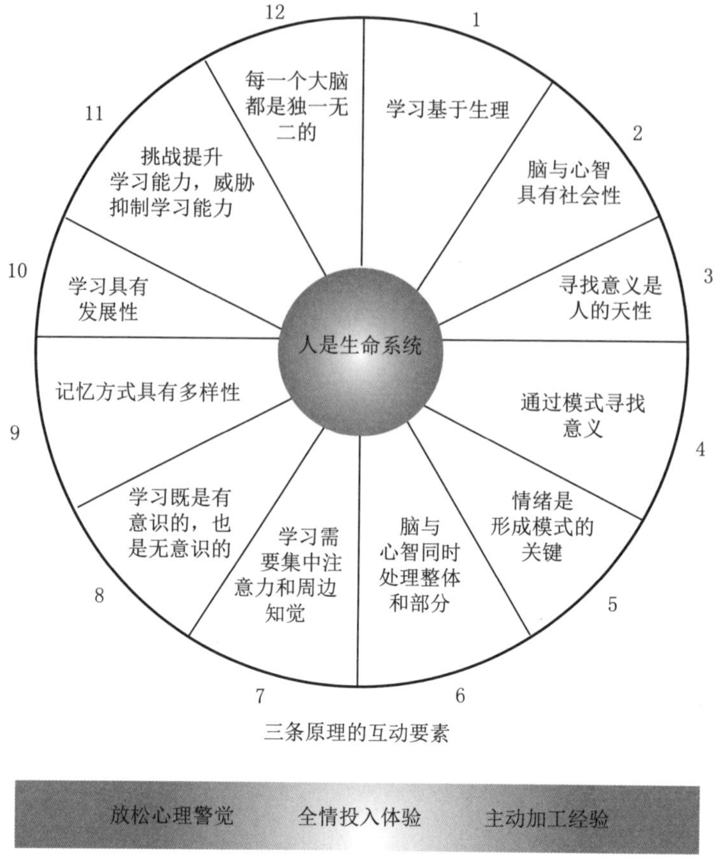

图 1.1　脑智学习原理之轮

重新思考我们的目标

12 条脑智学习原理描述了身体、大脑以及意识加工在学习过程当中的有机联系。当我们忽视了学习系统当中的一些部分或略过了一些步骤，学习过程都会受到影响。因为其中联系复杂，所以至今关于“学习”的定义很难达成一致。

这本书的目标是要以“自然学习”作为教学和引导的基础。正如脑智学习原理所体现的那样，自然学习是自然发生的。每个人不论从生理上还是从心理上都是适合于在生活中自发地学习的。那么，当我们在学习过程中，每个人都能做些什么呢？这里我们给出的解答是：自然学习意味着了解过往经验并发展新的能力，以便有能力在世界上生存。

我们必须真正了解事物。我们总是在寻找各种体验的意义，试图从中总结出规律，因为这个过程对生存至关重要。此外，我们必须找到新的行动方式——这是生存的另一个关键因素。

上述这一切都为教育提供了必要的基础：教育是社会帮助孩子（和其他人）理解过往体验，并培养出处理经验和推进事物发展能力的重要方式。12 条原理贯穿了上述的过程。问题在于它们的介入是需要分阶段进行的。

有效教育革新的关键是把学习的不同方面整合到教学方法中。平时我们往往只是注意到了系统中比较醒目的部分，但是，其实每个部分都在发挥自己的作用。

- 对于一些人来说，学习的主要任务是识记，某种程度上来说，脑与心智是为了识记而设计的。
- 对于一些人来说，学习的主要任务是理解，某种程度上来说，脑与心智是为了理解而设计的。
- 对于一些人来说，学习的主要任务是理解经验和实践，而脑与心智（在很大程度上）是为了经验有意义而设计的。
- 随着人们能够更了解这些原理及其应用，学生学习的意义范围也将不断扩大。

脑智学习能力

幸运的是，从这些原理我们可以看到，每个人，不论是学生、教师还是领导者都能找到很多资源来辅助教育过程。每条原理都是一种学习能力的基础。当我们能够理解并掌握这些能力，我们才能真正掌握学习。

例如，“脑与心智具有社会性”这一原理告诉我们，每个学生都有能力与别人建立联系然后进行学习。合作学习、同伴辅导、与学生分享工作和想法都是很好的实践。

尽管学生的背景、遗传素养和身体表征有所差异，但只要他们的内在能力被认为是有天赋的，并能在教学中得到确认和强化，那么，所有学生都可以更有效地学习。

脑与心智学习能力创造丰富的学习环境

根据脑智学习原理，所有的学习以下面的方式进行。

教师的工作是协调各个环节，并让其尽可能融入学习的过程。

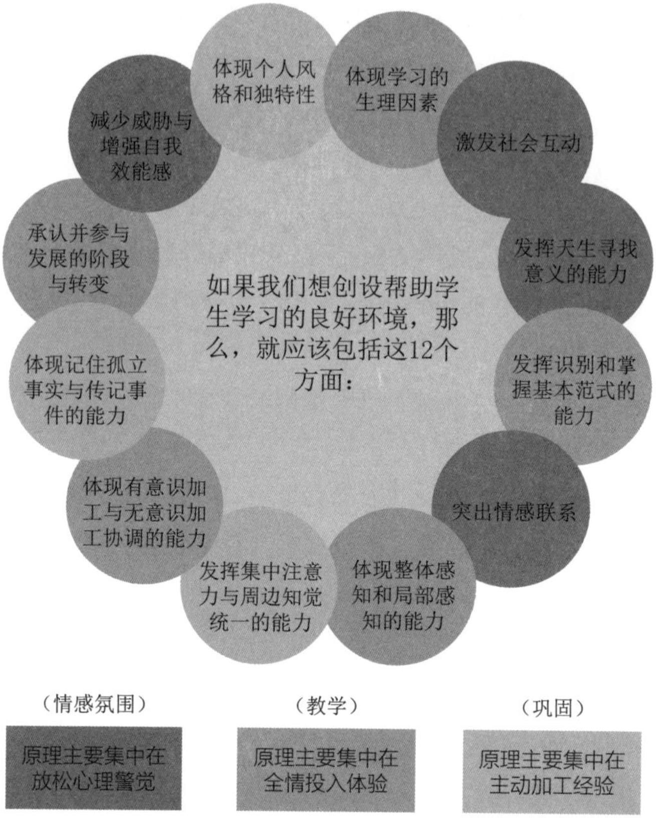

图 1.2 脑智学习能力之轮

教学的三个关键要素

所有的原理和能力都表明，卓有成效的教学均有三个基本组成部分或要素。这三者是这一职业发展的基础，所有教育工作者都必须理解和掌握。尽管我们是分开阐述每一个要素，但需要注意的是各要素之间总是相互影响，它们是不可分离的。这三个关键要素由凯恩夫妇（1991,1994）在《创造联结：教学和人类大脑》一书中首次提出。

放松心理警觉：创造学习的最佳心理状态

我们的座右铭是“联结、联结、联结”。许多与学生学习和行为有关的问题都可以追溯到这一要素，因为脑智学习原理表明，确实存在一个学习的最佳情绪状态，而且它受到大脑中恐惧和快乐中枢的影响和调节（Panksepp, 1998, 2004）。我们称之为最优状态——放松心理警觉。在《创造联结：教学和人类大脑》一书中（Caine & Caine, 1991, 1994），它被定义为一种低威胁和高挑战的状态。在这种状态下，学习者会认为自己有足够的能力，对自己充满信心，而且有着十足的兴趣和动力。放松心理警觉也适用于以建立情感联系和增强社交能力为目标的课堂和学习环境中。这样的环境让所有学生获得足够多的机会，并且能够充满信心和动力，也能够发现自己的目标和兴趣。

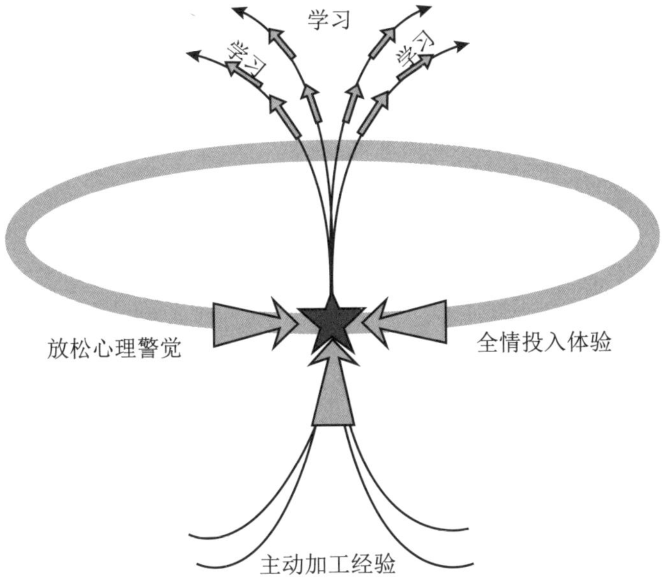

图 1.3　学习的最佳条件

全情投入体验：创造最佳学习机会

人类的大脑通过体验来学习。感觉联结了大脑与周边世界。因此，学习必须调动视觉、听觉、嗅觉、触觉和运动感觉等。这些都是由学习者在世界上的亲身体验所激发的。从这一层面来说，教师需要提供这样一种体验机会，让学习者以更为直接的方式去接触知识。教师可以通过让学生进行描述（大小、颜色、尺寸等），基于需要掌握的知识创建图表（绘制一些东西来表达感官体验）和模型（要有相同的基本属性）来让学生学会分辨物体的物理属性。

大脑通过将体验和体验对学习者的意义建立联系进行学习。因此，教学需要能够激发出大脑内已有的知识储备，建立联系。往往这个时候是学生借由旧知识理解新知识的过程。学习传统意义上的知识，比如说技术知识或学术知识往往会采用这样的途径。这样的途径需要学生知道他们何时遇到了怎么样的问题或者困境，产生的原因是什么。除了了解物体的物理属性外，还要寻求更深更复杂的解释和理解。

最终，大脑需要学习者重复之前的经历来“拥有”学习成果。这意味着学生联系个人实际情况，调用所学知识，运用新的词汇储备，在实际场合中解决问题、完成任务。

因为脑与心智需要通过体验学习，所以教师就有义务帮助学生去创造学习体验的机会，再适当地进行授课。体验在本质上可以是具体或者是抽象的。上述的这些环节——利用感官、建立有意义的联结、应用所学并不总是按照顺序发生的。唯有在一些复杂事件（有新事物、新元素参与的事件）中，我们才能期待这三个环节会同时发生。此外，这种教学模式和学习方式包括了我们将会讨论的，以行动者为中心的适应性决策（在这里“行动者”指学生，“适应性”指的是现实存在的问题）。这种决策主要关注的是要发展与大脑执行功能相关的高阶思维。

主动加工经验：创造最佳的方式来强化学习

大脑更擅长记住对学习者有用的东西。我们还要追求“表现知识”（performance knowledge）——即学生真正能够利用的知识。当然这些知识远远不同于如今的标准化测试所需的知识。

为了充分利用体验，对“当下”行为进行的即时反馈需要持续存在，比如说可以进行实践和重复，或者能持续地反思和讨论，以巩固和拓展知识。我们称之为“主动加工经验”。

在这个建立、解读或者应用知识的过程中便需要有来自教师和同伴的提问和反馈。在这基础上，学生需要不断地进行更为深入的思考，识别出具体的特性和联系，进行情境分析，设身处地地考虑并迅速作出应答，利用基本技能以及特殊技能，制定目标和时间线，做出关键决定，最后与人交流。

事实上，根据朗博夫和沃什伯恩（Rumbaugh & Washburn, 1999）对黑猩猩进行的长达 25 年的研究，得出在三个条件下猩猩的大脑能得到最优的发展。而这三个条件与本书中的三个要素遥相呼应：

1. 黑猩猩应该在一个稳定的、有支持性的社会背景下被饲养（放松心理警觉）。

2. 其“生活方式”应该充满挑战的。周围的环境需要同时“控制”动物的资源和活动来满足其发展需求（全情投入体验）。

3. 此外，环境应该是结构化的，这样才能对它们的行为及时地给出可靠的、直接的和相关的反馈（主动加工经验）。

虽然许多教师并不愿意运用关于动物的研究，但是现在教育工作者往往很难有机会长时间地开展此类控制性研究。动物，特别是黑猩猩，与人类联系紧密，也有着许多人类的特质。所以这样的信息对我们来说是非常具有启发意义的。

朗博夫和沃什伯恩（1999）还指出，在这种环境下成长起来的所有黑猩猩在注意力、协作能力、记忆力以及毅力等方面都有所提高。

持续思考和终身学习

什么叫开发大脑？这个问题总让人觉得不知该从何下手，本书试图提供一些答案。

学习，从记忆到掌握学术和技术能力，都是十分重要的。然而在本书中，我们尤其关注与大脑的执行功能相关的技能和能力，它们是达到和维持高标准学习，同时也是不断提高标准的关键。

现在让我们回到学习的定义，并尝试完善这个定义。如果我们想让学生从体验中获取经验并发展新的能力，那么就需要让他们学会自主决策。因为这些决定能够让他们联系知识和以往经历，从而能够强化学习过程。

大脑的运转：对记忆事实和技能的完全依赖

我们该如何培养学生做决定呢？一开始，学习被定义为通过记忆和重复来掌握事实、技能和流程。这种定义下的学习提供了一种令人安心的确定性，它将事情简化为对与错，并作为所有测试类型的底线。例如，1 英里等于 5280 英尺，1 米等于 100 厘米，月球和地球的中心相距约 238 700 英里，1 个水分子由 2 个氢原子和 1 个氧原子组成。需要被了解或记住的东西是无穷无尽的，而我们也必须承认这样的“学习”对于掌握任何学科的专业知识都至关重要。了解词汇、语法规则并根据不同受众写作也都是学生必须掌握的基本技能。这时候大脑往往以“编程”计算机运行的方式储存大部分信息（Schmahmann, 1997）。

从某种程度上来说，大脑确实是这样学习的。但问题在于，这种学习和教学都太具有跳跃性，省略了太多的信息。而且这些信息大都可以在任何搜索引擎上找到，而不总需要人们花费大量精力将之完全记住。

增强大脑执行功能或培养高阶思维技能不能仅仅通过记忆和重复实现，并且脑与心智的运作是因人而异的。此外，学习者需要的是以行为者为中心的适应性决策的机会（Goldberg，2001）。以行为者为中心意味着学习者自发提出自己感兴趣的问题，这个问题由他们个人需求、个人目的还有正在经历的事情驱动。比如说“我养的植物需要多久浇一次水？”“我如何分辨院子里的鸟？”“我如何成为一名宇航员？”“为什么郊狼吃了我的猫？”“什么是重力作用？”等。而我们会发现这些问题很难在课堂上直接解决。在整本书中，我们将把“以行为者为中心的适应性决策”称为“学习者驱动”决策。

> 戈德堡（Goldberg）区分了以行为者为中心的适应性决策（我们称之为“学习者为中心和学习者驱动”）和真实决策（建立在真实衡量基础上）。适应性决策基于学习者的知识需求，同时指向寻求对个人具有意义的答案。真实决策依赖于他人已发现的已知信息，具有事实性。前者激发思维、寻找解决方案；后者依赖于本质上正确或错误的答案，可以通过“插入”或回忆的方式进行，更具有随机性。

我们要如何把这两者结合起来，既能够运用“学习者驱动决策”的教学方法，又能够满足当下教育的正规课程和教学标准，传授必要的知识呢？本书也将对这个问题做出解答。

学习者驱动的适应性决策 VS 真实学习和决策

要记住，高阶思维的培养和大脑前额区域的发育是一个过程。从解剖学来说，这些功能在婴儿期都还未发育完全。只有在青春期后期或成年早期才会完成发育。如果要促进儿童或者年轻人在这方面的发育，就需要通过决策、计划、与他人互动、执行任务、情绪行为管理以及自我评估来加强。

转变教学方法

要让教育产出更显著的成果，就必须给教师们提供新的教学方法，而且必须制定一条教育者能共同走的路（以下这三种层次的教学法最早是在 1997 年由凯恩夫妇提出的）。

这本书将从传统的方法开始讲起。首先是教学方法 1（IA1）——直接教学法。其次是一种过渡的教学方法：教学方法 2（IA2）——项目 / 问题式学习与教学法，这种方法在教学方法 1 的基础上进行了拓展。最后，我们将前两种方法与我们的目标结合，提出了教学方法 3（IA3）——引导式体验教学法。

后一种类型的教学的标准最高，不再是从传授方（教师）到接受方（学生）的直接教学，而是在学生自发提出问题和亲身体验的过程当中融入了基本知识和技能的传授和巩固。

三种方法的差异如下：

IA1——直接教学法

这种教学方法强调记忆事实和技能，同时依赖于只有对与错的答案的决策（真实决策）。

教学方法以教师演示为主，同时进行内容的巩固、实践以及练习。

评估基于学生所完成的作业和标准化测试的分数。

IA2——项目 / 问题式学习与教学法

这种教学方法在记忆的基础上结合了智力理解，同时考虑到了学生的个人需求（学习者驱动决策）。

在教学方法方面，要求教师围绕概念和具体内容设置体验环节，同时还要考虑到学生的选择，加入各种作业、课堂规则以及评估（例如，群体制定的规则）。

评估基于真实的评价，考查学生的展示、建模情况以及标准化测试的分数。

IA3——引导式体验教学法

这种教学方法要求学生在亲身体验的同时能够作出理性理解，强调个人的自主提问和决策，并重点发展学生的高阶思维。

这种教学方法要求学习者能够完成与课程内容相关的实际项目，锻炼各种技能，更多时候是以学生的选择和兴趣驱动的。

评估基于学生实际的表现，通过持续和真实的提问、调查和记录，还包括利用高阶学习的测试（执行功能或高阶思维技能的使用）。

教学方法与《共同核心州立标准》的关系

近年来，在美国加利福尼亚州教育部长和州长的支持下，我们制定了一套重要的标准。这套标准是 K-12[①] 各年级学生在英语语言以及数学方面应达到的能力水平的一套标准[②]。尽管有一些争议，但是依旧起着十分关键的作用。在撰写本书时，美国已有 43 个州采纳了这套标准。

实施《共同核心州立标准》的关键原因在于我们的教学方法亟需关键性变革。

> 《共同核心州立标准》的提出是教育的第二次转变。这是一个对教学和学习的本质进行哲学思考的转折点。我们不再教学生死记硬背或者理解表象，而是关注更深入的，并且能够联系到现实世界的问题。我们开始引导他们进行分析，提出和验证假设。我们不再满足于让他们完成数学题，

① 相当于我国从学前班到高中三年级。——译者注
② 即《共同核心州立标准》。——译者注

> 更要求他们要学会像数学家一样思考；我们不再满足于他们随意写下只言片语，更要求他们像作家一样构思。我们期待他们能以更强大的思维来分析 21 世纪公民面临的棘手难题。（Learning Sciences Marzano Center, n.d.）

上述的说法与本书所阐述的第一次转变相符：从 IA1——直接教学法到 IA2——项目 / 问题式学习与教学法。这种转变是为了能够发展学习者更强的理解力以及培养各种技能。然而，若要长期保持竞争力，教学方法就需要转向 IA3——引导式体验教学法。因为，只有当学习者沉浸于具体的实践和体验中时，才能够锻炼出符合现实世界要求的能力。

STEM 课程

STEM 课程是一个基于四个特定学科——科学、技术、工程和数学的跨学科应用型课程。STEM 不是将四个学科作为单独、分散的科目进行教学，而是将四门课进行有机组合，基于实际应用形成一种新型的学习范式（Hom, 2014）。许多国家都正在大力推行这种教育。

《下一代科学教育标准》

基于 STEM，美国基本标准也于 2014 年 4 月发布，这一标准也称为《下一代科学教育标准》（NGSS）。以下有五点需要说明：

1. 在现实世界中，科学是内在联系非常紧密的学科。科学教育应反映这一本质特性。
2. NGSS 是对学生表现的预期，而不是对课程的预期。
3. NGSS 为 K-12 构建了一套系统的科学概念。
4. NGSS 侧重于更深入地理解内容以及对内容的实际应用。
5. 科学和工程从 K-12 开始被纳入 NGSS。

可以看出，NGSS 和当前的 STEM 教育对于本书的主题就是一个很好的印证：实现了从 IA1——直接教学法向 IA2——项目 / 问题式学习与教学法再到 IA3——引导式体验教学法的转变。

> **专业教学标准**
>
> 我们几乎在每一章中都会提到由美国国家专业教学标准委员会创建的国家教学标准，因为这些标准与我们所倡导的教学模式密切相关。（他们得到了卡内基教育和经济论坛“教学作为一种职业”工作组的支持）专业教学标准委员会是一个民间的、独立的、非营利的非党派组织，委员会大多数成员都是一线教师。它在美国受到了包括主要政党在内的广泛支持和认可。

支持学校领导者

> 为了能够让系统良好地运作下去，使其内部联系更为紧密，最主要的改变策略就应变得更为直接。系统需要被更清楚地定位，使内部不同的环节通过加强联系或者增加新环节协同起来。这个过程不能靠外部的专家或者团队来完成，而应该是一个自发的、自主的过程。（Wheatley, 1999）

职业发展是一个循序渐进和有着高要求的过程。教导孩子的原理和经验也应该为教育工作者所用。当面临压力的时候，之前在职业发展上稳扎稳打的努力便能使问题迎刃而解。可以说，本书是一本实践手册或者说是一本教学指南。若按照顺序通读下来，便会发现不同部分之间也有着联系。除了能够获得具体的解决策略和更多的灵感外，教育工作者也能从新的角度看待工作，思考班级和校园的问题。这其实也是从直接教学法到项目 / 问题式学习与教学法再到引导式体验教学法的转变过程。

成功的职业发展和学校变革往往得益于敢于尝试、见识广博的领导者，因而在每章最后我们也为负责学校、地区教育路线改革的校长、助理校长行政管理人员提供了一个特别的栏目“赋权领导者”。

在众多关于领导力的书籍中有着对于领导力的不同分类方法。例如，格林利夫（Greenleaf, 2002）提出了“仆人式领导”的概念。1939 年，库尔特•勒温（Kurt Lewin）（1952）将专制型和参与型领导者区分开来。

文中提到的两条途径，不仅与现代理论和研究相一致，而且也能在本书其他的作者的论述中有所体现。

关于生成型领导力的一些论述与我们的整体目标不谋而合，并且可以在卡尔•J. 克里梅克和他的同事埃尔茜•里曾海因（Elsie Ritzenhein）、凯瑟琳•沙利文（Kathryn D. Sullivan）合著的《生成型领导力：为今天的学校创造新的未来》（*Generative Leadership: Shaping New Futures for Today's Schools*）一书中找到印证。

凯恩夫妇则更直接地关注过程领导力：“过程领导者是创造条件以使他人成功的人。更具体地说，过程领导者是起到引导、支持、培养和促进作用的人。”（Caine & Caine, 2011）

当领导者在处理学校日常管理事务时，赋权于他们不仅能够促进学生学习进程，同时也为人们共同努力印证假设，共同创造更有效的教学方式提供了可能。因此，尽管我们在领导力方面无法进行过多深入研究，本书依旧在每一章中都提出了一些建议和操作流程，以支持赋权领导者。

本书可作为教学资源

我们希望能够有越来越多的教学工作者将本书用作职业发展指南和个人资源，从而进一步改善学校与学习社群。此外我们还应意识到真正的转变和改进总是涉及正式和非正式两个方面。一方面，会议、在职研讨会、活动和校园聚会是寻找灵感、进行实践的天然机会。另外一方面，我们也要重视日常闲聊，哪怕只是零碎的时间里漫无目的的交流，这些都可能是践行以上想法的机会。我们将在每章的最后一节给希望主动求变的变革型领导者提供建议，希望你们也能够从中获得启发。

我们还为你推荐以下阅读材料：

Caine, R., & Caine, G.(2011). *Natural Learning for a Connected World: Education,*

Technology, and the Human Brain.

McCombs, B., & Miller, L.(2007). *Learner-Centered Classroom Practices and Assessments: Maximizing Student Motivation, Learning, and Achievement.*

Caine, G., & Caine, R.(2010). *The Brain, Education and the Competitive Edge.*

Schwahn, C. J., & Spady, B.(1998, 2010). *Total Leaders 2.0: Leading in the Age of Empowerment.*

与国家教学标准一致

卓越的教师会与同事一起奋斗，促进学校的发展，促进教育领域内的知识进步，推动实践发展。他们认为作为专业人员，需要为同事、学校乃至教育领域的持续成长和发展而努力。他们跳出了狭小的课堂，将自己置于一个更大范围的学习社群，希望能在学校营造一种积极向上的氛围。这都是有计划、有目标的行动，也因此极大地激发了他们作为教师的潜能，让他们更能理解学生，更了解自己所在的领域，更能寻求方法进行自我提升，进而促进教育进步。

——标准 XII：意义学习

本书与国家教学标准建议的合作行动完美地吻合。请参照在本书资源 C 中的过程学习圈，认真考虑如何在你所在的学校进行实践，例如该从何开始？如何在特定的社群中开展这样的实践？

第一部分

基本要素一

放松心理警觉

本部分介绍的基础技能：

基础技能一： 有序分享（ordered sharing）

基础技能二： “我”信息（“I” Messages）和积极聆听

基础技能三： 班级会议

基础技能四： 解决矛盾

第 2 章 为什么放松心理警觉能为学习提供最佳的情绪气氛？

相信自己！相信你的能力！如果你过于谦逊，不够自信，就很难获得成功与快乐。

——诺曼·文森特·皮尔（Norman Vincent Peale）

放松心理警觉是意义学习的最佳状态。

▶ 核心观点

处于放松警觉状态的人会感受到低威胁和高挑战（Caine & Caine, 1991/1994, 2010）。学习者在保持轻松愉悦的同时，也感受到学习投入的兴奋感。这会让学习者更勤于思考、更敢于提问和尝试，在这过程中能够掌握新技能和培养高阶思维。这样学习者能够找到信心，做事也充满意义感和目标感。

我们的生活中从来都不缺那些战胜逆境的人。TED 演讲中从不乏这样的精彩例子。其中，2012 年苏·奥斯汀（Sue Austin）的故事十分鼓舞人心——她坐着轮椅完成了潜水！她获得成功的原因主要在于其心理状态。学习也是如此。因而教学的首要任务是帮助学习者获得最佳的心理状态，即放松心理警觉。

放松心理警觉的基础研究

什么是心理状态？神经科学家丹尼尔·西格尔（Daniel Siegel）（1999）将心理状态定义为“在特定时刻大脑活动的总体模式”。任何一种心理状态实际上都是身体、心智和情绪三个方面的结合，所以它是心理生理学的一个概念。在描述一种心理状态时，人们可能会说：

- “我相信某事是真的。”
- “我从我的情绪和身体中感觉到什么。”
- “我是根据我的感受和信念去做的。”

> 当然，许多人在行动的当下，往往不会意识到自己当时的感觉和想法，但他们的行为都是基于感觉和信念做出的。

同样地，人们处于放松心理警觉状态下往往会说：

- “即使我感到困难、激动（甚至有点焦虑），但我依旧对自己的能力充满信心。”
- “就算在遇到困难或者有不确定性的时候，我依旧十分专注，而且对各种可能性持开放态度。”
- “我对要做的事情很有把握。我想要应对这种情况。”

接下来我们从放松心理警觉的对立面进行分析。与放松心理警觉对立的状态特点是没有安全感、无助、威胁或恐惧。例如，经历这种情况的人可能会说：

- “我感觉很紧张、很焦虑，因为我不知道该做些什么。”
- “我的注意力很容易分散，很难集中在一件事情上。”
- “我无法控制自己的行为，我不是真的想要这么做的。”

放松心理警觉具有暂时性

某种状态可以是暂时的，而放松心理警觉正是在特定情境下的短暂状态。比如，若是在考试中遇到考前做过的题目，学生会更加有信心。

这种信心会增强学生对考试的掌控感。这给教师的启示是：如果教师能够让学生体会到这种短暂的成就感，就能够更好地帮他们寻找到放松心理警觉的状态。但教师不能满足于这样短暂的状态，我们追求的更多，我们的最终目标是让放松心理警觉状态成为学生的一种常态，一种生活方式。

概念解释

我们使用术语“心理状态”来指代在特定的时刻大脑里所有的活动。时间可长可短。随时间的推移——经过几个星期、几个月、几年，这些心理活动会重复出现，成为一种专门的、具有目的导向功能的组合单位，这也是我们所说的“具体自我”（specialized self）或“自我状态”（self state）（Siegel, 1999）。许多书也从正念的本质（Langer, 1989）到沉思状态（Siegel, 2007）提及心理状态。这里我们聚焦于放松心理警觉的一种基本状态，其特点是低威胁性和高挑战性，这对于意义学习来说十分重要（Caine & Caine, 1991, 1994）。

放松心理警觉作为人格特质

心理状态有可能成为人的个性，或者用西格尔的话说就是“自我状态”。这种状态会随着时间的推移成为人格特质中的一部分（关于大脑特征如何成为个性的更多讨论，见 Siegel, 1999; B. D. Perry, Pollard, Blakely, Baker, & Vigilante, 1995）。放松心理警觉能够让学生的学习有一个先发优势。那么放松心理警觉这种心理状态要如何才能成为一种人格特质呢?

我们认为，经历过放松心理警觉状态的学习者都具有促进生长和发育的基因及生理层面上的需求（每个人都可能被激发）。随着时间的推移，它们会与某些一致的、积极的体验结合在一起。这种结合会生成大脑结构和生理反应，逐步使放松心理警觉的状态成为个体的一部分。

基于生理的持续放松心理警觉

个体在发展新的人格特质时往往十分困难，原因可能在于人格特征，包括放松心理警觉，在生理上是根深蒂固的。举个例子，大脑中若形成了新的突触连接，就使得化学物质在整个身体中的相互作用和流动方式发生了变化。大脑因体验而改变的能力被称为“可塑性”（Diamond, 1988; Doige, 2007; Huttenlocher, 2002; Merzenich, 2013; Schwartz & Begley, 2002; Begley, 2007）。

> 大多数的大脑系统都是可塑的，也就是说，能够被体验所改变，这意味着所涉及的突触被体验所改变（LeDoux, 2002）。

在大多数情况下，个性特质都会随着各个时间发生的社会交互而发展。

> 行为的遗传研究发现，每个人均约有一半的特征来自于遗传。另一半特征中的大多数变化归因于环境中的“非共享”方面，例如学校体验和同伴关系（Siegel, 1999）。

生理上的模式一旦被先前体验所设定，就只有形成新的体验才可以加以改变。这就是教师的作用如此之大的原因。教育者工作的核心是要创造这样的机会，让学生拥有新的体验，以此促成放松心理警觉的形成。

首先我们要知道我们需要的是什么。

当放松心理警觉成为生活方式

接下来我们要学习不同领域的研究，来帮助我们认识这些对自己和自己的能力有信心、清楚自己所做的事情的意义或目的的人，了解这群人是如何让放松心理警觉成为一种生活方式的。以下会涉及几个意义上的重叠概念（另参见由美国国家癌症研究所测量的健康行为概念）。我们将了解一下关于自我效能、心理韧性和自我调节的研究。

自我效能

自我效能（self-efficacy）是指对自己和自己能够成功的能力的固有信念。这种基于过去经验的信念在很大程度上使学习者更能摆脱自我怀疑，并使其相信自己能在所做的事情中取得成功。因此，他们相信自己可以从错误中学习，也能更加努力克服潜在的障碍。他们认为学习是一个让自己进步、提高自身能力的过程（Bandura, 2000; Pajares, 1996; Schunk & Pajares, 2002）。

自我对照：想一想你认识的人中有没有看上去自我效能感很强的人。他们有哪些特质？你是通过什么判断出来的？你自己的自我效能感如何？再看看你的学生，并回答同样的问题。

心理韧性

心理韧性（resilience）和自我效能有很多共同点。心理韧性指的是持续、深度地从失败或挫折中恢复过来的能力。有韧性的人敢于直面困难，比如说在野外迷失时他们依旧能努力寻找回去的路。“韧性”这个词也常用来描述在贫困或艰苦环境中依旧自强不息的学生。尽管他们没有先天优势，但是他们有韧性就能够不断成长与进步（Gillham, 2000; Reivich & Shatte, 2002）。

有韧性的学生是备受喜爱的（Davies, 2002）：他们具备社会交往技能和社会竞争力，有着坚定的道德信念，他们善于解决问题、善于自我鞭策，并且清楚自己的规划。

自我对照：想一想你认识的人中有没有看上去相当或非常有韧性的人。他们有哪些特质？你是通过什么判断出来的？你是不是有韧性的人呢？再看看你的学生，并回答同样的问题。

自我调节学习者：自主管理学习

教育者一直对能够进行自我调节学习者（self-regulated learners）的发展研究（Boekaerts, 1996; N. Perry, 1998; Zimmerman & Martinez-Pons, 1990; Zimmerman, Sebastian, & Kovach, 2002）抱有浓厚的兴趣。自我调节学习者认为他们可以影响事件，他们知道如何保持动机，他们也能够设定符合实际又具有挑战性的合理目标，运用适当的策略同时进行时间管理和资源分配。这意味着他们有耐心并且能够坚持下去。

自我调节学习也与意义或目的相关（Stipek, Feiler, Daniels, & Milburon, 1995; Turner, 1995）。在这种状态下学生更有可能相信自己有能力而且会更有自信参与适应性决策。

自我对照：想一想你认识的人中有没有人看上去很擅长自我调节而且能够有效管理学习。他们有哪些特质？你是怎么知道的？你自己的自我调节学习能力如何？再看看你的学生，并回答同样的问题。

放松心理警觉

> 具有自我效能和心理韧性的学生以及已成为自我调节学习者的学生，利用自己的能力进行高层次思维。

显然，我们需要能够用一个简短的术语来表达这一类品质。因此，我们用“放松心理警觉”这个词来概括。我们认为在这项研究中出现的核心特征可以概括为基于意义或目的的信心、能力和动机。这些特征将在后文中进一步阐述，但现在它们对于有效学习的重要性已经不言而喻。比如，学生更能明确自己的目标，当学习新知识遇到难题的时候更能够坚持和克服，并且能够有相应的对策来解决问题。

现在大脑研究已经开始证实和解释这些现象了（更深入地观察最佳学习状态，参见 Caine & Caine, 2011）。

高阶思维技能

通用方法

把上述的三方面研究结合起来，具有自我效能、心理韧性和自我调节的学生往往都具有以下特质和能力：

- 制定短期和长期目标，并相信自己能够做到
- 在压力下依旧能坚持

- 积极地看待未来（乐观）
- 探索成功所需要具备的策略或资源
- 树立更为积极的态度
- 拥有良好的社交技能（与他人和谐相处）
- 做事独立（自主）
- 时间管理能力强，就算在情况发生变化时依旧能够达成目标
- 掌握学习方法并了解他们自己的学习方式
- 会对自己进行评价

> 大脑执行功能较为发达的学生具有事前的前瞻能力、事后的分析能力（能够影响当前或未来的决策）和对自我的洞察力。

虽然这一系列的能力往往以不同的术语形式呈现，但是它们中的大部分都与前额皮质（Miller & Cummings, 1999; Van Eden, Uylings, De Bruin, Feenstra, & Pennartz, 2000）和大脑的执行功能（位于额头后面）所赋予的能力重叠。我们在第 1 章中所提到的高阶功能（大脑的执行功能）包括以下这些技能和能力：

- 启动工作记忆——当大脑需要执行多项任务的时候，需要短暂存储信息
- 能够推理、评估风险，理解各种想法和行为
- 调节情绪
- 制定目标，计划并展望未来，对未来充满希望
- 善于整合资源，并知道何时向别人寻求帮助
- 思维敏捷，灵活处理（转移、添加）各项任务
- 兼具批判性思维和创造性思维
- 进行自我反思，即“元认知”（metacognition）

高阶功能还包括在“综合范式”（complex patterns）（概念、隐喻和抽象概念）或者在事实或事件之间的复杂关系中寻找关联性的能力。有些人还认为也包括了体验精神联系感（spiritual connectedness）（Austin, 1998）。

重点

当学习者能把控自己的学习并取得成功时，他们不仅仅更成功了（Hanson & Mendius，2009），还锻炼了自己的大脑和心智，使之可以指导未来的学习。所以，发展高阶思维技能是持续学习不可或缺的部分。为了提高高阶思维能力，我们需要提高标准，促成一个能够培养能力、增强信心并且提供源源不断动力的环境。

反思

对你自己的执行功能进行初步评估。作为一个成年人，你在多大程度上能预测未来或基于过去认识你自己？为了让答案更具体，请分别举例说明。

对立面：习得性无助

我们的理想目标是要能积极发挥执行功能并能长期处在放松心理警觉的状态。然而事与愿违，其对立面出现的概率更高。无助和恐惧会激发大脑与生理上的威胁反应（第 3 章对此进行深入分析）。这种反应使学习者认为自己对事情无能为力，不想再有更多追求，这正是无助的特点（LeDoux, 2002; Peterson, Maier, & Seligman，1996; Sylwester, 2002）。

感到无助或内心缺乏力量的学生很难理解“学习（就像生活一样）是一个持续的过程”这一事实。对于“无助”的人来说，世界是以“快照”（snapshots）的方式被定格的，一切都是固定的、不可改变的（Peterson et al., 1996）。例如，人若不是聪明的，就是愚蠢的。他们往往通过很具体的方式来看待事物，常限于以直接观察或亲身体验的方式。在戈德堡（2001）看来（见第 1 章），这些人喜欢“真实思考”（veridical thinking）——判定事件或信息非真即假，非对即错——包括自己的特点和他人的特点。这样的思考方式让他们几乎没有给加工（设想可能性）、不确定性（看到两个或更多的解决方案的价值）和逐渐显露（等待解决方案出现）留下任何的余地。

卡罗尔•德维克（Carol Dweck）（2006）描述了不同学习者在心态上的差异。她认为有些学习者是“固定心态”。他们相信自己的能力、才能和信念都是不可更改的。这些学生厌恶失败，并通过使用小聪明来逃避失败；另一些学习者是“成长心态”。他们认为自己可以不断进步。这些学生更有可能坚持和努力克服挫折和明显的失败。

因为“真实思考者”的学习内容大多取决于别人想要他们做什么，不能自己做决定或为自己设定目标。他们不认为自己可以产生影响或控制状况。当这种状态成为学生的固有思考模式时，就被称为习得性无助（McEwen, 2001; Peterson et al., 1996; Wallenstein, 2003）。

那些学生认为自己不是聪明的就是愚蠢的，往往认为自己无法改变这个事实。在他们看来，一个人的成功或失败取决于别人的判断。这些学生陷入习得性无助时，就算成功了，也不知道为什么会成功，因为他们更相信自己是“愚蠢的”（而且这是一种永恒的状态）。而那些相信自己是“聪明的”的学生，往往意识不到就算失败了依旧可以继续努力去做很多事情。很多人就此放弃了。他们不仅放弃学习，也不再运用和提升自己的知识水平和独特的能力。

自我对照：想一想你认识的人中有没有常常感到无助的人。他们有上文中描述的哪些特质？你是通过什么判断出来的？再看看你的学生，并回答同样的问题。

让我们将它应用于主动情境或被动情境。花一点时间反思自己的学习经历。想想你拥有的东西、掌握的技能，以及不属于你的东西或你未掌握的技能。在这两种情况下你的感觉分别是什么样的？态度又是什么？

应用原理：可供运用的指标

本书第一部分的主要目标之一是指导教育者帮助学生找到学习的最佳状态——放松心理警觉。这意味着学习者必须感到自己能够做到并且充满自信，在很长一段时间内感知意义或目的。

> 放松心理警觉是发展高阶功能的基础之一。当然，这种状态不是独立于学业的，也不是一个“补充”。教育者经常将“生活技能”与学术技能分离。但是根据神经科学研究，如果学生要更多地使用大脑，这两者缺一不可。教育者需要不断地创造放松心理警觉的机会，同时有持续的监控和关

注。放松心理警觉不仅与学习者的身体、精神和情绪状态有关，还与学习的氛围和师生关系有关。

放松心理警觉、全情投入体验（第二部分）和主动加工经验（第三部分）三部分是相互促进并且持续进行的。

课堂中放松心理警觉的指标

首先要知道应寻找什么。哪些现象可以证明学生的信心、能力、学习的意义或目的？这里有一些指标，可供参考。

是否有信心？

- 在小组活动的时候，学生是否根据兴趣选择而不过分依赖友谊？
- 学生是否愿意分享想法？
- 学生是否愿意帮助缺席的同学？
- 学生是否敢于提出意见，同时接受别人的建议和反馈？

是否有能力？

- 学生是否向教师寻求反馈和建议？
- 学生是否敢于与教师争辩？
- 学生能否从容而高效地回答问题和处理问题？
- 学生是否有关于意义或目的的证据？
- 学生是否自愿承担艰巨的任务？
- 学生是否会以以下方式表现出主动性？

1. 学生是否会因为自己想完成某项任务而主动将任务带回家？
2. 学生是否会通过阅读文章或从其他信息渠道（互联网、电视节目）来丰富课内的学习？

3. 学生在课外是否会与人提及正在上的课、学的知识或者他们正在做的项目？

对教师的评价是什么？

- 教师是否尊重学生？
- 教师是否允许学生自由探索自己的想法？
- 教师对学生有很高的期望吗？
- 教师是否能够从最初假设开始给学生提出指导意见？
- 教师是否愿意倾听学生，并鼓励学生实践自己的想法？
- 教师是否对逻辑提出要求？
- 教师是否能够有意识地建立社群（激起大家对学术的热情，营造有挑战性但是又让人分外激动的氛围）？
- 教师是否本着相互尊重和平等对话的原则与学生讨论？
- 教师是否允许学生一起分析他们的体验？
- 教师是否有腾出时间去了解学生为什么感到沮丧？
- 教师是否有将新成员带入小组的流程？

放松心理警觉的教学方法

许多学生和教师能够达到放松心理警觉的状态实际上得益于正确的教学方法。每一种师生之间的关系都有与之对应的一种方法。因而我们有必要深入介绍有关的方法。详细内容请参照下表。

教学方法 1（IA1）——直接教学法

重点是让学生掌握既定的“真实”内容（技能和事实）。因此这种教学重在课堂管理，教师要培养的是听话的、认真的学生，让他们能够掌握教师所教授的知识。

教学方法 2（IA2）——项目 / 问题式学习与教学法

重点是建立一个可靠的社群，鼓励学生进行以行动者为中心的决策同时发展高阶能力。采用教学方法 2（IA2）——项目 / 问题式学习与教学法的教师需要通过与同龄人和与学生的接触中做到以下几点（部分内容将在本书的后续章节中做出进一步解释）：

- 共同决策
- 处理社会 / 情绪技能（整个社群）
- 提出实际问题
- 轮流分享
- 了解自己，也主动倾听［参见《缓解学生的紧张情绪：我如何帮助学生在课堂上管理情绪？》（*Handling Student Frustrations: How Do I Help Students Manage Emotions in the Classroom?*）（Caine & McClintic, 2014）］
- 班级过程会议
- 处理情绪问题，如解决冲突

教学方法 3（IA3）——引导式体验教学法

重点是建立一个能够自我检测并促成决策的社群，在这个社群中学生能够相互尊重，敢于接受挑战，同时也有着足够的安全感。社群中的关系包括以下几点：

- 在通过协作、对话来发展社会和情感智力的同时注重个人发展
- 反思和洞察自我

放松心理警觉为这样的交流提供良好的环境，并促成社群的建立，使得在社群中的学生能够逐步培养起参与交流所需要的高阶思维。

赋权领导者：评估学校氛围

我们鼓励你建立“过程学习圈”。赋权领导者建立一种文化，让每一个人都能站在别人的肩膀上发展自己的能力。过程学习圈是一个很好的模式，加强了校内的沟通和意识。主要形式是“重点讨论”，内容包括个人经验、研究、实践经验，同时能

够相互鼓励尝试新事物，共同进步和提升。

赋权领导者需要为同仁或者其他非教职同事所做的其实就是教师需要为学生做的事情。

总的来说，就是在与其共事的时候多思考和运用本书中的问题和建议。你需要让他们意识到课堂之外的理论与实践是同等重要的，并且支持他们的教学工作。

第一步：评估状况

1. 使用本章中的指标来评估学校整体氛围和学校人员的心理状态。花一些时间并且邀请一些人来一起探讨。形成一种针对此类分析的简单、普遍的测量方法和标准。

2. 将自己的个人实际经历与本书的观点联系起来。例如，在本章中我们介绍了三种教学方法。这些对你有意义吗？你能找到周围正在运用着类似方法的教师吗？你能找到最适合的方法吗？本书主要基于 IA2——项目 / 问题式学习与教学法，你觉得要在当下实施这样的教学方法还有哪些需要改进的地方？

3. 进行自我评估。凡事都有极限而且往往难以超越。显然，教学管理者也有既定发展道路，也需要明确他们所处的位置。

我们建议你花一些时间在这一步上。通读这本书，并与一些同事们探讨学习。（Caine & Caine, 2010）此外，在书中找到让你产生共鸣的部分，并且可以在正式或者非正式的谈话当中用此来开启话题。还可以考虑在每次召开工作人员会议时，对这些主题中的任何一个进行简短的讨论。你也可以采取轮流分享的方式。当然这当中最重要的是要做到高挑战性与低威胁性！

第二步：在整个学校营造和形成放松心理警觉的氛围和文化

工作人员在进行自我反思或者评估时，需要的是一个让人有安全感和让人不断成长、有挑战性的环境。这也是一个学习型组织的核心，是我们的过程学习圈的目标。因此，我们希望教育领导者能够支持创建过程学习圈，并引导其他教育工作者一起参与。

详细信息可以在本书资源 C 中找到。

与国家教学标准一致

教师教育的目标是要让学生做到：敢于质疑，能主动发起项目活动，敢于承担风险，乐于分享见解，不畏惧困难，勤于思考。

——标准 V：意义学习

心理韧性、自我效能和自我调节正是学生为了达到标准 V 所需要的能力。从本质上说，通过创造放松心理警觉并努力提高学生的执行功能，教育者能够为高标准学习奠定心理能力、心理习惯和态度。（Costa & Kallick, 2000）

附加标准 XII 体现出了教育领导者的重要性。这也进一步说明了过程学习圈对于学校领导者的重要意义。当过程学习圈被当作日常实践时，教育领导者将会意识到其对于所有的工作人员和学校发展来说意义都十分重大。

成功的教师会与同事紧密合作共同为学校发展努力，同时丰富他们在各自领域的知识并不断实践。

——标准 XII

第 3 章　脑智学习原理

——挑战提升学习能力，威胁抑制学习能力

不自信是导致失败的常见原因。有自信的人往往能够达成目标；而若没有自信，纵然再有能力，都有可能不堪一击。

——克里斯托弗•内维尔•波维（Christopher Nevell Bovee）

脑智学习原理 11：挑战提升学习能力，威胁抑制学习能力。

▶ 核心观点

对于地球上的每个人来说，从出生到死亡，恐惧和无助这些状态往往会威胁那些极富潜力的学习，其中也包括了执行功能的实现。放松心理警觉是高阶思维和学习的最佳心理状态，也有赖于良好心理状态的形成。创设一个促进这种心理状态形成的环境是教育工作者的首要目标。

学习能力：所有学生都可以在充满活力与挑战的支持性环境中更有效地学习。

支撑性研究：压力和学习

压力带来的负面影响

压力（stress）是一个复杂的概念，一般指应激反应的激活，释放特定的激素

进入身体和大脑。适度的压力激素实际上可以促进学习，但过量的激素，无论是短暂释放还是长期释放，都将对大脑、身体和免疫系统产生负面影响（Sapolsky，1998）。

许多压力是恐惧伴随着无助感（不知道该做什么或如何反应）产生的。众所周知，压力无处不在。但是很多人没有意识到的是，大多数儿童和大多数学生也承受着高压。过度的压力最终带来的结果是使大脑短路，并抑制高阶能力的发挥。恐惧和无助感的产生也会破坏执行功能，进而抑制高阶思维技能的提升。

研究者们的观点

不同的研究者从不同的角度看待压力这一现象。例子如下：

- 心理学家阿瑟·库姆斯（Arthur Combs）等（Combs, Richards, & Richards, 1976, 1988）认为，从感知的角度来看，压力从字面上意味着个体无法辨识出面前的线索、信息和信号。
- 神经科学家保罗·麦克莱恩（Paul McLean）（1990）认为，求生模式（survival mode）会导致情绪和本能反应凌驾于我们的高级智力之上。比如说，我们会对提建议的人抱有敌意，并且我们会固执地坚持自己脑中的想法。
- 教育家奥尔森（Olsen）和塞克斯顿（Sexton）（2008）认为，当一个组织意识到威胁时，组织结构收缩，这时候组织更强调统一，而不鼓励创新。他们将之称为“威胁僵化”（threat rigidity）。
- 神经科学家约瑟夫·勒杜（Joseph LeDoux）（1998）认为，当“求生反应”（survival response）被激活时，创造力、问题解决能力、耐心等高阶功能都会被削弱。

最重要的是，我们都感知到威胁会触发求生反应，进而导致相应功能下降，包括降低学习效率等。

为何会导致功能下降？

打个比方，将大脑比作电网。电网借由电力站覆盖到大片区域（几个州或整个国家）。电网以发电站（称为节点）彼此“沟通”的方式互连，以便保持电力平衡。一方面，如果在一个站中有太多的电能，那个节点会将其一些电能发送到可以使用多余能量的其他站点。另一方面，如果一个站点需要大量电能，例如在紧急情况期间，电网中的其他站点会提供一些电能并降低其自身的电量水平。

大脑的工作方式也是如此。一个放松但又警觉的人，其能量可用于许多大脑功能。而当人类经历威胁（伴随着无助感的恐惧）时，就会出现问题。在受威胁或者疲惫的情况下，大脑需要将大量能量耗费在求生上。因为求生需要快速的，几乎是瞬时的反应。

与电网一样，此类真实或虚构的威胁对能量有较高需求，而大脑为了应付此类威胁是要付出代价的。大脑的一些区域会失去能量支持，而负责确保求生的那些区域会得到能量的供给。大脑中功能会衰减的区域包括那些对于求生不起直接作用的区域以及处理过程速度更慢的区域，例如控制反射、思考和分析、解释社会差异和有意识地分析情况的区域。这些我们已经确定的能力主要都是由前额皮质和执行功能控制的。

求生可以是对物理威胁的反应，也可以是预测到某种威胁而产生的反应。无论哪种方式，都牺牲了高阶功能。勒杜（1998）使用了“低速公路”一词，凯恩夫妇（1978）则使用“降档”一词。凯恩夫妇将“降档”定义为“对伴随着无助和/或疲惫的威胁的心理生理反应”（Caine & Caine, 1991, 1994）。罗伯特•西尔韦斯特（2002）称之为“反思性大脑”（reflexive brain）。在本书中，我们将交替使用术语“降档”“低速公路”“反思性”和“求生反应”。它们所指的均是同样的现象。

疲惫的典型特征是能量缺乏。一般是由于压力激素在体内持续积累导致的。睡眠不足、过度刺激或持续觉醒（不断的变化，即使是“有趣的”）、缺乏锻炼和身体失衡（包括身体缺水或者缺食物、体重过轻或超重、情绪低落以及未能按时服药以保持身体正常运作）都会产生压力。久而久之，压力不仅影响学习，也危及健康。一旦身体应激激素失衡，求生反应就更容易被激活（McEwen, 2001）。

心理状态和学习能力

许多研究人员都进行了心理状态与压力、恐惧与无助间的关系的研究（Bracha et al., 2004; LeDoux, 1996; McEwen, 2001; Sapolsky, 1998）。这些学者中，布鲁斯•佩里（Bruce Perry）（2003b）为教育者提供了一个非常有用的研究解释。他提出了 5 个具体的心理状态，其中任何一个都会影响大脑和学习者的思考和学习能力。

丹尼尔•西格尔（1999）将心理状态（见本书第 2 章）定义为一种既临时又持续的状态，并结合了信念、感觉和行为三者。佩里已经研究了随求生反应而发生的心理状态。他进而研究了一个心理状态的持续变化过程，从平静到觉醒、警戒、害怕直至恐惧。我们可通过回答如下问题来确定每一种心理状态：

1. 大脑的哪些区域是最活跃的？
2. 进行了什么样的认知处理（什么样的思维会发生）？
3. 心理状态如何影响学习者的时间感或时间意识（一种涉及执行功能的能力）？

心理状态 1：平静

佩里所持的“平静”的概念就是我们所说的放松心理警觉。这在很大程度上是一种有能力和有信心的体现。只有在平静的心理状态下，学习者才能充分发挥皮质下和新皮质作用（包括执行功能的区域）。在这样的状态下，个体可以进行抽象思考，同时还具有极强的时间感。在平静状态下，随着学习者对感兴趣的东西（目的和意义）的投入，放松心理警觉状态就会产生。这样说来，佩里研究的心理状态持续变化过程已经向人们描述了在达到最佳学习状态（放松心理警觉）之后心理状态会发生的变化。

心理状态 2：觉醒

大多数儿童和成人在大部分时间内都处于觉醒状态。在觉醒状态下，大脑最活跃的区域是边缘区域（情绪）和皮质下的区域。个体大多只能基于具体信息进行思考，即进行对与错的判断。在这种状态下，个人难以进行反射和高阶思维，更多的是注重特定的、更可量化的行动或行为。

心理状态 3：警戒

在警戒状态下，大脑最活跃的区域是中脑（感觉信息）和边缘区域（情绪）。

处于警戒状态的人主要感受到的是危险，并且会作出愤怒或退缩的情绪化反应。他们关心的是接下来的几分钟或至多是几个小时的事情。明天或下周是他们能掌握的范围之外的，更不用说是明年。在警戒状态下发生的大多数是反射性的、具体的行动。

心理状态 4：害怕

在害怕状态下，大脑最活跃的区域是脑干（非自愿活动）和中脑。处于忧虑状态下人的思考方式往往与人们对于这个术语的界定不同。用佩里（2003b）的话来说，这些个体主要是“反应性的”，这意味着他们处于刺激—反应或自动的模式。他们几乎没有办法选择他们的反应。他们的时间感只限于几分钟或几秒内的事物。你可能遇到过处于害怕状态的孩子。假如你要求他们为明天做点事或记住几天后的考试，他们可能并不会听你的。

心理状态 5：恐惧

在恐惧的状态下，人往往不受自己控制。脑干会成为大脑最活跃的区域，而且自主神经系统是高度活跃的。处于恐惧心理状态下的人无法进行“思考”（例如，弄清楚如何做某事）。他们主要会进行反射性的反应，但是都不受自己的控制。他们不会参考过去经验也不会有长远考虑——完全失去了时间感。当你看着他们的眼睛，你能看出他们处于恐惧的心理状态，用一个成语来形容这种状态就是“魂不守舍”。

在上述行为的引发下，人并不会有危险性反应。佩里区分了外显的攻击“过度警觉反应”和内隐的反应。当从唤醒状态向恐惧状态转变时，过度警觉的学生会变得越来越具有攻击性。而那些倾向于内化情绪的学生，会顺着游离的连续反应逐步脱离现实。教育者往往无法识别出这些学生的状态，因为他们总是很安静，避免承担其他任务，仅仅做他们分内的事情，不希望被人知道。

图 3.1、图 3.2 和图 3.3 描述了上述关系。

现在想想你接触到的学生，看看以下的图是否符合他们的状况。

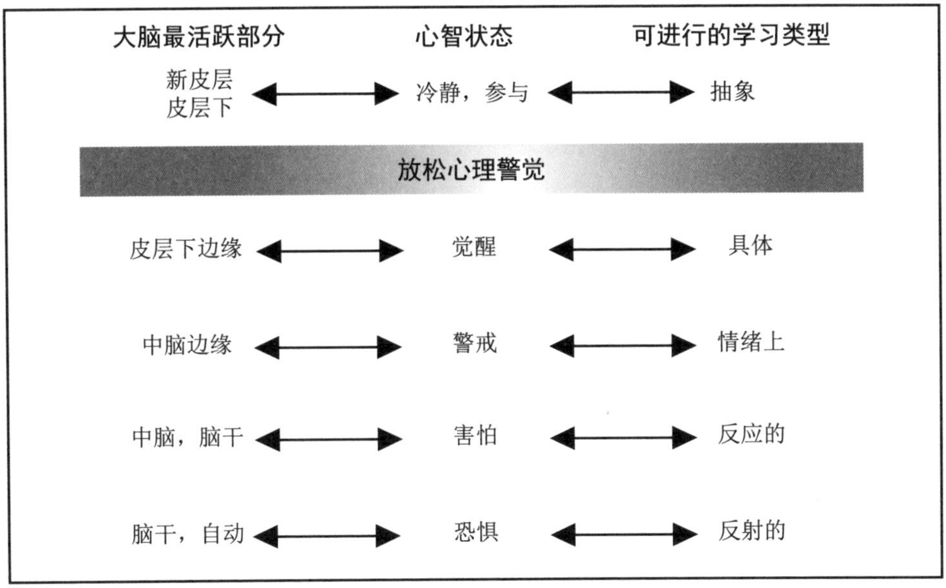

图 3.1　心理状态对学习的影响

来源：改编自 B. D. Perry，Pollard，Blakely，Baker，and Vigilante（1995）

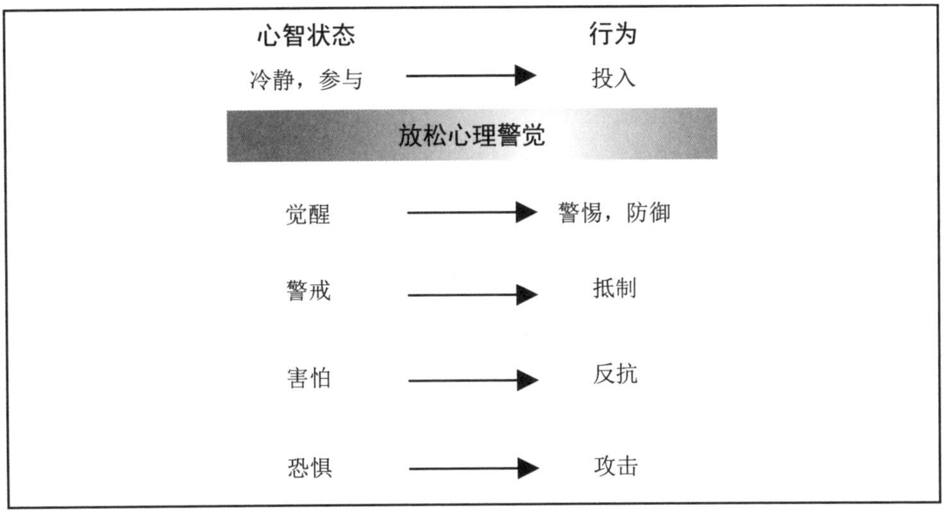

图 3.2　过度警觉状态下学生的反应

来源：改编自 B. D. Perry，Pollard，Blakely，Baker，and Vigilante（1995）

当学习者处于放松、挑战和投入状态，而不感到警戒、害怕或恐惧时，才可能达到最佳的学习状态。此外，还需要必要的觉醒状态，但这种觉醒不是指孩子们不停歇的兴奋状态。你能分辨出哪些是处于短暂或者长期求生反应心理状态的人吗？

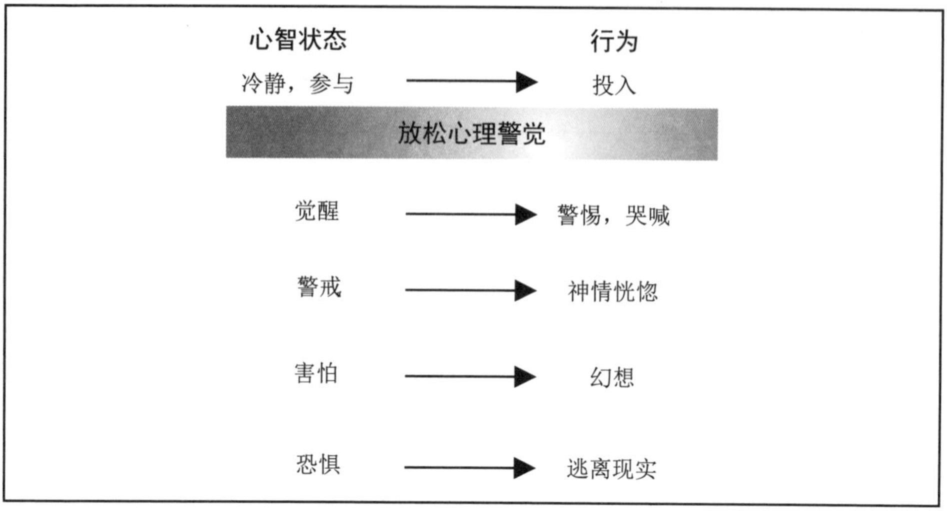

图 3.3　连续游离反应下学生的表现

来源：改编自 B. D.Perry，Pollard，Blakely，Baker，and Vigilante（1995）

长期处于求生导向心理状态下的人，往往需要大量的具体信息、练习和复诵。他们需要清晰的描述、更多的支持和建议。但是他们往往在解决问题、思考创造性解决办法、提出假设的过程中感到沮丧。比如，他们在需要发挥大脑执行功能进行长期规划时，会感觉到困难重重。因此，教育工作者需要尽其所能，帮助学生提高自己的能力、信心，寻找到自己的价值，明确自己的目的，这当中也包括了我们在后面要提到的“创造性复诵”（creative rehearsal，见本书第 12 章）。（更多关于最佳学习状态和心态的内容，可参见 Caine & Caine, 2010）

运用原理：联系求生反应

内在联系

领会脑与心智的功能在人受到威胁、产生无助感时如何被削弱的最好方式是亲身去观察和感知。因此，我们希望通过生活中的典型情境来帮助读者认识求生反应。

示例：公开演讲

你所在的团队或组织要求你做一场 10—15 分钟的公开演讲。

回想一下，上次发生类似的事情是在什么时候？你能想起你当时的想法吗？

实况描述

有些人对于公开发言这样的事情十分积极。在肾上腺素的作用下，他们会期待这样的活动。可能是因为他们有过类似的体验，从中得到了自信，也可能是因为这是他们一直很期待做的事情。

有些人可能会进入求生状态。尽管感到很容易，但是他们会心跳加速，嘴会变干。他们会跟对方点头和微笑，但几分钟后他们便不能思考了。一旦进入觉醒状态，出于寻求一种安全感，他们很有可能会想要了解更多关于演讲的具体信息。常见的问题一般有“你想要让我说些什么？”“演讲时长多少？”“地点在哪？”“有多少观众？”，但他们往往会忽略有关情境或观众需求的问题。

进入警戒状态的人会发现他们变得更加情绪化了。在这个状态的人（连续游离反应下）开始不断自言自语，也会责怪自己一开始答应了演讲。他们甚至会咒骂自己做出了这样的承诺。

在这一情景中，我们大都很难保持冷静。大多数人会进入觉醒或警戒状态。就算是对于一些曾经有过公开演讲经历且内心很强大的人，也不排除会产生恐惧心理。

- 你是否曾经有过上文所描述的感觉或反应？
- 上一次在你被要求做某事并且产生了上述反应是在什么时候？

现在想想，当知道自己要在课堂上做一个演讲时，有多少学生可能会有这样的感觉？

- 你认为他们也会有像我们在进入求生状态时那样的反应吗？

- 提前准备和预先练习是否能够帮助学生建立信心和提高能力？
- 帮助学生了解意义和目的是否能够影响学生的情绪反应？
- 对演讲的反应怎么与放松心理警觉联系在一起？或者说这样的反应会怎样影响学生发挥他们执行功能的能力（比如制订并且完成计划）？

> 当感到无助时，我们就进入了求生模式。对于一些人来说求生状态就是一种生活方式。而在你想要与别人分享这些想法之前，最重要的是你需要先了解自己是如何从平静状态进入到恐惧状态的。

练习正念——审视自己

首先在接下来的几天里你要开始观察自己。你需要不加判断地捕捉和记录你经历的不同的心理状态（正念的本质和力量在于以非判断的方式表达和察觉）。这可能很困难，因为求生反应的结果之一是进入自动模式并失去意识！写日记可能可以帮到你，这样你就可以随着时间跟踪自己的状态。在每天结束时你可以花上一些时间反思一天下来的情况。有时，我们自己的反应只有在回顾时才会被捕捉到。

下面的问题可以帮助你进行观察：

- 哪些迹象显示了你正处于求生状态？你能说出具体的心理状态吗？
- 是什么导致你进入了那种特定的心理状态？
- 其他人说了什么或做了什么？
- 你对这种威胁是如何理解的？
- 你是如何反应的？（尽可能如实记录）

深入一步

你会发现当你经历求生反应时，有自己独特的反应机制。你可能会发现一些人会跟你有大致类似的模式，这是因为你们有着类似的学习方式和性格特征。大多数人将这种反应描述为“不能做自己”。

常见的短暂求生反应：固执

虽然面对威胁和无助人们往往有不同的情绪反应，但是最普遍的一种反应就是固执。当人们进入固执状态时，他们会不断思考这件事情，对同样的情况喋喋不休，无休止地在脑海中重复着相同的话。几乎每个人都有类似的经历，而且有时候发生在人完全没有意识的时候。对于其他一部分人来说，他们的反应不只是停留在言语上，更多是在情绪上，最终会处于一种无法被动摇的状态。

> 当情绪被唤醒时，大脑触发自主神经系统和内分泌系统，后者会将应激激素释放到血液中，进而产生持续的兴奋，不断重新激活在认知系统中凸显的想法。这种唤醒持续几分钟，它产生的效果与自发消解压力和压力源大致类似（Bowers & Sivers, 1998）。

固执会分散注意力，进而影响学习和工作。以下有一些日常的例子：

- 接收到的信息与自己所相信的相矛盾——弗朗西斯科（Francisco）知道他重了几斤，但他暗示自己增重的是肌肉。作为一名教师，你开玩笑说，他去甜甜圈店的次数太多了。尽管在朋友面前依旧是一副乐呵呵的样子，但他不认为这很好玩。他会感觉到受伤和沮丧，之后你才从一个朋友无意的评论中发现他生气了。每个人都不会一直记得你的这句话，但弗朗西斯科却会一直耿耿于怀。他的思维很可能一直纠结于这句话，他要么不会想太多，要么就会一直不断重复地思考这句话。通常当人们自我感觉不好的时候，他们将努力回忆自己的信念被粉碎之前的感觉。如果他们没有机会有效地缓解这种情况（如通过聊天来缓解紧张情绪），可能会将情绪发泄出来。
- 接收到的信息与自己需要的或想要的相矛盾——金（Kim）认为他已经可以开车了。他的父母告诉他，他太年轻了，还没有完全掌握驾驶的技能，也不能很好地判断路况来保证驾驶安全。金会在心理一遍又一遍地为自己辩护。因而在课堂上，金会不断地开小差，并且表现出郁闷和消极的样子。作为教师你会觉得很困惑也很失望。
- 接收到的信息与自己理性上或学术上认为是正确的相矛盾——凯伦（Karen）是一个历史爱好者，常为自己了解美国历史而自豪。作为她的教师，你试图讲解一个知识点，并说："肯尼迪在尼克松之后当总统是一件好事。"凯伦很震惊你混淆了事实。她在脑海里一遍又一遍地重复你的话。她可能最后终于有了足够的勇气告诉你你错了。你可能会认为这是一件小事，却没有意识到凯伦已经失去了对你的信任，并可能在未来对你疏离或不再尊重你。

- 接收到的信息挑战了自己的道德或伦理信念——凯莉（Kelly）的父亲是一名牧师，她听父亲说上帝将水变成葡萄汁。她最好的朋友有着和凯莉不同的信仰，认为"上帝把水变成葡萄酒"，为此朋友嘲笑了她。她问老师相信什么，而老师没有注意到这个问题对凯莉是多么重要，也附和她那最好的朋友说："上帝把水变成葡萄酒。"凯利不再与学校任何人谈论这件事。她花了很长时间思考自己应该相信谁：她所深爱且尊敬的父亲，她希望得到认同的朋友，或她同样尊重的教师。这之后她在课堂上再也听不进去、学不进去了。
- 接收到的信息反对自己所在群体（家人、朋友、俱乐部、种族或民族）的信念——卡洛斯（Carlos）是一个狂热的足球运动员，并且是球队现役球员。尽管每个球员都很努力，但球队的表现不如过去。他听到有人把这个团队称为"失败的球队"。虽然他已经很克制自己不与这个人对峙，但还是没有心情上课，他在课上想着如何回击。教师可能会觉得他言辞刻薄，对他的行为也感到十分震惊。

需要注意的是这些反应可能与观察方和接收方没有关系。他们的状态已经完全被干扰，并且会有情绪和心态上的反应。

以下是在实践 IA2——项目 / 问题式学习与教学法以及 IA3——引导式体验教学法方面教师给出的建议，帮助教师处理在课堂中学生出现短暂求生反应的情况：

- 寻找学生比较反常的行为：例如，米格尔（Miguel）平时是一个优秀的学生，但今天他却让你十分抓狂。他在课堂上呼喊同学的名字，坐立不安，不断地打扰你和其他学生。
- 分析情况：寻找各种行为的关联性，而不是一味地割裂各种行为。
- 把学生叫到一边（永远不要公开处理问题）：询问学生发生了什么。在米格尔的案例里，你可以坦白地告诉他打扰到你了或者是快要把你逼疯了。你应该尽可能诚实，并告诉他，你需要了解一下为什么他今天这么反常（见第 4 章结尾的关于“我”信息和主动式倾听）。

- 等待响应：给学生一个机会，让他能够自己思考可以给你多少信任。如果你们关系还不错，并且你也已经将书中的内容付诸实践，他可能会告诉你发生了什么。如果你们的关系不大好，对话可能就会暂时中止，你必须让这件事情快点过去（见第 5 章）。
- 保持中立：记住，学生所发生的事很有可能与你无关（尽管他可能最初否认这一点）。很有可能是学生的父母刚吵了一架，或者是父母在看了孩子的房间后指责孩子过于懒散。若是高中生，还有可能是谈恋爱的困扰。你需要认真听学生说完。在这个过程中，不要评判，不要选择立场。
- 通过解决他或她的问题，来帮助学生识别和参与行动者主导的适应性决策：第 6 章介绍了“了解—处理—行动—审思”程序（在《缓解学生的紧张情绪：我如何帮助学生在课堂上管理情绪？》一书中更深入地探讨了这一过程）。这里是一些简短总结：让学生告诉你问题是什么，简要地谈论导致这个问题的原因，至少要让学生想出一个可以施行的解决办法。固执就好像是在漩涡中试图上岸一样，人必须注视着海岸线并努力向它靠近。这意味着我们需要一个新的目标和方向来解决或重新聚焦初始问题。
- 感谢学生能够信任你：你需要让学生知道，你相信他有解决问题的能力。
- 问问学生你能够帮助他做什么：他需要的是能够写封信，还是可以独处和思考？是否需要见咨询师？以什么方式解决问题？作为教师应该给学生时间和空间做他们需要做的事情，并且确定好时长。要牢记的是一个处于求生模式的学生是不会过多注意你或是想要从你这里学到很多东西的。你的倾听、尊重和支持才是真正能够帮助学生回到正轨上的东西。

自我调节

让学生能够意识到他们的行为已经是求生反应。学生应该逐渐像成年人一样，能够有一个行为（类似的、可预测的）储备库。一些教师已经成功地帮助学生在他们刚进入或者进入求生状态不久之后识别出这种状态。他们允许学生停下手头的事情，坐在一个安静的地方，等待教师，然后完成上述流程。

这样做的目的是让放松心理警觉的状态持续更长的时间——让它成为一种常态，并在走下坡路的时候能够更快地恢复过来。但冷静的状态不是想想就能创设的。首先要观察一个人走下坡路时的情况，了解这个人的反应。第二步是要通过不断培养技能、提高能力来应对这种情形。这就是本书中，特别是第一部分关于“放松心理警觉”所要表达的内容。

我们建议你每天可以与学习伙伴或者可以在学习圈中，讨论在其他人身上看到的或自己经历过的固执的实例，并将其记录在日记中。问问自己，当时你知道自己陷入了这个漩涡中了吗？当时感觉如何？你还能够很好地完成正在做的事情吗？

联系实际

一个好的开始是需要运用一些技能来直接减压的。这可以在学生身上实现，也可以为我们自己所用。以下有一些建议：

- 在学生独自学习、进入或者要离开课堂时，可以播放一些轻音乐（轻松但又能引发兴趣的古典音乐是非常好的，比如巴洛克音乐以及新世纪音乐）。管理者和咨询师也可以以类似的方式播放音乐。
- 给学生时间去设想成功和成功的行为。
- 鼓励有压力的人慢慢地进行深呼吸练习（不要过于频繁——只要保持简短的、常规的练习即可）。
- 每天进行简短的练习，让学生能够专注于正在做的事情。进行这个练习的好时机是在需要缓解压力或快下课、他们需要开始为下一步做准备的时候。练习的时候，要保持完全安静（不要求快，让学生逐步适应这个练习）。
- 随时随地准备水，鼓励儿童和成人每日饮用足够的水。
- 鼓励开展定期、适当的运动，以寻找最佳状态。
- 让每个人都远离有毒的环境材料。
- 让学生意识到食物和节目都会对他们自己本身产生影响。进行这些讨论的出发点在于让他们知道“你做的任何事都会影响自身”。
- 让自己能够做一些基本的正念练习，然后将其介绍给你的学生（现在也有很多在线资源）。

花一些时间，开展上述一个或多个步骤的活动。确定好何时以及如何开始。在这个过程中最好能与同事或学习圈同步进行。完成第一步操作后，即可与你的同事一起讨论了。

联系课堂：减少威胁

接下来我们要一起来探究如何将这条脑智学习原理——挑战提升学习能力，威胁抑制学习能力——与不同的教学方法结合。

IA1——直接教学法

这是三种方法中最传统的一种教学方法。

这种方法在很大程度上依赖于教师的权威。

任务和参与都是在教师的掌控之中。学生参与的动力主要是为了得到教师给的等级、测试和评估。所以教师詹妮（Jenny）在教室前面贴好了规则的文本。这样能够时时提醒学生，表现好的学生都将得到加分、奖励，甚至能得到自由支配时间的权利。在这个过程当中詹妮承担了大部分的责任。

这个过程有什么不足呢？教师判断对错的权威会让学生心生畏惧，这就是为什么阿尔菲•科恩（Alfie Kohn）（1999）将他的书命名为《奖励的恶果》（*Punished by Rewards*）。在这样的状态下，学生会记住所学东西，也可以完成任务。但他们不太可能追求创造性和新颖的想法，也不会愿意承担风险，更不会参与学习者驱动的决策以提高其执行功能。主动参与学习能够带来动力，让学生获得学习的意义和了解学习的目的。这些作为放松心理警觉的核心，在这个过程中都是缺失的。

改进的机会

这里的目标是要显著减少恐惧感和无助感。

1. 观察学生恐惧和无助的表现，运用我们在本章中提及的一些策略来应对固执。
2. 减少奖励和惩罚。

3. 通过引入一些简短的但是开放性的环节来给课堂制造惊喜。

以下是一些例子：

- 设计新的学习方法（比如说使用游戏、创造符号等）来帮助学生改进学习。
- 让学生参加关于学校、班级活动或规章制度的讨论，这样他们可以提出一些行之有效的方案。然后检验这些方案的合理性以便学生可以实施。

IA2——项目 / 问题式学习与教学法

在 IA2——项目 / 问题式学习与教学法中，教师仍旧是主角，但这时候学生也能够承担一部分责任。在课堂上会有一些机会从教师设计与主导的内容延伸到包含学生创意的活动上。在这个教师与学生共同创造的“安全空间”内，就算学生受挫了，他们依旧可以退出。所以教师比尔（Bill）开始给学生一些自主权，让学生能够提出他们对于各种作业截止时间的想法。只要学生本着对自己负责的态度，能够合理地提出想法和建议，他都会予以考虑。他还认为，只关注对错的教学并没有那么有效，它会引起学生的恐惧感和无助感，尤其是那些在家里没获得支持或者曾经有过失败经历的学生。这就是为什么他认为只要提前说清楚评估标准以及评估方式，教师依旧可以用更有创意的方式来布置作业。目前他也在探索一些方式来让学生们进行小组合作，以提升学生的沟通技能。

改进的机会

训练本章末尾提及的“有序分享”的基本技能。

IA3——引导式体验教学法

到了这个阶段，放松心理警觉的实践已经变得更为自然了。

学生能够意识到自己进入了求生状态，也能够有充分的时间来应对这种状况。教师需要做的事情就是帮助学生了解求生状态是如何引发的，并且让学生能

> 在合规与合理的情况下，教师给予学生更多的自主权。

够意识到自己进入了这种状态。此时，不论是教师还是学生都需要能够一起从容应对。教师要以行动者主导的适应性决策为标准，并且充分鼓励运用执行功能。所以教师卡门（Carmen）实际上充分利用了学生克服内心恐惧感与无助感的机会，来帮助学生提高本章后面提及的“有序分享”的技巧。

改进的机会

运用 IA3——引导式体验教学法的教师逐步倾向于观察自己的行为和态度并且审视这些表现对学生的影响。这当中的挑战在于减少自己的压力，平衡生活，以学生为中心，受学生欢迎，储备深厚的知识。这个过程实施可以从使用商用“360 度自我评估”做起。通过从评估中得到的关于自己学习风格以及个性特征的结果，你能够更好地了解自己的优势和弱点。除了类似的评估之外，你还可以请同事、朋友、上下级给予你评价。这会帮助你更好地了解别人如何看待你，这些反馈都会对你的课堂有巨大作用。

应用原理：有序分享

教育者的工作最后都需要落实到实践之中。这一部分将着眼于达到放松心理警觉所需要的四种基本技能。在之后的每个章节中我们都会引入一个基本技能。分别如下：

基础技能一：有序分享（作为群体中有效沟通的基础）
基础技能二：“我”信息（以“我”为主语的沟通方式）和主动倾听
基础技能三：班级会议
基础技能四：冲突解决

基础技能一：有序分享——群体中有效沟通的基础

学会倾听是一个十分重要的技能。人们不仅需要倾听，更需要感觉到自己被倾听。因此，倾听是学习、合作和达到放松心理警觉的一种基础技能。倾听对于学生或者成年人，不论是在课堂内还是课堂外，都是不可或缺的。除了倾听之外，参与者需要以清晰但不偏激的方式传达自己的想法。当然，要有合适的环境来让学生或者成年人分享他们的想法，在这个环境下他们不需要担心自己会受到嘲笑、批评或评判。

我们的方法是进行一个我们称为“有序分享”的过程。我们借鉴了许多之前用于引导交流与倾听的经验。“有序分享”的本质是为每个人提供平等的机会，营造一个每个人在说话时都能得到百分之百关注的氛围。

“有序分享”流程

更多关于“有序分享的内容”，可参考《有序分享：通过培养健康的关系建立和维持一个功能型社群》（*Ordered Sharing: Build and Maintain a Functioning Community by Fostering Healthy Relationships*）（Caine, McClintic, & Bond, 2014）。

首先让五到六个学生围成一个圈坐好。

1. 引入主题

等所有人都安静下来后，开始进行解释。

教师发言：“我会提出一个话题（后文提供了一些可供参考的话题）。请大家思考一下并进行发言。无论是谁，只要准备好了就可以开始发言。”（给学生思考或提问的时间）

2. 有序分享

教师发言：一旦有人发言，带头发言结束后，向左依次进行。每次由一个人发言，时长控制在一分钟左右。其他人不需要说任何话，只需要认真倾听。这样依次按顺时针进行，不要中断。

3. 进行讨论和反思

等所有人都完成发言。

教师发言：“现在大家可以自由交谈。在这个过程当中，大家都会有时间分享自己的想法，但是不要批评别人的想法。”（给每个小组 2—3 分钟的时间进行交流）

4. 引导小组反思

教师发言："你的小组内进展如何？你注意到了什么？"

记住整个过程的顺序应该是：引入话题，在"有序分享"之后再进行讨论。

可能的开放性话题

- "你最佩服别人的是什么？"
- "你崇拜的英雄是谁？为什么崇拜他？"
- "说一说在你住的城镇或附近你最喜欢的地方，理由是什么？"
- "你去上学通常走哪条路？原因是什么？"
- "你想要成为什么样的人？为什么？"
- "如果你能做任何事情，你会在周末做什么？为什么？"

一些有用的提示：第一次进行"有序分享"大概需要 20—30 分钟。之后，可以根据团体规模和组织效率，调整到 15—20 分钟。学生在第一个组内至少要待满一个月。之后学生和教师可以一起决定什么时候进行小组重组。

定期或尽可能频繁地让学生参与"有序分享"。我们建议高年级的学生每周一次，时间最好放在一天课程刚开始的时候，在一个教室里独立进行。你需要不断地进行这样的活动，直到你很清楚地感觉到这已经成为学生的一种习惯。

确保你能给予学生充分的关注。进行"有序分享"不仅仅是为了提高学生在群体中的沟通技能，更是为了让你自己更好地了解学生。但切记不要用这段时间来处理"有序分享"过程中出现的个人问题。如果你发现你需要帮助学生应对一些困境，你可以使用一些前文提到的应对固执的方法。

你也可以和学生一起开展头脑风暴，想出一些可以用来探讨的话题，记住与他们自身息息相关的话题更容易引发他们的思考。这是教师运用 IA2——项目 / 问题式学习与教学法或 IA3——引导式体验教学法的课堂特色。根据不同的年龄阶段挑选相适应的话题，并允许更多具有挑战性的问题出现在脑海。最后你可以引入课程学习中的难题，并且进行深入的探讨。当你在倾听讨论的时候，你也有可能会发现一些文化、种族上的差异，依次引发更深的思考。

沟通会因“有序分享”而不断深入。当人们学会了尊重彼此，相互倾听的时候，原本的争辩和争论可能就可以转变成讨论和对话。

在“有序分享”的过程中，教师是一个促进者，在这个过程当中你需要进行引导及倾听，同时还要观察自己和学生。一旦你花了时间不断地重复这个过程，就要让学生们不断熟悉，并且进行尝试，随后在反思过程中，探索观察到的状况，并讨论如何更好地改进。你还需要确保在合作的状态下，让参与者提出问题、困惑以及想法。

在这个过程中你还可以观察一下如下的情形：

- 学生是否为自己辩护？他们如何 / 为什么这样做？
- 他们是否在寻找解决办法？你是怎么发现的？
- 学生是否在互相倾听？你是怎么知道的？

教师日志

为了能够提高学生在同龄人中有效沟通的技能，也为了能够促进与隔壁小学的交流，我们的班级里引入了大量的互动和讨论。我曾经跟全班同学说，有时候我们在讨论中很难听到每个人的声音和想法。我告诉学生我有一个解决的办法。学生都同意一起进行尝试。所以我们把桌子挪开，重新给大家分了组，并开始“有序分享”。

于是便出现了接下来的一些互动：

“布里塔尼（Brittany），现在还不是时候，”克雷格（Craig）低声说，“等下才轮到你。”布里塔尼耸耸肩，用口型说了“对不起”。这样的场景会出现是因为“有序分享”是按照顺时针进行的。尽管在别人说话的时候不插嘴，等轮到自己再发言很耗费时间，但是这对于学生来说非常重要。而且学生开始承担责任，他们会提醒彼此不要打断别人。不知不觉中，学生们将此运用到了英语课和历史课，学生们很好地遵循了这样的一种发言状态。马克（Mark）在年底的时候表达了他自己的想法：“我们都能感觉到自己被倾听，而且得到了别人的尊重。

而且我们会有时间思考问题，组织语言，并且表达想法。我很喜欢这种被倾听的感觉，也很喜欢逐步学会倾听的感觉。”

反思

当然我们也知道不是所有学生和（或）成年人都会对这样的一个过程有一样的反应。不过一定要记住将维持良好关系与信任放在首位。带着真诚进行沟通，并且也让更多的人能够充分参与到这个过程之中。

“有序分享”的教学用途

这个过程最适合于 IA2——项目 / 问题式学习与教学法或 IA3——引导式体验教学法，因为这个过程能让所有人参与到开放性的问题讨论中。

“有序分享”的益处在于它平衡了讨论时所有人的参与。所有学生获得相同的但是有限的时间来表达他们的想法。这让个性较强的学生失去了主导权，同时给予羞涩、犹豫不决的学生一定的时间。这样做的目标是在于创造一个相互尊重的安全环境，让所有人都可以真实地表达自己的想法。

“有序分享”流程允许学生自发地反思他们的行为或想法，而不是在环境条件作用下（如同伴压力）进行反应或在受到一定刺激之后进行反应。通过倾听其他人的发言，学生能够了解到与自己不同的想法和行为。学生还会有机会去讨论新的理论，并花时间进行推理。在这一过程中，学生能真正学会倾听别人、尊重别人，在进行冲动反应之前再三进行衡量，保证一定程度的理性。

记住，前额皮质有提高时间域（time horizons）的能力，这也与耐心息息相关。“有序分享”不是关注一个最终的即时答案，而是让学生推迟即时判断并等待集体答案。当这个过程被应用到教学中的时候，学生需要获取更多的信息来进行决策，同时需要知道自己什么时候寻求他人的帮助和其他资源。当通过开放式提问并辅以正确引导时，学生可以发展批判性思维和创造性思维。反过来，还可以加强反思能力和元认知能力。

在 IA2——项目 / 问题式学习与教学法和 IA3——引导式体验教学法中，在项目开始之前任何人都可以发起“有序分享”来让每个人都参与其中。“有序分享”也可以用来了解每个人正在做的事情以及大家的想法。这对于目标确定、进度跟进、信息共享都是十分有利的。

赋权领导者：学习圈、教师会议以及其他场景

接下来我们一起来看看我们与华盛顿州一位优秀的高中教师的讨论，话题是学生与员工管理上的共性。她正在试图理清她对于《共同核心州立标准》的矛盾态度。她希望能够探索出一种“翻转课堂”新模式和指导学生进行个性化学习的新技术，但是这让她感到困难重重，希望渺茫。各种训练与想法显然已经构成了一种威胁，她自己也缺乏十足的自信。针对于此，我们认为需要着重强调“放松心理警觉”这一概念，尝试帮助学生或员工意识到环境的复杂性，这有利于锻炼教师的专业技能。真正的领导者往往能够找到不被周围压力压垮的方式。无论环境有多么复杂，我们都必须牢牢记住，教师必须具备的基本能力是他们每天都竭尽所能地教好学生。在这之中，教师对于自己以及专业能力的自信是十分关键的。因此，作为学校里的领导者，需要利用学习圈帮助教职人员对于他们自己的能力和潜力有更好的认识。那么作为实践者，我们应该从何开始呢？

第一步是从学校的角度来理解本章的内容。

- 学习者的情绪或心理状态是否影响了他们的学习能力？
- 有自我效能感的人与习得性无助的人是否是有所区别的？
- “课堂中的放松心理警觉指标”是否可以应用于你的专业领域中？
- 如果将“教师”替换为“管理者”，将“学生”替换为“教职人员”，你有什么发现？

第二步是与你的教职人员讨论这些想法和过程学习圈，并讨论出具体的实施办法。

你能够找到机会和你的教职员工讨论学习圈吗？是否可以有一个小组进行实验？针对于心理状态以及无助感，你们打算做些什么来进行改善？

> 因此，我们发现了一种现象，不仅仅是在我们自己身上，还有在学生以及周围人身上，我称之为“降档”。当个体在紧急情况下感知到威胁时，对大脑就无法进行充分利用，取而代之的是快速的反应以及简单的思考。可以这么说，就个体而言，降档的程度将反映威胁的程度。对一个人的严重威胁可能对另一个人不会造成什么影响。
>
> ——哈特（Hart, 1978）

根据我们的经验，定期运用“有序分享”本身是一个很好的方式，它能帮助学校的教职人员开始真正倾听彼此的想法（Caine & Caine, 1997a）。这也是为什么对于专业能力提升的方式我们首先采取的是形成成人的过程学习圈（见本书资源 C 中的指南），“有序分享”是其第一阶段。这之后，真正的对话将会出现。真正对话的原理来自于学习圈或理事会议。这是一种古老的会议形式，数千年以来，它将人们聚集在一起，在相互尊重的情况下展开对话（Caine & Caine, 2011; Klimek et al., 2008）。说出自己的观点让每个人（成人或学生）更好地理解团体的需要并予以支持。正如本章开头所提到的，我们正在寻求建立一个理想心理状态以发展更高层次的功能。

在领略到学习圈的力量之后，一些管理者已将该方法纳入其每月教职员工会议中。在某些情况下，管理者以“有序分享”开始，围绕非学校相关的话题进行讨论。然后再进行日常的工作安排。

以下是成人使用“有序分享”的方法：

步骤 1：决定使用“有序分享”来开始员工会议。

步骤 2：让员工坐在一个或两个圆圈中，每个圆圈都有一个人进行指导。

步骤 3：选择（或让指导员进行选择）一句极富激情的谚语或者名言，并使用它开启“有序分享”。

通过上述“有序分享”初始体验之后，有时能更容易地形成有效运行的流程。当教职员工更熟悉并逐步习惯“有序分享”的节奏后，管理者可引入与学校、员工、学生或社群相关性更强的主题。换句话说，增加相关性和真实性，减少威胁并提高效率。

成功的教师会建立一个有关爱、动力、包容和安全的社群，在这里，学生可以进行挑战，进而开展独立学习与合作学习。

——标准 IV

与国家教学标准一致

本章陈述的所有想法和步骤都符合并支持国家教学标准。若是不通过减少压力来创设一个环境，使得人们真正地相互倾听，有足够的安全感去冒险，一个强大的社群是难以建立的。当然，仅仅依靠本章的内容是远远不够的，但这已经是一个很好的开始了。

第 4 章 脑智学习原理
——脑与心智具有社会性

文化是一个公司最珍贵的东西之一，所以必须比其他东西得到更多重视。

——凯文•弗赖贝格（Kevin Freiberg）和杰基•弗赖贝格（Jackie Freiberg）

脑智学习原理 2：脑与心智具有社会性。

▶ 核心观点

每一个人都受戈普尼克（Gopnik）、梅尔佐夫（Meltzoff）和库尔（Kuhl）（1999）所称的“联系冲动”（contact urge）的影响。社会交往关系强调归属感、得到认可、倾听与关注，这些无疑都是有利于放松心理警觉的建立的。语言、信念、心态和高层次学习都深受我们与他人之间联系的影响。我们不能忽视社会关系和社群对课内外学习的影响。

学习能力：当自身的社会性和对社会关系的需求得到承认和尊重时，所有学生都能更有效地开展学习。

支撑性研究：突触和社群

神经科学的研究记录着我们大脑中的神经元、身体的反应和社会经历之间显著的相互作用（Azar, 2002; Cozolino, 2014; Gershon, 1999; Goleman, 2007; Siegel,

2007）。我们与他人的关系和互动能够改变脑细胞生长中突触的连接方式，以及与其他脑细胞的连接方式。社会交往影响与睡眠、进食和择偶相关的化学物质的分泌，并与压力、健康和疾病紧密联系（Detweiler, Rothman, Salovey & Steward, 2000; Sapolsky, 1998; Umberson & Montez, 2010）。这种影响十分显著！

社会互动，包括交流想法、获取新信息或提升理解能力带来的感受，都会引发更活跃的思维活动，最后促成更高效的学习和记忆。在课堂中，让社会互动成为学习过程的一部分，体现在对不同的想法加以讨论、不同人看待问题的不同角度以及对于未来运用的联想等方面。无一例外，这些活动都会触发大脑的活动，并引起大脑情感和认知部分的联系（Damasio, 2005）。

> 我们是一个高度社会化的物种，为了生存，我们深深依赖彼此。
> ——戈普尼克等（Gopnik et al., 1999）

保罗·麦克林（Paul MacLean）（1978）是最先提出没有适当的社会联系，人类智力大脑只是一个“没有感情的电脑”这个观点的人之一。即使是没有与边缘系统和情绪紧密联系的执行功能的不完善，都可能会导致年轻人和成年人道德或伦理的构建受到威胁。镜像神经元的相关研究有力地证明了人是与周围关系密切的人一起成长的。没有得到关怀、呵护，没有共情、爱别人的能力，儿童和青少年会变得孤独且漫无目的。因此，与健康、富有情感的成年人和同伴一起成长在健康的社会环境下是十分重要的。

生存取决于关系

人生来就有与他人联系的生理需要（Diamond & Hobson, 1998）。建立社会关系对于我们的生存意义重大，因为没有他人的帮助，我们不能养活自己，更不能繁衍、养育后代。这种生存需要在婴儿期是显而易见的，此时大脑正以最快的速度生长发育，如果没有人照顾，婴儿不可能生存下来。而且大多数父母都知道，每个婴儿天生都有声带，这让婴儿通过啼哭得到他所需要的关注。随着成长，婴儿通过语言习得和获得其他必要的社会技能，逐步学习如何在社群中生存。到了青春期，在生育欲望的驱动下，青少年会萌发求偶心态。人类的求偶行为需要社会技能和在社会群体中生活的能力。成年人在保证自己生存的同时，还要想办法养育家庭。这让他们无法脱离社会，也对他们的社交技能提出了更高的要求。最后步入老年，人依旧需要一个社会环境来应对自己出现的各种机能退化与潜在病症。

在一生中，人的脑与心智都在不断地适应与改变，以对日常交互做出反应。家庭、学校、城镇、国家和世界银行、联合国等世界组织也是一些为响应人类对于社群的需求而建立的社会结构。

通过观察和模仿融入社会群体

儿童和青少年通过观察来学习。让学习者能够对各类既定模式耳濡目染是十分重要的。例如，即使是一个月大的婴儿都会模仿面部表情。研究人员通过向婴儿展示如何伸出舌头或张开嘴巴系统性地证实了这一点。用视频记录孩子的反应，然后将录好的视频给其他人看，让他们猜婴儿看到的到底是什么动作。结果发现，他们能够很准确地回答出婴儿到底是在伸舌头还是在张开嘴巴（Gopnik et al., 1999）。

> 模仿是向成人学习的内在机制，是一种生活本能。
>
> ——戈普尼克等（Gopnik et al., 1999）

镜像神经元

研究人员告诉我们，我们学习到的很多东西都是在与别人打交道时通过观察获得的。

> **具体研究示例**
>
> 神经心理学家贾科莫·里佐拉蒂（Giacomo Rizzolatti）展示了猴子在做出特定的手势或者仅仅是看到类似手部动作时，它们的某些神经元会如何反应（Brothers, 1997）。从那时起，镜像神经元的研究被广泛运用（参见 Hurley & Charter, 2005）。苏珊·L. 赫利（Susan L. Hurley）（2006）还利用了镜像神经元对媒体暴力和无意识模仿进行了研究。其他学者利用了在治疗情境中的镜像神经元（Azar, 2002; Cozolino, 2006, 2014; Siegel, 1999），并将其作为社会智力的基础之一（Goleman, 2007）。

对镜像神经元的持续研究表明，我们生来就会对外界做出反应并在这个过程中进行学习。不论一个人多么独立，每个人都会进行无意识的模仿。社会关系和社会群体都会参与到学习的进程中。孩子会向兄弟姐妹、父母和伙伴学习。新生婴儿的母亲会向其他母亲学习。人们进入某一个全新的领域——药物、证券、医疗、道路维护、户外探险、艺术、新闻、政治——都受到那个领域的习惯、行为、表达和价值观念的影响。事实上，商业世界中，最有效的学习方法之一是基于社群实践的研究（Wenger，McDermott & Snyder，2002）。

列夫·维果斯基（Lev Vygotsky）（1978）认为，即使是人们进行内部对话的能力——在他们的头脑中思考——也是在与他人进行外部对话之后习得的。

如果没有一个成年人给孩子树立好榜样，日常与孩子进行健康的情感交流与互动，孩子就更容易被周围的环境所影响。而周围的环境中可能会有冷漠的成年人、电视上的暴力角色或好斗的同伴（Bandura, 1973）。对于在健康环境下成长起来的孩子来说不构成危险，但对于被抛弃和孤立的孩子来说就可能是滋生暴力的温床（Healy, 1998; B. D. Perry et al., 1995）。

不难看出，与周围缺乏交流，性格孤僻的儿童，若是再加上被嘲笑、被霸凌，其学习将受到极大影响。如果孩子的家庭生活不美满，那情况将更为严重。由此我们也可以开始理解为什么学生一直在竭尽所能寻找“归属感”。布鲁斯·佩里（2003a）和理查德·雷斯塔克（Richard Restak）（1995）两人都认为，社交联系比较少的学生更有可能对毒品和酒精上瘾（Koob & Le Moal, 2006）。

社群和自我感觉

社群经验极大地影响着大脑和生理的组织，影响着人类对于自我的认知。通过与他人的互动，人们能判断自己是否有能力做好一件事，是否讨人喜欢，是否有幽默感，在特定领域是否有创造力等。社群还能塑造一个人，它会使人相信他们对集体能够做出贡献。在家庭和更大社群的正面引导下，例如约束、关怀、实践和设定标准，孩子们能建立自信，主动关怀，并与周围的人交互。通过这些方式孩子也会逐步意识到自己是有所归属的。

“读懂”他人

我们理解他人、调节情绪反应和用社会智力进行互动的能力，都与复杂的思考能力和执行功能有着千丝万缕的联系。

当学生参与社交互动的时候也会引发大脑的活跃反应。社交互动具有“实时性”，这要求学生必须在接到即时信息的时候，快速做出相应的反应。眶额皮质是一个特别的区域，它与评估外部事件并将其与适当行为联系起来的能力有关。眶额皮质是负责执行功能系统的一部分。

> 换句话说，眶额皮质区域主要负责应对内部和外部条件突发的变化，并创造出新的、灵活的行为和认知反应，以取代自发的冲动反应（Siegel, 1999）。

在理解其他人的想法和观点时其实还伴随着一系列的行为，比如说处理其他人的观点和立场、解决集体问题、挑战自己的观点，这些都对学生前额皮质的大脑区域的功能提出了更高的要求。

> 反应的灵活性让大脑能够快速评估新的刺激或情绪状态，然后调整外部行为以及内部反应以进行反应。这种能力是合作、即时沟通的重要组成部分（Siegel, 1999）。

人们之间的这种互动非常微妙，而且不需要语言参与。在试图解释这种联系时，一些科学家称之为“心理状态共振”（Siegel, 1999）。当个体以一种让他们感到被深层次理解的方式保持一致时，心理状态共振就会发生。这一层次是非语言的和谐，它被丹尼尔·西格尔称为“感到被感知”。这样的状态有助于治疗、养育、有效合作学习以及特殊教育。

健康关系和学校环境

研究得出有力的结论：如果大脑可以基于经验的积累得到重塑，那么一个成年人创设出来的相互关爱与相互尊重的学校和课堂氛围，便可以在改变学生的坏习惯、养成好习惯的转变中发挥很大的作用。这是大脑可塑性的积极一面——大脑根据经验改变自身的能力（Begley，2007）。随着时间的推移，孩子通过与积极正面的成年人保持持续的互动，可以强化他们大脑中新的、有利的回路，并影响他们的行动和对周围世界的理解。此外，社会交往能力强的学生往往学业表现更优异，他们会更努力达成学业上的目标。

当学生社交能力增强的时候，他们会开始反思自己的行为和行动，对他人抱有同理心，相信自己的能动性，他们会是积极的、有幽默感的。这些特征会防止儿童和青少年沾染上不良习惯，防止他们在学校和生活当中变得消极被动（请回忆本书第 2 章; Kokko & Pulkkinen, 2000）。因此，从发展放松心理警觉的角度来看，会有以下现象：

- 健康的社交互动帮助孩子建立自信。
- 积极的社会互动有助于发展高阶功能。

不仅仅是婴儿和幼儿，青少年也是极易受到伤害的群体。他们可能已经可以进行抽象思考，也能够进行复杂的规划。他们甚至可能有动力去学习某个特定学科中的所有内容。但是，如果没有在健康的社群中成长，没有与积极正面的成年人进行互动，青少年依旧有可能误入歧途。

在今天的学校里已有很多相关的例子。“科隆比纳”（Columbine）① 一词已成为暴力和缺乏道德约束的青少年的代名词。这些学生在某些方面已经能够独当一面，因此才有动机去进行破坏，但他们完全与他们的社群脱节。显然，由于教师的疏忽，两个男孩在课上利用视频来模拟屠杀计划，但教师只是简单地给出一个分数，没有更深入地询问了解或与其父母沟通。如果这是真的，那么，这样的教师从来没有内化脑智学习原理的要义。我们也必须质疑父母，他们显然没有意识到孩子们在车库里存放了什么东西。人们应该更关心彼此，但那些以“你今天怎么样”开头和以“很好”结尾的对话，就是一种高度脱离联系的写照。

① 1999 年 4 月 20 日，美国科罗拉多州的科隆比纳中学发生了严重的校园枪击事件。两名学生携带枪械和爆炸物进入校园，枪杀 15 人，并造成 24 人受伤，两人随后自杀身亡。——译者注

运用原理：坦诚、清晰的沟通和赋权

在接受测试时，有多少教育者在相应的研究和个人理解的基础上，愿意花时间去创造一个智能的社群呢？如今，尽管有充分的研究表明，社会关系和学习是相互作用的，又有多少教育者在应试或者掌握纯粹的学术标准面前愿意留出时间给社交性学习呢？

联系自己

增强社会关系的最佳方法之一包括三个关键要素：坦诚、清晰的沟通、赋权

大多数教育者一定都还记得他们与周围环境脱节的时候。实习教师经常会讲述他们刚进入学校的头几天感觉陌生与疏离的经历。对于当时的他们而言，教师休息室既可能是一个吸引人的地方，也是一个让人感到孤独的地方，这取决于教师对于社群的认识。经历了这些感觉的人，如果没有达到恐惧状态，就可以很清楚地感知到孤独如何将人置于觉醒和警戒状态。

然而，如果新教师需要使用他们的记忆和高阶问题解决的能力，最佳的时机莫过于面对学生的最初几天和几周。

对一个仍旧需要时间准备自我介绍，回答问题仍需要思考时间的新人来说，来自管理者或者同事的热情帮助自然是雪中送炭。

问自己下面这些问题，与他人一起进行或在学习圈中交流：

- 在学校和你的生活中是否有时间进行社交互动，或者每个人都忙于这个吗？列出支持你答案的细节。
- 大家是否相互尊重？你怎么知道的呢？请举例说明。
- 大家是否愿意花时间去相互倾听？
- 周围的物理环境在多大程度上能够支持和鼓励良好关系的建立？（可以从仔细观察教师休息室或餐厅开始做起）

深入一步

包含坦诚、清晰的沟通和赋权的社交关系之于学生的意义，正如健康的依恋模式之于婴儿的意义。这样的社交关系会促使学生进行探索，不断运用新思维和提升相应技能，让学生更愿意接受挑战，而不是被高标准和辛苦的任务吓退。

坦诚

坦诚要求人们对信念和感觉尽可能地诚实（Combs et al., 1976/1988）。不论是学生还是教师，所讨论的都是发生在他们身上或与他们真正息息相关的问题。每个人都会得到认可，他们的想法和工作都将被合理地予以讨论或者审视。正如芭芭拉•拉里维（Barbara Larrivee）（2008）所说："坦诚的反面是防御。坦诚的教师，不会否认他们的恐惧，他们会尽力避免障碍，同时也不会刻意掩饰自己的恐惧。"她还认为，坦诚的教师内心就有着强大的力量，不需要依赖他人来获得幸福感。她将"坦诚"定义为"不需要刻意装作自己控制了一切，也不需要刻意展现自己好的一面"。坦诚的人总能给社会创造价值。当然，教育者可能需要改变班级、学校以及其他学习场所的组织方式来促成这种价值的形成。

清晰的沟通

清晰的沟通包括发出、给予或交换信息或想法，甚至能够延伸到人们交流时的语气和方式。对许多人来说，共情和尊重不是刻意为之的。他们在聆听和谈话时会自然而然地流露出来。而且他们往往有一种信念：我可以做到共情和尊重，是因为我理解了别人，而这样之后他们也会反过来倾听我说话。

真正的对话是不受时间约束，也不受周围环境压迫的。清晰的沟通还包括了适时的沉默与充足的思考时间。在课堂上和学校里其实很难有这样的机会，因为时间都非常有限，所以学生很少有时间进行思考和交谈。因此我们必须留出时间进行沟通。课堂之外，教师也可以寻找机会接触学生，进行清晰的沟通。各项体育赛事、社交聚会、购物、舞会、展览或社区活动都会是很好的机会。

赋权

赋权意味着有一方授予权力或从另一方那里获得权力，这也是一种尊重的表现。在本书中赋权特指学生或者教师对自己的能力和行动权利的信念。有能力的学生和教师在学术和社会环境下都将自己视为持续学习者。他们不以“聪明与否”给别人打标签，不认为这是人们性格中固定的部分。他们可能会这么想：“就算这件事情很难，我也会选择去做。每个人都应该不断探索自己的能力。”教师提供了足够的机会让学生体验失败和成功，让他们认识到学习是一个过程，这个过程需要时间，需要反复尝试，也会不断犯错，但是这些经历都将使学生变得更加博学，更知道如何应对未来的挑战。他们相互尊重，且每个人都能够不断突破自我，不断解决学习上的困难。

实用建议

接下来让我们一起来看以下两个场景。与你的合作伙伴或学习圈一起，在你的日志中记录下对于这些问题的回答吧。

教师日志

肯尼（Kenny）

肯尼是一个不好对付的六年级孩子。我被告知他会被安排在我的班上，因为他需要一个男教师。他之前的不良行为是无人不晓的：易怒，霸凌同学，不尊重师长，没有什么成就，不过他是个很聪明的孩子。当肯尼来到我们班上的时候，大家都在。我想他进入教室时，也许有想要像扰乱其他班级那样把我的班级也搞得乌烟瘴气的想法。是的，他并不好对付，但他毕竟还是个孩子。

起初，我期待的是，看在我是一个“男教师”的份上，肯尼可能会安分点，不再像之前那么闹腾。但是这样的期待只持续了约 20 分钟。在他适应了环境之后，他的破坏性行动就开始了。我该怎么办？

尽管有些同事反对，但是我从很早之前就有和孩子们在户外度过午餐休息时间的惯例。无论下雨、雪、雨夹雪或冰雹，我们都会雷打不动地打上一场橄榄球，而我是双方的永久四分卫！在10月下旬的一场比赛中，我注意到肯尼在场边。其实大多数孩子都不欢迎他加入，因为他常常欺负别人。正在玩球的孩子不允许他进入场内。所以当我邀请他加入时，队伍中的人都感到惊讶。结果他们发现他比其他任何人反应都快，行动也更敏捷，总是能够抓到球。很快，他得到了大家的认可，也成为偶尔的后备四分卫。之后，他几乎不在课堂上捣乱了。他的成绩提高了，老师和同学对他的负面评价也少了。

反思

- 肯尼最初是如何与他人沟通的？周围人又是怎么回应的？是什么改变了双方的沟通方式？
- 在这一场景中，肯尼、教师和其他学生分别在什么时候是坦诚的？
- 教师在哪些方面获得了赋权？肯尼是如何获得赋权的？其他学生在哪些方面获得了赋权？
- 你能从中看出能力、信心和内在动机之间的关系吗？

教师日志

四个学生

去年春天，四个上小学的女孩放学后冲到办公室，报告教师说她们刚刚目睹了另一个学生在操场上扔垃圾。她们没有想到自己学校的人居然会有这样的行为，为此她们感觉很愤怒！女孩们要求直接报告校长。等了一会儿，女孩们和校长见了面。校长问她们是否认为那个学生应该受到惩罚，她们说“不”。她们不是试图“举报”那个学生，而是关心如何阻止这种做法。校长想了一会儿，然后请秘书进了办公室。于是她们一起针对这种情况提出了一个解决方案。其实学校之前已经做出了很多努力，这是那天必须处理的最严重的事件。这与学校之前的样子截然不同。

反思

- 日志中提及的这几方是如何相互沟通的？
- 他们在哪些方面是坦诚的？
- 他们在哪些方面获得了赋权？

课堂应用：学校是一个见习社群

其目标是建立基于坦诚、清晰的沟通和赋权的健康的社会交往关系。如何达到这个目标也取决于使用的教学方法。

学校是一个见习社群

创建一个健康的社会环境是非常困难的。仅仅掌握一些沟通策略是远远不够的，还要求社群自身处于良性运作的状态，此外，社群内部的人还需要足够成熟。在学校里，就意味着孩子们要沉浸在一个健康社群里，以发展他们自身的社交潜能。在此我们将这样的环境称作“见习社群”。

学校的社群重在创建一个学习者能够进行自我调节的关系网。在这个社群中，学习者基于学习兴趣而互相支持。这正是一个低威胁和高期望的环境，让每个人敢于挑战自我、提高自己的学业表现。这个过程其实还包含了自发思考、抽象思维、筹备规划等行为，而不是对环境产生自发反应。在一个运作良好、互相启发的社群中，调整和改进往往不适用，仅仅依靠这些也远远不够。学生和工作人员需要保证信息通达，知道什么时候向谁寻求帮助。他们需要灵活应对，快速反应，并且能够及时注意到来自周围的新信息。犯错不是灾难，而是进行深入理解并提升能力的必由之路。我们要留些时间让自己成长、变得聪明及进行探索。对于成年人或学生来说，每天都是全新的一天。

IA1——直接教学法

专注于直接教学法的教师强调他们自己的权威，以此来保证纪律和秩序。他们认为这是创造最佳学习环境的最优方法。所以尽管教师詹妮允许学生轮流回答问题，但他们必须先举手得到教师的允许之后才能回答。这是她维持课堂秩序的方式。做作业的时候，全班同学都需要保持安静。但她没有意识到，这种全面掌控班级的方式，阻碍了学生社交和沟通技能的发展，更别说发展其执行功能了。

改进的机会

- 寻找小组合作的机会。
- 提出问题，让学生有机会提出自己的研究想法，发表自己的观点。
- 在制定班级规则的时候能够采纳学生的想法。
- 让学生为你必须组织讨论的话题制定一些目标和（或）时间表。
- 在课堂外尽可能多地了解你的学生。
- 让学生先在组内展示他们的项目。让各个小组挑出需要全班一起探讨的要点和问题。
- 给学生一定的时间来设计班级座位的安排。
- 进行一个关于想要学习的内容的调查，并将其结合到课程安排里。

IA2——项目/问题式学习与教学法

运用项目式教学法的教师正积极地与学生在互动中尝试应用脑智学习原理2“脑与心智具有社会性”。比尔就是其中的一个例子。他是一个极具创造力的教师，进行了集体活动、小组活动、角色扮演等不同的项目来辅助课程学习。比尔希望给予学生更多的自主权，但同时他又难以完全舍弃对于班级的掌控。

改进的机会

- 在学生熟悉“有序分享”的流程之后，将“有序分享”应用到各种小组活动中，比如设计规章（设置分级或成功的标准）。
- 与学生一起处理项目进行过程中遇到的问题。
- 在评估环节中加入真实的或者开放的问题。

◆ 给予学生宽松的氛围，让学生能够自由表达他们的想法与感受。

◆ 锻炼并提高“放松心理警觉”部分中提出的一些技能。

◆ 鼓励同伴辅导、互助小组、反思时间，此外利用“有序分享”流程中的对话。

◆ 鼓励学生进行思考，例如可以问学生：“关于这点，你还有其他想补充的吗？”

◆ 让学生为班规提出一些想法或者设计一个方案。

◆ 给学生进行选择的机会。

IA3——引导式体验教学法

运用 IA3——引导式体验教学法的教师认为学生是积极的创造者。教师卡门便不断地让孩子进行挑战，她会向学生提问，引导学生进行探索并要求学生自由地表达自己的内心想法。她还鼓励学生质疑、挑战她的观点。她认为深入学习与广泛学习都与沟通有着密切的关系。

使用直接教学法和其他更为高级方法之间的区别在于无缝衔接、专业知识和注重发展包括了情感成熟（emotional maturity）的高阶学习技能。在后者的教学中，沟通讨论都是实时进行的，而没有受既定的脚本、严格的课程安排或其他的人为因素的局限。师生互动基于彼此尊重，甚至超越了传统的模式。这种类型的教学是极具爆发力的，它会引发学生不断探索自己的能力、知识和智力边界。真实的教师也可以自然地展现他们自己——不需要运用过多技巧，也不需要掩饰什么。在这样的教学环境下，教师和学生都是持续学习者。他们保持这样持续的学习来丰富自己的体验和完善自己的学习（传统高中里也有实施这种方式的正面例子，见 Benesh, 1999）。

改进的机会

教师和学生一起合作，进行以下操作：

◆ 制定目标并参与评估过程来掌握自己的学习状况。

◆ 讨论专业水平是什么样的，要怎么样才能达到。

◆ 寻找解决问题的方法和研究的策略并掌握它们。

◆ 彼此支持，找到双方的兴趣所在，并将此与课程联系在一起。
◆ 寻找一些方法来促进双方学习。
◆ 学会倾听自己，观察自己，并进行自我反思。

应用原理：从主动倾听和“我”信息中得到相互尊重

大多数教育工作者想要做的，包括鼓励学生进行研究，往往需要一些非常基本的技能。学生必须知道自己的兴趣，做出理性决策，同时学会与他人合作。为了能够和学生进行顺畅的沟通，教师首先应该学会倾听。学生和教师一样也渴望被倾听。当学生感觉到自己得到了倾听，他们会感觉到他们自己的价值所在。但是事实是，人们往往自认为已经弄懂了别人的意思，知道别人在想什么，或者只是一心关注自己的事情，因而他们往往忽略了认真倾听。

主动倾听是好的教学中不可或缺的。

雷娜特的故事

将近三十年以前，我曾写过一篇论文，研究教师使用“我”信息、主动倾听对学生自我概念的形成和学生对学校、教师态度的影响（Gordon & Burch，2003）。

该研究的对象为两个相似度很高的教师组。一个小组接受了“我”信息和主动倾听的训练，他们将与学生一起相处六个月。另一个小组作为控制组，没有改变他们与学生交流的方式。

六个月后，在使用了“我”信息和主动倾听的班级里，学生自信心增强，对学校、教师的态度更为积极。这个研究让我到今天依然相信：当教师改变时，学生也会跟着改变。

主动倾听

主动倾听可能起源于卡尔·罗杰斯（Carl Rogers）的人本主义思想（参见Rogers, 1980）。他使用了“情感反射”（reflecting of feelings）的概念，然而他自己并不喜欢这个概念，因为它看起来太像一个秘诀或策略。他的一个学生托马斯·戈登（Thomas Gordon）从罗杰斯的整体方法出发，开发了一种教学和领导的方法，这被普遍称为“教师效能训练”（Teacher Effectiveness Training）（Gordon & Burch, 2003）和“领导者效能训练”（Leader Effectiveness Training）（Gordon, 2001）。

主动倾听

通过对团体里的成员的意思和感受予以反馈来测试领导者对他们传递出信息的理解能力（同理心聆听）。卡尔·罗杰斯称之为“情感反射”。在 1946—1947 年，我在芝加哥大学咨询中心为学生提供咨询服务时，学会了如何有效地做到这一点。以前的研究表明，这种技能能够鼓励客户自由谈论他们的问题。后来有人建议我运用电子学的一个术语“反馈”。（Gordon Training International，n.d.）

我们在这里提出的许多观点都源自罗杰斯的概念，也被我们许多年来的研究成果所支持。（另见 Bickmore, Goldthwait, & Looney, 1995）

1. 关注字面信息

为了避免你预设别人所要说的观点，也是为了能够真正理解学生或员工的真实意思，你需要不遗余力地去弄懂对方的话。你可以采用“解释”（paraphrasing）和“总结”（summarizing）这两种技巧。

“解释”是用自己的话复述听到的内容。“我刚才听到你说……是这样的吗？”

“总结”是解释的另一种模式，是指在一段长对话之后对所接受到的内容和感觉的反馈。听者可以在对话结束时或者在中间的时候进行总结，来弄清说话者的想法：“所以你的主要观点是……我听到的对吗？”（Bickmore et al., 1995）。

2. 注意力集中并保持中立

你的语气和仪态和你所说的话一样重要。所以，不要轻易打断、提出意见或给出建议，除非有人要求你这么做。你应该保持眼神交流，表现出你很感兴趣，但避免做过多情绪化的面部表情。你可以用身体姿势表示你感兴趣，但是不要不懂装懂。对有疑惑的地方，可以用眼神和姿态表现出来。

3. 提出问题来弄懂对方的意思

即使是最善于表达的人有时也不能完全表达清楚他们的意思。所以你可以通过提出问题更好地了解学生或员工真正想表达的意思。

确保问题足够具体："请允许我确认一下我理解对了。你是说你做了（某事），以促成（某事）发生？"

以开放式问题进行发问，来获取更多的信息："还发生了什么？""你能告诉我更多吗？"

4. 适度深入

人们所有的想法和感觉被其信念和心理模式塑造。这意味着所有的沟通都充满了各种假设和理所当然的想法。一旦能够理解员工和学生的字面意思，你就可以开始倾听并寻找他们的潜在假设、理念和需求。这些可能涉及隐私，而对方也不会全盘托出，所以关键还在于你的倾听。本书第三部分，即主动加工经验，介绍了许多策略和问题，将会对你有所帮助。首先你要问问自己："对方真正想说的是什么？对方真正想要什么？"在与人交流的时候鼓励使用"我"信息。

用"我"信息来厘清信息

语言具有对抗性和混淆性。我们很容易责怪别人："都是你让我做这个"或"这是你的错"。这些都是"你"信息。还有可能是我们对别人有需求，但却迟迟不知如何提起。结果是，即使别人愿意帮忙，他们都有可能不知道帮什么忙、怎么帮。所以关键是使用"我"信息，并帮助和鼓励他人使用"我"信息。

这种情况实质是你或他人都需要被倾听。记住，"我"信息聚焦在说话者身上，而不在听者上。它能够帮助说话者讲清自己的感觉和需求。这不是一种责备。使用"我"信息可以帮助说话者表达清楚什么将会发生、什么正在发生。它有助于清楚表达感觉与需求，并提供解决的方案。

一般来说，有以下四种基本表达方式：

- 我觉得……（说明你对情况的感觉。）
- 当……（说明你反映的具体行为。）
- 因为……（说明对你的生活的影响。）
- 我想……（说出你需要或想要的东西，来改善你的状况。）

例子

- 当小组成员不出席小组会议时我会担心，因为我需要每个人都为小组项目做出贡献，并且公平地分担任务。
- 当我被捉弄的时候，我感到很愤怒，因为我努力不去捉弄别人，而且我希望身边的人都可以更关心别人的感受。
- 当班级来了新同学的时候，我感到很胆怯，因为我不知道该说什么。我想变得更擅长与人打交道。

还有第五种表达，能够使“我”信息在具体的情境中让个体愿意承担更多的责任。在这种表达中，说话者可能需要（在适当的时候）承认自己对正发生的事情的责任，或者表明自己将采取什么行动来帮助解决问题。但因为这终归是说话者的问题，所以不论是哪一种情况，说话者都可以以具体的行动措施来结束说话的内容，或者在整个说话过程当中清晰地传递出自己应该承担责任的意思。

第五种基本表达方式：

- 我会做……（说明你将做什么事来使情况好转。）

例子

- 我担心人们不出席我们的小组会议，因为我需要每个人都为小组项目做出贡献，我希望每个人都能公平分担任务。如果提醒会有帮助，我愿意打几次电话（来提醒）。
- 当我被戏弄时，我感到愤怒，因为我努力不去做这种事，并且我希望在我身边的人更关心别人的感受。如果我对任何人做了同样的事，请指正我，然后我会停止这样做。
- 当有新同学来到我们班上时，我感到胆怯，因为我不知道该说什么。我想变得更擅长与人打交道。我会准备一些问题来问他们，以便我能够和新同学打招呼。

实践提示

1. 与伙伴或学习圈分享这些表达。

2. 选择一两个所有人都熟悉的案例。适当运用“我”信息并进行角色扮演。

3. 通过讨论、角色扮演或总结的方式理解“你”信息的影响，以及其与“我”信息的区别。

“我”信息的例子：当别人不听我说话时，我感到愤怒，因为我觉得他们不尊重我的意见，我想得到别人的倾听。以后，我会问问题来看看大家有没有听我说话。

“你”信息的例子：你觉得你才是这里最聪明的人吗？你认为你是谁？（可以是直接或者间接的方式）

4. 在课堂内外勤练习。然后定期与伙伴或学习圈讨论并反思这些经历，不断优化过程，使这样的表达可以被你自己灵活运用。

上述的一些做法改编自托马斯•戈登和诺埃尔•伯奇（Thomas Gordon & Noel Burch, 2003）的《教师效能训练》（*Teacher Effectiveness Training*）一书，另见 Bickmore et al., 1995。

向学生传授这些技巧

雷娜特的研究表明，当教育者精通这些沟通技巧时，班级整体氛围会得到改善，学生将从中受益。所以教师需要先练习这些技巧，并熟练掌握，然后再将之传授给学生。不同的教学方法可用不同的方式来传授这些技巧。

当你向学生传授这些技巧时，下面这些问题会对你有帮助：

- 当你或别人不倾听的时候会有什么事情发生？
- 当有人真正倾听你说话的时候你感觉如何？如果不倾听的时候呢？
- 你认为在什么情况下很难成为一个好听众？（让学生根据自己的经验描述情况。）

反思

花时间考虑以下关于如何通过使用“我”信息和主动倾听来建立放松心理警觉的问题。

- “我”信息和主动倾听如何使你和学生坦诚？为什么？
- “我”信息和主动倾听是否有助于实现清晰的沟通？为什么？
- “我”信息和主动倾听是否赋予了你和学生更多的自主权？为什么？

赋权领导者：社群建设

> 生成型领导者认为他们的学校是一个充满活力的系统，每个人都是这个系统的一个有机组成部分。
> ——引自《生成型领导力：为今天的学校创造新的未来》（Klimek et al., 2008）

在过去几年中，从学习型组织（Senge, 1990）到实践社群（Wenger et al., 2002），共同学习的力量以不同的形式得到体现。在教育方面，这个想法被运用到整个教研组（Murphy & Lick, 2005）和专业学习社群（Dufour & Eaker, 1998）中。关于倾听的力量的更多信息，可参考《倾听人生的九个技巧》（*Nine Skills for Listening to Life*）（Caine, 2013b）和《创造倾听文化的 5 个要素》（*5 Elements for Creating a Culture of Listening*）（Caine, 2013a）。

我们的过程学习圈整合了许多概念和想法的核心要素。就像在课堂场景中，如果有专业社群的存在，那么冲突和压力就将得到缓解。最终的目标是在学校内建立一种相互信任的环境。学校领导者很清楚这是他们要关注的优先事项。如果学校是个学习的地方，那么专业的社群就应该在建设的过程中不断地模拟这样的过程。

反思

作为教师和管理者，请再次阅读本章前面提到的坦诚、清晰的沟通和赋权的概念。思考如何围绕这三个关键要素在学校社群中开展员工会议或专业发展会议。

- 你身边的专业人士对你的学校或所在地方的日常情况的真实反映是什么样的？
- 成年人是否获得了赋权？哪些现象支持了你的观点？
- 沟通是否顺畅、专业？提出三个可用作范例的例子。

成功的教师能够培养学生的自我意识、品格、公民责任、教他们学会尊重不同的人和团体。

虽然许多学校的重点是认知发展，但教师知道，培养学生的社会和情感发展对于他们的学习和总体发展起着关键作用。

与国家教学标准一致

教师关注学生的自我意识和志向，关注学生的性格和其公民责任感的形成，关注学生对于个体、文化、宗教、性别、能力和种族差异的尊重。

——标准 VIII

本章涵盖的所有问题和步骤都符合并支持国家标准。具体来说，使用“我”信息和主动倾听对于成人社群意义重大，当成年人使用这两种方式进行互动时，也会带动其学生使用。因此，我们鼓励你在过程学习圈中积极使用主动倾听和“我”信息，并在集体中反馈这些实践如何影响学校的氛围。

第 5 章 脑智学习原理
——寻找意义是人的天性

在任何地方，人们都在试图创造意义，使世界有存在感，使之可见。

——让·鲍德里亚（Jean Baudrillard）

脑智学习原理 3：寻找意义是人的天性。

▶ 核心观点

从婴儿期到成年期，每个人都有理解事物的需要。这被称为“解释驱动”（explanatory drive）（Gopnik et al., 1999）。可简化为只追寻对错的学习，是与有个人参与（学习者驱动）和自适应决策的学习（见本书第 1 章）截然不同的。正是对于意义的追寻引发人们产生各种疑问，促使人发挥大脑中的执行功能。放松心理警觉促使人寻求意义，反过来，寻求意义也是在加强放松心理警觉。

学习能力：只有当兴趣被激发，观点得到尊重时，学生才能够更有效地开展学习。

支撑性研究：相关性——新旧知识联系

意义的核心是相关性和互联性。当一个人终于理解了新想法、新状况、新技能时，新的思考与已有的知识就会产生联系。当这样的联系不断得到加强之后，大脑和身体才算是完全理解和感知一些事情，产生一种共鸣。从我们的经验来看，最好要意识到意义有很多不同的方面，一般包括：

知识理解。瑞斯尼克（Resnick）（2010）提出了“思维课程”这一概念，同时指出掌握概念和理解潜在意思是非常重要的。这是各种能力和专业知识的基础。

感知意义。这是一种联结了思想、情感、感觉和整个身体的认知，并超出了大脑的生理学范畴。在一定程度上，它其实类似于现在所说的“具身认知”（embodied cognition）（Lakoff & Johnson, 1999）。这就是为什么很多意义是被“感觉到”以及为什么此后心理学家尤金•简德林（Eugene Gendlin）（1982）创造了“意感”（felt sense）这个词。

目的和激情。人们受到目的感的驱动，也会不断地追问自己诸如“我是谁？”和“为什么我在这里？”的问题。在心理自助、心理治疗、自我管理和人力资源等领域中都提及，目标感和意义感能够激发人的最佳状态。《高效能人士的七个习惯》（*Senven Habits of Highly Effective People*）作者史蒂芬•科维（Stephen Covey）（1989）就提出“以终为始”的概念。詹姆斯•希尔曼（James Hillman）（1996）更深入地说明了这种体会：“生命当中我所失去的和我必须要寻回的，都是对于自我的呼唤。这也是我存在的意义。”伟大的发明家、思想家、企业家等人对于自身的严格要求、对于事情的坚持和毅力都展现了目的的力量。另外一个例子是诺贝尔化学奖获得者哈迈德•H. 泽维尔（Ahmed H. Zewail）在接受采访时说，他对了解这些基本的过程抱有极大热情：“我喜欢分子。”他说，“我想了解它们为什么是这样的。”（Cole, 1999）

失调。有时人们必须要在两个看起来同样“正确”的观点之间做出决定，这会让人感到极其不舒适。但当这种不舒适感被消除时，事情就会重新变得有意义了（Festinger, 1957）。无论人们正在探索的是什么——新的阶级、新的学校、新的感情、新的国家——人们都会本能地寻找其与熟悉的事物的关联，来帮助自己更好地决定接下去该如何行动。他们寻找一种方式来弄懂当下最需要的是什么，什么才是最有意义的。我们在下一章中也会提及，人的反应也与情感的消长有关。正如西格尔所说：“这些情绪激活来源于大脑的价值体系，它贯穿所有心理功能，并且赋予生活意义。从这个方面来说，情感和意义来自同一个过程。”（Siegel, 1999）

价值和意义。意义与我们所珍视的东西有关，比如说我们的想法、我们所处的状态还有我们周围的人。人们进行联系的同时就是在赋予价值的过程。在妈妈的怀里吃饭是“好的”，如厕训练是“不好的”。当所有的经历都被评价为“好”“不好”

或“不好不坏”时，意义也因此得到建构。在新信息不断加入的同时，我们的基础信念和价值观也会不断得到完善。

这种价值体系与情绪相关，它在很大程度上决定了在被动的学习过程当中我们会注意什么、忽略什么、做些什么，而不再仅仅追求纯粹的乐趣。（见本书关于情绪的第 6 章和关于注意力的第 15 章）

因此，价值体系会起到举足轻重的作用。人们基于此判断去确定他们喜欢的事情，他们更想做的事情，他们觉得有意义的事情或者对他们有利的事情。找到激励学生的方式远比迫使学生学习那些对他们来说没有意义的课程来得重要。

这种价值体系基于“以行动者为中心的适应性决策”。“行动者”是学习者本身，而“决策”是学习者想要知道、想要理解或想要做的事情，其被称为“适应性”是因为学习者也在寻找最“适配”他们最想回答的问题以及最想探索的东西。我们称之为“学习者驱动决策”。

意义学习是一种内在奖赏

许多教育家都认为，学生需要相信，做作业是有回报的。他们的理由是这样的：完成了这些看似“无意义或没有用的任务”的学生，在未来必将会受益。他们举出诸如练钢琴的例子，进行重复和看似无意义的练习是未来熟练弹奏钢琴的基础。但也有一些相反的观点。约翰·斯洛博达（John Sloboda）（1991）认为，小时候在音乐中有着快乐体验的人更有可能在余生中继续热爱音乐。他还补充，那些一直受外界压力学习音乐的人，却很难有这样的“高峰体验”（peak experience）。

> 另外一个支持这个观点的研究是索斯尼亚克（Sosniak）（1989）所做的一个关于美国著名钢琴演奏家的调查，结果发现样本当中没有任何一位在很小的时候就崭露头角。但是所有的案例的共性在于他们小时候的课程都是极具趣味性和探索性的，而无关于过多的实际成就。（Sloboda, 1991）

意义促进了放松心理警觉

上述探究给我们的启发是：所有年龄段的人在做他们想做的事情或者他们觉得

有意义的事情的时候，就变得更自在，更放松，更有安全感。然而，“寻找意义”不是被动的或者被强加的行为。它往往是接触新事物、解决矛盾、努力达成目标的过程。在教授课的过程中，要能够让孩子理解他们所学的，并且找寻到“意义”，这样才能促成放松心理警觉状态。反过来，另一个好处是，当学生处于放松心理警觉状态的时候，他们才能全身心地投入学习。

重新审视执行功能和高阶思维

最后，当教师让学生发现课程学习的意义时，引入执行功能或高阶思维就会变得更加自然，因为意义教学是以学习者为中心的。当意义寻找和学习者驱动决策得到重视时，以下的技能和能力都可以被运用到任何学科的教学中。

- 进行推理思考
- 基于得到的反馈以及对现有的信息进行风险评估
- 明确各种想法和行为的意义
- 调整个人的情绪
- 制订计划、按照时间安排达成目标
- 寻求帮助并充分利用资源
- 基于新信息或新理解调整目标
- 批判性思考和创造性思考
- 反思和自我批评
- 了解适合自己的学习方法
- 换位思考，具有同理心
- 找出潜在的问题以及会影响结果的因素
- 通过自我调节避免干扰

21世纪的孩子生活在一个即时通信的时代，很少有机会让其发展以上这些技能。只要遇到他们觉得无意义的课程，他们就不会发挥他们的主动意识和责任意识，也就无法发展上述技能。

运用原理：目的和理解

现在花一些时间，基于你自己以及其他教育者的经验和想法进行以下的思考。

联系自己

想想你喜欢的、相对有意义的事情（可以是研究一个门科、一个爱好或是一个原理）。它必须是你曾经做过的事情。把它写在一张纸上。然后回想一下并完成以下句子：

- 当我这样做时，我感觉________________________________
- 在我这样做的时候，我相信____________________________
- 我的行为（我实际做的）可以被描述为____________________

现在想想对你来说没有意义或是毫无目标的事情：你被迫做的，但不符合你内心期待的（即使其他人说你“应该”喜欢它或它是有益于你的）。同样地，它也必须是你以前做过的事情（比如说吃你不喜欢的食物，当草还很短的时候修剪草坪，或做文书工作）。把它写在一张纸上。再次完成以下句子：

- 当我这样做时，我感觉________________________________
- 在我这样做的时候，我相信____________________________
- 我的行为（我实际做的）可以被描述为____________________

提示

为了如实传达出你所有的想法，你可能需要给自己一些时间以便安静地思考。

接下来问问自己，你列出的两种情况之间真正的区别。你可以思考如下的问题：

- 在哪种条件下（有意义的或无意义的），你觉得自己更有能力、信心和动力去完成？

- 在上述哪种情况下，你感觉自己难以完成而且缺乏信心？
- 你的感受和信念如何影响你的表现？
- 你的感受和信念如何影响你的情绪？
- 在本练习中，我们没有局限在学校环境中。你是否意识到了和学校的联系？
- 当大多数课程与学生之前的经历毫无关系，也不是学生感兴趣或者重视的，那会有什么样的情况发生？
- 如果教师难以帮学生确定一个与他们自身相关的学习目的，那么学生的反应会是怎么样的？
- 如果学生不去质疑他们的过往经验、信念和结论，那么他们将如何获得新的理解？

在你说所有的成年人都不得不做他们不想做的事情之前，再次看看这些事情是不是还是有一些意义的（比如说保护对于自己来说很重要的东西、保全自己的面子、证明某个观点，或者以劳动换取报酬）。

当我们在教学过程当中，帮助学生建立联系、寻找目的和加深他们的理解时，我们就是在创造条件让孩子摆脱直接教学法和死记硬背。有一些父母早已帮助孩子规划好了未来，还有一些孩子拥有更强的执行功能，对于这两类孩子来说，他们可能会更刻苦，因为他们的未来目标（例如成为运动员）对他们来说是有意义的。然而，对于大多数学生来说，意义应该要更加直接和具体——要与他们已经知道的，能够理解的或者重视的东西相关。

深入一步

通过讨论下面的材料，和你的伙伴或学习圈一起进行探索。

建立联系

建立联系是指看到新的想法、技能和经验是如何与我们目前所知的或相信的在个人或学术上相关的。

一位名叫玛利亚（Maria）的教师曾经问我们，无论她做什么样的尝试，她高中班级里的学生都厌烦她的文学分析课程的原因。当我们问她是否真正“分析”文学或在她的日常生活中使用文学分析的时候，她愣了一下。她从来没有想过这个问题。那时候她才意识到，如果她自己并不在意这个学科，只是为了达到课程设置的要求，那学生自然也不会发现这门课的意义。

经过一些头脑风暴和对这门学科的目的和价值的反思，玛利亚要求学生从课外寻找启发，选择一部当下的电影。当每个人都看过电影后，她会问他们有关剧情和角色的问题，引发学生的批判性思考。这些问题甚至还延伸到了其他分析电影的问题。讨论妙趣横生，学生对此饶有兴趣。一旦学生理解了分析的意义，她再次给学生提出了挑战，要求他们从不同的角度来分析阅读材料，这最终促使学生更有能力并且更加自信地表达他们的想法。这一系列举措使得文学分析课程变得更有趣也更具启发性。

请注意，在这个案例中，玛利亚是如何将她的课程与学生熟悉的东西——电影联系起来的。建立联系意味着教师为学生提供机会来看待这样的关系并探索其内在的逻辑。更为刁钻的问题会引发学生更深入的思考，也大大提高了学生最后的学习成果。

如果你想让课程变得对学生来说更有意义，你可以问学生以下这些问题：

- 这与你所知道或理解的有什么关系？
- 你在哪里有过这样的经历？
- 接下来是什么？
- 这是一个推理的过程还是一个结论？

将课程与个人经历联系在一起要求你必须对两方都予以关注。

目的

目的与人们珍视、关心和感兴趣的事情有关。人们愿意花时间做符合他们的目的和价值的事情。“这与我有什么关系？”“这跟我想知道的东西有什么联系？”“我关心它吗？”“我需要这个吗？”“我能用这个做什么？”这些问题或许与传统的控制型课堂格格不入，但它们反映了学习者对意义的寻求。只要学习者能够确定自己的目的，他们将更加有动力也会更加积极。

对持续的学习过程来说，再也没有比学生去追求和理解事物的内在动力更为重要的了。例如，玛利亚的课堂上发生的一项变化是，尽管一些学生对电影比对书感兴趣，但是他们依旧愿意花精力在文学分析上，原因在于他们认为这能够帮他们更好地理解有文学色彩的电影。

理解

当各种信息被合成，促使感知发生转变，并最终使得新想法和概念被掌握，这就是理解的过程。但没有人能确保理解一定能实现。理解往往在学习状态下发生，而且大都伴随着“啊哈！”这样的灵光一现。脑智学习原理往往将学生不时产生的新见解视为每个教师的努力目标。

> 深入理解仅靠字和符号往往难以表达。鲁特·伯恩斯坦（Root-Bernstein）（2000）研究了伟大的科学家和艺术家常常使用的心理工具，研究证明了想象、同理心、热爱的重要性。其中，诺贝尔奖获得者芭芭拉•麦克林托克（Barbara McClintock）谈到了“对生物的情感”（在其案例中是玉米穗）。此外，爱因斯坦（Einstein）也反复强调，没有科学家是用公式思考的，他甚至还开展过一些涉及视觉图像与肌肉感知的心理实验。

真正的理解需要并且会引发一个人心智模式的转变。心智模式是人们对世界如何运转的信念和假设，一般是通过早期的经验建立的。尽管新的学习会有与其相矛盾的地方，但是它们仍然能够存在并将继续存在。

让我们来看几个例子：

1. 重力

大多数成年人都听说过重力，也通过了涉及重力内容的考试，甚至可以参与关于重力的讨论。我们让美国各地的教师画一个盛有红葡萄酒的酒杯，并使玻璃杯与地面保持一定的角度。如我们所料，有四分之一到三分之一的成年人画了一个酒的表面与玻璃杯底平行的玻璃杯（图 5.1，A）。这幅画反映了 5 岁儿童或那些没有将对重力的理解转移到他们日常生活中的人的心智模式。其余的人则正确地画出了葡萄酒的表面平行于地面的图（图 5.1，B）。

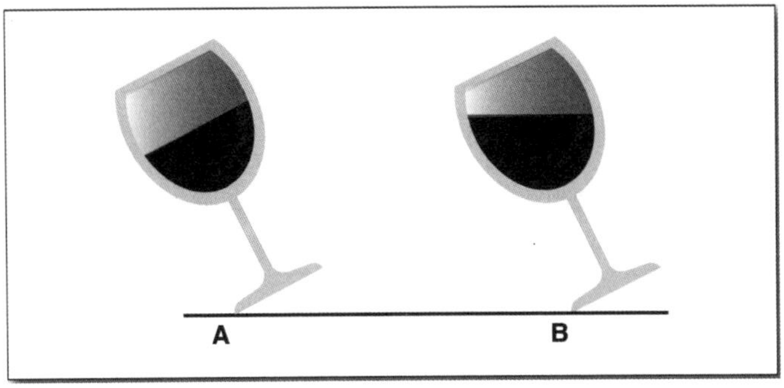

图 5.1

2. 季节

另一个著名的例子是哈佛大学毕业生的离校面试（Popham, 2001）。其中有一个问题是什么决定一年的四季变换。回答问题的是学习过科学课程的学生，但是许多人给出了直观的但却不是最终的正确答案。他们说，季节变换是由地球与太阳之间不断变化的距离决定的。其实正确的答案是，季节变换是地轴倾斜的结果。尽管他们参加了许多考试也写了不少研究论文，但很多人还是没有将技术与学术知识整合为一种新的心智模式。

联系实际

阅读以下情况，并与合作伙伴或学习圈一起，在你的日志中回答以下问题。

教师日志

梅兰妮（Melanie）

在梅兰妮三年级的时候，一位教师的出现激发了她对地理知识的热爱。这位教师邀请学生一块进行一次幻想的旅行，但是他们需要自行准备这场旅行。为了这样一个活动，学生开始学习利用地形信息，研究他们将遇到的独特的植物和动物，思考将要说什么语言，需要什么货币，在那个国家买什么，那里的人们穿什么，吃什么，信仰什么以及他们的价值观是怎么样的，等等。有时，他们甚至还会查看那个国家或文化里独特的艺术品和其他文物。学生不断地进行钻研，在讨论的过程当中不断加深理解，也自发产生了许多问题。此后梅兰妮不断鼓励家人尽可能地外出旅游，在旅途中梅兰妮很喜欢在历史文物前驻足观看，有时候还会兴致勃勃跟大家介绍景点的历史背景。现在梅兰妮已经上高中了，她依旧喜欢地理知识。她说她将学习和兴趣结合在了一起，以后她希望能够成为一名国际记者。

乔治（George）

乔治没有受到上述地理学习的启蒙。地理不过是他为了通过测试和完成课程而必须学习的一个学科。他会完成课后习题，也做了其他的练习，其中有一次是读书报告。但直到今天，他依旧觉得自己的经历和地理之间几乎没有联系。他和家人经常看电视，也都喜欢运动，工作也都很努力。但是他们旅行的机会很少，所以乔治还是主要和邻居们接触。他梦想有一天去旅行，但是他仍然不清楚应该怎么去、为什么要去旅行，有时候他觉得这和他所学的东西没有什么联系。不仅对于地理是这样，对其他学校内的其他课程亦是如此。

这两个案例体现在意义构建上有什么不同？

联系学习

- 在哪种情况下，学生能够尽可能地将所学与自己的生活体验联系在一起？
- 在哪种情况下，学生更有可能在他们生活当中运用到所学的内容？
- 哪些学生能更好地将所学知识应用到其他课程和学科？

学习目的

- 在哪种情况下，学生更有可能阐明和遵循自己的意图和目标（例如，以行为者为中心的提问）？

◆ 哪种情况激发了最大的个人动机和兴趣？
◆ 哪种情况更多地关注学生的执行功能？

扩展理解

◆ 哪种情况下，心智模式才能够得到更大的扩展或迁移（关于"坦诚"的认识和假设）？
◆ 你是如何知道（这种迁移）正在发生的？
◆ 哪些学生会更愿意自己安排旅行（包括了计划旅行的时间、地点、行程安排等）？
◆ 哪些学生最有可能理解另一种文化中会涉及的内容？作为他们的教师，你将怎样来观察这点？
◆ 在哪种情况下，学生更需要思考事情之间相互依赖、相互包含以及相互伴随的关系？
◆ 这些是如何与发挥和提高高阶思维和执行功能有联系的？

联系课堂：开发有意义的课程

促使教学方法转变的主要因素之一是处理意义的方式。

IA1——直接教学法

传统教学法都基于这样一种信念，即技能和信息之所以有价值，是因为他们最终能叠加在一起，帮助学生通过考试，获得成绩，使他们能够接受高等教育进而从事体面的职业。这些意义大都是基于父母和教师的视角，并最终以正式课程所需的知识和信息的方式得到体现。因此，詹妮，一位运用 IA1——直接教学法的教师，使用每日课程安排、单元计划和学期大纲进行教学。所有计划都旨在向学生教授基本知识。因为理解往往比教学（讲授或叙述）更耗费心力，所以詹妮将理解都交给运气。她没有试图帮助学生建立知识与生活的联系，自然也忽略了学生的目的，错失了许多能够激发以行动者为中心的适应性决策的机会。

改进的机会

在课堂里营造放松心理警觉氛围后……

- 询问学生对主题或概念有什么想法，并与他们讨论这些主题可能的意义是什么。帮助他们找出学习这个主题的目的是什么。
- 通过看学生是否能够进行复述来检验学生真实的理解情况。
- 寻找该课程还能建立的其他连接，允许学生选择完成作业的方式，以此来帮助他们建立自己的连接。

IA2——项目 / 问题式学习与教学法

采用 IA2——项目 / 问题式学习与教学法的教师确实会为学生寻找更多有意义的课程。他们会不断地寻找技巧，编写教案或尝试新策略，使课程更有吸引力。例如，教师比尔想要帮助学生了解距离的概念，他就让学生测量他们可以跳高和跳远的距离，分别是多少米。他坚信这样的经历将使测量的学习更有意义，但这可能适用于那些喜欢跳跃或运动的学生，对于其他学生来说可能不大适用。

真正的意义是非常个性化的，也是以行动者为中心的。体验本身必须基于学生的投入，而投入的多少取决于学生本身的喜恶。

改进的机会

- 给学生提供探索学科问题的机会和时间，帮助学生找到自己的问题和联系。
- 尽可能让学生自己做选择。
- 理解的过程往往可以“感受意义”，通过将话题的各方面与学生自己的经历做比较来深化学生的体验，此外再利用故事、艺术形式和各种比喻来丰富课程。

教师日志

雅各布（Jacob）

雅各布启发我去关注学生提的问题。我们努力营造了良好的课堂氛围，当雅各布第一次来到我们班，他就喜欢上了这里的氛围和这种大家庭的感觉。但是之后雅各布开始质疑我的观点，他的求知欲很强。我引导着他，并和他设定了界限，在这个界限里我们可以对我说的每件事都提出问题。不久之后，雅各布就提出参与课堂的每个人都应该能够自主选择感兴趣的话题，并做报告展示。我和全班同学一起努力落实这个想法，因为我们都希望能够找到机会提高学生自我规划、小组合作、自我反思的技能，一年多以后，这个想法终于得到了落实。尽管这很困难，但我们觉得很充实。这也是我们第一次以茶话会的形式来进行四年级期末的总结。在这次茶话会上学生们以小组形式进行了他们项目的展示，也分享了一年多来的收获，孩子们的父母也受到了邀请，参与了这次的茶话会。

IA3——引导式体验教学法

IA3——引导式体验教学法的教师能够为学生提供真正的选择，同时确保学生能够获得正式课程的基本事实和技能。为了做到这一点，这样的教师可以在课堂上使用“当下”的问题和体验，以联系到正式课程。这个过程与使用教学策略或其他人的“包装”材料非常不同。教师卡门知道，她的班级课上在任何时候都可能会发生意想不到的事件，她可以用这些来联系课程的一些知识点，包括正确拼写、深化洞察经济问题或数学概念等。

改进的机会

- 根据课堂上发生的事情，花一些时间来观察你自己的成长和变化。

◆ 花一些时间来审视你和你所教的东西之间的关系。

◆ 尝试用更大胆的想法和理念，来增加教学内容和其他学科领域之间的联系。

应用原理：过程会议——不断探索联系

如果教师希望学生能够在培养高阶思维的同时掌握学科的基本素养，那么学生就必须有机会去提问、探索、参与以及挑战。意义学习需要社群，在社群中各种各样的联系都将一一被探索，在社群中寻找意义更能够提高学生的竞争力。

过程会议为做出个人选择、确定目的、对问题提出复杂的理解提供了独特的机会。学生可以通过这个讨论会处理学习社群可能涉及的方方面面的问题，在这个过程当中学生也会逐步承担起责任。事实上，当班级会议被设置为过程会议时效果会更好。

班级过程会议的步骤

这个会议是对“有序分享”的延伸，并结合使用了“我”信息和主动倾听。你可以多进行几次练习，以纠正程序性错误，同时让学生适应整个流程。

步骤 1：我们建议对于年纪比较小的学生，会议的时间大约控制在 10—20 分钟，对于年纪较大的学生时间可以延长到 30—45 分钟。根据实际情况进行调整。

步骤 2：学生应该坐成一个圆圈，让所有人都可以看到和听到彼此。

步骤 3：用你或学生提出的主题展开话题。

步骤 4：确保该主题尽可能对每个人都适用。类似的会议旨在处理困境，这应该不难做到。

步骤 5：帮助学生理清主题与自身的关系。“有序分享”可能是一个有效的开始方式，这个开篇可以让所有的学生开口分享他们的意见，同时也要求他们倾听别人的发言。

步骤 6：给学生设置挑战，让他们深化学习内容，并帮助他们识别和给出问题和解决方案。

步骤 7：根据需要决定后面的流程。流程检查是指定期提醒大家牢记先前的一些规定，例如时间限制、主题要点和主动倾听。它还能定时提醒大家对那些有悖于个人和团体约定、前提假设或所坚持的信念等相矛盾的地方进行反思，其中包括消极参与，一个人处于支配地位，或者没有做到畅所欲言。

步骤 8：总结并思考会议的进程和（或）结果。这是学生对自己和对过程的理解和反思的一个最佳时机。

设置会议的时间限制有助于保证每个人都能够承担相应的任务。如果有需要的话，“过程会议”也可以像“有序分享”一样进行安排。学生或教师都可以要求开展过程会议，同时需要有很明确的会议目的。

以下是“过程会议”的示例。

教师日志

何塞（José）

在何塞提到我们需要研究一下评估机制之前，我们已经为项目、团队等设置了时间计划。鉴于我们已经有了之前一些项目的写作标准，何塞相信我们还可以在班上找到更多灵感。于是我们召开了一次过程会议，进入学习圈后，何塞便开始说明要求。学生花一点时间进行思考，然后快速有序地分享自己的观点。由于这篇文章的复杂性（说服式论文）和实践的需要，全班都同意我们应该制定一个总体标准，并就评估的部分设置几个标准。我们谈及这个标准既要能够衡量水平又要符合写作目的，即既要衡量英语写作的标准，又要能够衡量学生是否已掌握这种写作风格，会议进行到这里，我们的讨论进一步深化了。有时候，我们对于一些潜在的问题的讨论十分激烈，但讨论总会重新回到“有序分享”，让大家能够重新聚在一起解决问题。何塞会提醒我们还有多少时间，但是为了完成标准的制定，全班决定延长这个时间。当我们制定出标准后，我们同意在一周内继续修改这个标准。最后我们花了一些时间来反思我们这个团队以及团队中的每个人是怎么样在这个过程中发挥作用的，而何塞也分享了作为领导者的感受。

你可以从中看出过程会议的步骤吗？在你的学习圈中进行讨论，并说说个人的看法。

◆ 你打算如何在未来将这一过程运用到与学生一起进行的课程项目中？
◆ 你需要添加或更改任何内容吗？

过程会议可以引入和强化以下内容：

1. 练习使用“我”信息和主动倾听

示例：让我确认一下我是否准确理解了你的意思。我刚才听到你说……

2. 锻炼具有洞察力的、创造性和批判性思维（高阶能力）

示例：有没有另一种看待它的角度呢？

3. 练习如何设定目标、参与互动以及促进团队合作（高阶能力）

示例：大家已经同意进行小组合作。那么现在我们需要什么步骤才能顺利开展工作？

4. 通过了解他人的思维方式和行为（高阶能力）来发展自己社会及情感能力和控制力

示例：你认为他们觉得那是什么时候发生的？你认为那时什么对他（或她）而言是真的？

5. 通过强化社交技能，例如减少羞怯，来提升自我

示例：当我们所有人都分享我们的想法时，我们才能最好地开展工作。还有人没有发表过观点吗？

6. 加强人格教育，比如变得可靠与公平

示例：你在你的团队中有什么经历，让你觉得每个人都是平等的，都是值得信赖的？

7. 减少匿名的使用和提高可接受度和可信任度

示例：想法交流与分享让我们弄清楚什么是重要的。要不我们一起进行一下“有序分享”，我们是否达成了一致的想法？

8. 让师生之间和学生之间相互信任和相互关爱

示例：你刚才说的我都认真听了。我可以帮到你什么吗？

9. 提高班级的凝聚力，创造社群感

示例：我们大家一致认为做决定时要取得大家的统一意见。大家对这个决定有什么想法吗？

10. 增加相关性，让学生谈论他们自己感兴趣的、关注的或对他们有影响的主题

示例：我们当前的讨论内容和我们自身有什么联系吗？

从过程会议的例子可以看出，会议有要求，但也是灵活的，允许有调整。这些要求其实都是经过协商制定的，只要不涉及法律或者安全问题，都是有商量空间的。但是无论如何，目标都在于让学生尽可能多地参与这一过程。

教师作为讨论的引导者发挥着重要的作用。首次引入班级过程会议时，教师需要让学生了解流程、让学生提问、提高学生的参与度并进行总结会议。之后，这些任务可以交由学生负责组织。在 IA3——引导式体验教学法的课堂中，一般都由学生发起并组织会议。

如果学生主动提出要讨论一些话题的话，教师必须避免做出过早的评判。在学生发言后，可以先让大家停顿几秒钟，这样可以提高学生的倾听技能，也能让学生了解到反思的重要性。

其他目的

过程会议可以用于制定规则，同时厘清标准。目的在于让学生能够知道这些规则与标准和自己息息相关。有时候教师想要带领学生进行课程反思或者解决作业中的难题的时候，也可以采用过程会议的办法。以下两个例子说明了小学和中学课堂可以如何使用过程会议。

小学教师日志

艾米（Amy）

艾米受挫之后生气地说："我们团队想开展一次过程会议。我们还需要更多时间来完成这个项目。"在与其他小组成员协商后，我安排了全班在学期结束之前开会。每个小组都在研究他们发现的最有趣的地球科学领域。当全班围成一圈后，我可以看到学生松了一口气。他们很高兴这个问题正在得到解决。在探讨这一主题时，出现了一些担忧。由于时间限制，我们查看了备用方案。最终得出的结论是，如果我们可以再加一周的时间在这个项目的研究部分上，并且把一些准备展示的时间放在课外，那么就可以完成这个项目。这个会议的好处还在于，几个小组共享了资源。因此，我们加强了各小组之间的合作，并且丰富了各小组的项目。

中学教师日志

植树节

我们在过程会议上讨论了植树节。有些学生认为我们的学校可以种植更多的树木。在几个学生分享了他们各自的看法后，他们决定为此目的组织一个筹款基金会。他们根据需要成立了委员会。我们的日常工作没有受到影响，因为我们规定了项目所需要投入的时间，并确保仍然完成其他职责。

因为我们达成了共识，所以当我们联系地区维护部门了解我们可以种植什么树木时，每个人都在一定程度上参与了这一过程。我们咨询了绿化看护人，看看我们可以种在哪里，并去了当地的苗圃看看有什么树和树的价格。有小组去了指导教师那里，解释我们的项目，并留下了海报和收集罐。

我们最终种了两棵树和一盆花。学生们觉得为学校做出了真正的贡献。

大多数教育工作者都意识到与学校和学生合作的必要性。但是这样的合作往往受挫于没有确定的目标。提起兴趣的最佳方式之一就是激发他们的目的感。

赋权领导者：寻找共鸣，寻找目的

这个原理的核心是内在动机。支持员工对意义的个人探索是第一步。人们往往选择做他们认为有意义的事情。激发目的感使全体员工能够在谈话中产生共鸣，帮助他们重新定义生活与工作的社群，共同为学校或社群建立愿景。在你的努力下，你认为学校或社群的未来会是什么样的？确定了这样的愿景，领导者和社群的所有成员都会全力以赴。但是未完全实现这个愿景的时候，集体的目的其实依旧是模糊的，但我们能够肯定的是，它建立在个体的目的感之上。

从反思自己做起，领导者需要思考自己在多大程度上实现了自己的目标。下面的问题仅供参考：

- 我对这所学校或地区的期待是什么？
- 我为什么要从事这一职业？
- 我在做的事情对于我来说多重要，即它与我想做到的事情有关吗？
- 我是否对自己当下的状态满意？如果没有，我可以怎么改进？

接下来，帮助员工找到他们的专长，并激发他们的激情。从我们的经验来说，适当地促进过程学习圈会给员工空间和机会去找寻自己看重的东西。同时要注意将本章涉及的坦诚、清晰的沟通和赋权尽可能地融入学习圈中。尽管这可能还有些难度，但是我们还有其他的活动和材料能够辅助学习圈的活动，以创造质量高、效果好的对话。在此我们也给领导者推荐两本书：《世界咖啡馆》（*The World Café*）（Brown, Isaacs, Wheatley, & Senge, 2005）和《从“为什么”开始：伟大的领袖如何激励行动》（*Start With Why: How Great Leaders Inspire Everyone to Take Action*）（Sinek, 2009）。

慢慢地，过程学习圈的精髓和模式就将融入学校的自然沟通中。

与国家教学标准一致

成功的教师会意识到，学生有着不同的经历和背景，课堂上，教师会设计一些活动来让学生们参与到共同的讨论之中。

学生需要一个健康的学习氛围以获取动力和支持。这个环境让学生能够畅所欲言，并被鼓励进行深入理解和知识探索。

——标准Ⅴ：学习环境

第 6 章 脑智学习原理
——情绪是形成模式的关键

脑智学习原理 5：情绪是形成模式的关键。

▶ 核心观点

情绪是人类生活的核心，是每个思想、决策和反应的一部分。高阶决策引导和调节的丰富情感体验可显著提高学习效果。把握好情绪与学习之间的关系，教育者就能更好地促成学生的放松心理警觉状态。

学习能力：在良好的情绪状态下，学生能够更有效地进行学习。

支撑性研究：情绪和学习密不可分

情绪和学习之间的紧密联系或许是神经科学给教育学带来的最大发现。关于大脑的研究让教育者确信学习并非那么简单。那些用心探索得出的研究结论往往无法生搬硬套到课堂上，原因在于学习者都是独特的个体。每个人都有自己的交际圈、假设、信念、反应和心智模式，这些无一例外都与情绪有关。关于大脑的研究已被成功地运用到了商业领域。比如，脑成像显示了经济决策中思想与情绪之间的相互作用（Ariely, 2010; Sanfey, Rilling, Aronson, Nystrom, & Cohen, 2003）。

现在有一个新兴的领域被称为“社会 / 情绪学习”（social/emotional learning），它着重强调了情绪和学校氛围之间的联系。（参见，例如社会与情绪教育中心，CSEE）。

情绪在大脑的哪个位置?

情绪与大脑及其生理功能联系是一个复杂的过程。这一过程至少涉及了四个方面——分子、细胞、心理和行为。

> 首先，神经科学家，如安东尼奥·达马西奥（Antonio Damasio）（1999, 2003）和坎达丝·珀特（Candace Pert）（1997）证实，每一个思想和行动都伴随着情绪。大脑中心的杏仁核因为与威胁、恐惧等情绪有紧密联系，常常被称为“情绪中心”。大脑的其他区域也参与了情绪的产生，同时还有各类化学物质的参与以及其他的物理作用。例如，许多肌肉参与了情绪反应的过程，免疫系统可以抵御疾病（Detweiler et al., 2000）。

许多振奋人心的研究都充分证明了情绪带来的广泛影响。正如我们所知道的，对于人体机能十分重要的神经元负责传输大脑中的信号。神经递质携带信号经由突触传导，使想法、心情和情绪得以产生。在 20 世纪 80 年代，坎达丝·珀特及其同事发现，神经递质是一类化学物质（也称为配体），它们遍布整个身体，其中包括免疫系统。一系列配体通过细胞自我组织的方式，促成情绪的形成。这就是为什么珀特称配体为“情绪分子”（molecules of emotion），也是为什么我们说情感是思考、决定和反应的一部分。

情绪如同天气系统

> 情绪的形成不是无缘无故的。

我们可以将情绪与天气系统做类比，以更好地了解情绪。情绪，就像天气一样，几乎不是由单一因素促成的。云聚集在一起，在空气中的微粒和大气压力等共同作用下，产生了雨。一般来说，我们了解不同类型的天气是怎么产生的，同样地，我们也能够知道不同的情绪是怎么产生的。像天气一样，情绪不是一时兴起的，而是因为具备某些条件才得以产生。然而，这并不意味着情绪反应总是能够被预测。

情绪的范围

常见的情绪都与生理系统有关，而且都基于一定的生物原理。然而，至今科学家都没有在情绪的数量上达成一致。不同的科学家也采用不同的方式来观察和研究常见的情绪（例如，见 Ekman & Davidson, 1994; Gendron et al., 2014; Walton, 2006）。

在本书中，我们将情绪简单地分为消极情绪和积极情绪。例如，我们在第 3 章中介绍了“固执”的概念。“固执”是一种短期的求生反应，往往在个人信念（一个人对他人或世界的普遍信念）或对自己的信念（一个人对自己的行为或推理的信念）受到挑战的时候出现。这种挑战不可避免地会触发情绪反应（Bowers & Sivers, 1998）。

不过需要说明的是，情绪本身没有好坏。虽然消极情绪大都是令人痛苦的，积极情绪大都是令人愉快的，但二者都发挥了重要的作用。

积极情绪

我们在第 3 章中着重讨论了一种重要的消极情绪——恐惧。但积极情绪及其影响也需要得到人们的关注。积极情绪往往与健康和幸福相关（Fredrickson, 2000），目前主要研究的有喜悦、敬畏、感激和同情等特定的情绪（Robbins, 2003）。

积极心理学中的一个新领域现在正对积极情绪进行系统性研究。马丁•塞利格曼（Martin Seligman）是该领域最重要的研究者之一。他分别研究了希望和乐观情绪以及两者对于健康和幸福的重要作用（Seligman, 1998, 2004, 2012；Gillham, 2000）。塞利格曼认为，只是教孩子自尊其实是远远不够的，因为它忽视了积极和乐观情绪在学校、工作以及生活其他方面对孩子的帮助。事实上，塞利格曼和其他人认为，幸福情绪应该被包含在被他们称为积极教育的课程里（Seligman, Ernst, Gillham, Reivich, & Linkins, 2009）。

他的观点支持了我们反复提及的放松心理警觉状态的重要性。

> 意义学习的最佳心态取决于情感基础，最好的基础是能力和信心。

积极影响：增强执行功能的情绪氛围

增强执行功能的一个重要因素在于一个愉快的学习环境，即一种促进积极情绪的气氛。当日常小事带来些许积极情绪时，积极的影响就应运而生。这会让人感到满足，让人觉得自己在辛勤工作的时候是快乐的、有动力的（Ashby, Isen, & Turken, 1999）。通过近些年来的研究，心理学家发现类似的氛围能够给人带来以下的积极影响：

- 工作记忆增强
- 情境记忆（事件记忆）增强
- 解决问题方式更加多元
- 思维更加灵活
- 处理社会关系的能力（提供帮助和进行社交）提高
- 促进语言表达（提供更多创新的例子）
- 决策能力增强

需要注意的是，这些积极影响与执行功能/高阶思维、学习之间是有许多重叠的。

神经科学家认为，类似于在愉快的环境中学习这样的行为其实对大脑是有积极影响的。他们追踪了一些影响学习的神经递质的路径，结果表明当我们在愉快的环境中学习时，愉悦感会增强，神经递质多巴胺数量也会增加。与此同时它会刺激另一种神经递质——乙酰胆碱的产生，帮助人们更好地集中注意力，继而刺激控制新学习的主要区域——海马（Ashby, et al., 1999）。

那么，如何才能产生这些积极影响呢？之前的研究大多提到了放松心理警觉中的核心因素。

- 一是选择或追求自己兴趣的自由。这也是学习者驱动决策的重要方面。
- 二是有机会选择和改变情境，包括能够根据需要自由选择独立学习、结对学习或小组协作。
- 三是保持放松状态，也就是契克森米哈伊（Csikszentmihalyi）（2008）所谓的“心流”状态。

运用原理：自我形象与自我认同

联系自己

你能对以下事件产生共鸣吗？

最近我们接触了一个年轻人，他跟我们抱怨说他不喜欢写字。他说如果不是因为这个困难的话，可能他现在就不只是一个电工了。在了解我们的职业之后，他问我们现在教师对于左撇子的看法。我们回答说，现在左撇子已经不稀奇了，更不会遭遇区别对待。后来他告诉我们，他很小的时候就很不会写字。当用左手写字时，他的手总是不可避免地压在他写的字的上方，于是字都会被弄脏，特别是当他用铅笔写字的时候。他不喜欢自己写的字，教师也不喜欢。慢慢地，他对写字这件事感到灰心丧气。其实这个年轻人是一家拥有 17 名员工的公司的负责人，年少有为。对他来说，写字不是难事，只是一直被他的情绪所影响。

批评他的书写的教师们虽然无意，但是却真正改变了他的人生轨迹。这正是一种情绪记忆——人经历过某种特定的情绪，并且会将其与一种行为或活动联系在一起，慢慢地，身体就会"学习"如何自发地对特定的条件做出反应。这种"学习"可能会瞬间产生，但通常情况下在某一段时间内持续经历的相关事件中产生。

> 教师可能不会意识到他们的教学过程会影响学生的情绪，但事实确实如此。这种影响可能比学生学习课程内容所能产生的影响还大。

回忆一下你以前上过的课程，例如绘画或唱歌。选择最开始你很感兴趣，但是半途而废的课程。

- 你还记得是什么让你的心态发生变化吗？
- 当回忆起你没有继续学习这门课时，你有什么样的情绪？
- 你觉得在什么样的情况下你不会放弃？

现在花一点时间来回想你在学习时那些快乐、兴奋、充实的体验。

◆ 你有什么爱好或兴趣？当你感到高兴时，你的身体和心灵会发生什么？
◆ 有什么事情即使困难重重，也能让你有信心坚持下去并且总是怀有希望？描述那种乐观的感觉。你怎么知道你一定可以做到呢？
◆ 有没有一些时候，你会有惊叹的感觉？比如看着星星的时候抑或是听美妙的音乐的时候？那时你的身体、心灵和想法发生了什么变化？

深入一步

情绪如何塑造自我形象和自我认同

随着时间的推移，持续的经历会成为人的一部分。

情绪并不仅仅是短暂的反应，一些情绪会在大脑里“融合”，不断得到抑制，最终形成一致的世界观。脑细胞结合成神经网络以一致的模式一起放电。因此，强烈和反复的情绪反应就会逐步影响到生理（Perry, 1996）。因此，情绪与自我意识的发展紧密相连，最终作用于一个人的固有信念（见本书第 9 章“具身认知”）。

再看“固执”

当人的自我意识受到威胁时，就会引发情绪反应。对于成年人来说，当自我信念受到干扰或冲击时，人会变得固执。这里有一个课堂上的例子：

克里斯汀（Christen）上课迟到了。她以前就迟到过，最近其他学生似乎也总是迟到。那天你没来由地觉得很厌烦。于是你告诉克里斯汀，你对她总是上课迟到感到很不满。而克里斯汀认为自己是个认真负责的学生。尽管她很想要准时到课堂，但是自从他们开始筹备科学展后，前面的科学课总是会拖堂。她坐到了位置上，一言不发，不论你说什么她都没听进去，她对你的批评耿耿于怀。

这就是一种固执，而克里斯汀就是固执于你对她的批评。你的批评一直在她的脑海里挥之不去。她的沉默，一方面是在谴责你的错误，另一方面是在为她自己辩护。你的批评威胁到了她的自我评判，她必须要修复好自我评判，才能做其他事情。如果她没能够处理好自己的情绪，那她很可能从此与你疏离。

当情绪没有得到及时处理时，教师会发现以下情绪化行为的出现，这意味着学生的自我意识在某种程度上受到了侵犯：

隐瞒：假装没有任何反应
反驳：采取行动以刺激或试图惹恼另一个人
欺凌：因为自己被否定了，因而会轻视或想伤害另一个人
动摇：通过开玩笑、讽刺、嘲笑来动摇别人的权威或特权
无视：无法处理这个问题或者情况
排挤：排挤他认为应该被谴责的人，切断与他们的联系，此外还会损害他们的声誉或以某种方式表达对他们的轻视
报复：对对方实施报复，即使对方不是有意为之
恐吓：类似于欺凌，但可能运用更多的手段（例如，言语威胁），而不仅仅是物理手段
标记：破坏对方的财物或以某种方式留下自己的标记（涂鸦）

这些行为还意味着，学生不再关心他们周围的世界，也不再关心自己和所在的社群。这不是在为他们上述行为寻找合理的借口，而是我们希望通过这些能够知道如何帮助他们。当然这不适用于那些行为已经十分恶劣的学生。

核心观点是学生的情绪状态深刻地影响着他们的学习。当教育工作者意识到这点，就需要开始思考如何管理自己和学生的情绪。

联系实际

教育者必须能够更为理性面对情绪，能够处理学生在学校内可能出现的各类情绪。我们的建议是从两件事开始做起。

- 首先是努力让学生能够适时体会到积极的情绪。使用 IA2——项目 / 问题式学习与教学法以及 IA3——引导式体验教学法的教师更容易做到这点，但每个教育者都应该将其视为基本目标。

- 其次是提高学生的技能和能力，以应对各种情绪状态。记住，你的目标是发展他们的能力、信心，帮他们寻找到意义或目的，以建立抵御消极情绪的心理韧性。

如何引入三种积极的情绪：快乐、热情、敬畏

快乐。快乐通常与玩耍联系在一起（Panksepp, 2004）。小时候，快乐常与打闹紧密相关，而成年以后，快乐常与运动紧密相关。在IA1——直接教学法中，乐趣（快乐的先兆）会出现在各类创新性游戏中，这些游戏也可以增加学生的成就感。

教师日志

我们曾经与学生玩"帽子里的猫"的游戏，而这些学生大多数时间都处于求生（反射）模式。学生们会有一些时间去记一些定义。接下来，学生们会有时间合作并用到一些记忆策略。准备就绪，教师会拿出一个装着很多纸的帽子，每一张纸上都有一个问题，让学生回忆一个特定的定义。学生需要走到帽子旁边，取出一张纸，并且第一次准确地回忆出定义。如果他或她回答不出来，教师会选举手的人回答。每个人至少有三次机会展示他们所学到的东西。在游戏过程中，学生不断重复听到这些定义，这都是在加强记忆。

游戏一般是一个系统。所以，一方面，游戏本身可以变得越来越复杂，包含越来越多的要记住的课程元素。另一方面，使用IA3——引导式体验教学法的教师可以与学生一起开发复杂的项目，甚至创设一些角色，这会让学生感到更快乐。我们会在后面的部分继续展开讨论。

热情。当学生看到新奇的东西时，会进行创造性的探索或者联系，这时他们的热情就会被激发。

一般来说，我们可以从引进新奇事物做起，比如说谜题或模型。本书的合著者之一卡尔就经常将平衡车带入学校。平衡车是两轮的新型智能机器，能在大型建筑物或人行道上行驶，借助巧妙的算法保持平衡和改变方向。学生们都很好奇，都想看看它是如何运作的，有哪些功能。平衡车的体验很容易与数学、科学知识联系起来。

敬畏。当学生看到或体验到鼓舞他们的事物时往往会产生敬畏。卡尔可以轻松操控平衡车，这让许多人产生了敬畏感。除此之外，见到专家、大师时亦是如此。

> 敬畏的核心与一种求知欲和想要寻找意义的心态有关。它更可能在运用 IA3——引导式体验教学法的环境中出现。

在下一章中，我们将介绍创建这些体验的方法。我们称之为“多感官沉浸式体验”（Caine & Caine, 2011）。它们代表了“全情投入体验”的第一个基础技能，并创造了对学习的强大情感联结。

处理实际发生的事情

尽管教育者不是治疗师，但是由于认知和情感紧密联系，教师依旧有义务帮助学生提升相应的技能，处理他们的情绪。其中包括帮助学生建立自我意识和获得自我认同的技能。这些技能可以由那些充分意识到同时已经具备这些技能的人来进行传授。这就是我们鼓励教师应自己先掌握好这些技能的原因。

第一，在大多数情况下，学生若是感到疑惑或者不理解，就会进行自发的情绪反应，教师需要先做到完全尊重他们。特别是对于年纪较小的孩子来说，当教师要跟他们做进一步解释之前，要照顾到他们的情绪，让他们有安全感。如果他们需要一些时间思考，不要惊讶。

第二，教师要运用推理能力，在解决青少年的问题上更是如此。在直接进入一个问题的讨论之前，教师可以用另外一个问题来过渡，以消除他们的情绪或者帮助他们摆脱求生状态。如果教师想让学生开始留意并理解自己的反应，还需要运用主动倾听和解释技能。

第三，当人感觉到自己有能力和有自信心的时候，更能保证情绪的稳定。当学生的自我信念受到冲击的时候，最好的方式就是提醒学生回想一下他们擅长做的事情。教师还可以真诚地告诉学生一些他们做得好的事情，但这些事情要有相关性。

第四，赋权学生，让他们通过独立的挑战，获取成功，逐步将自己视为有能力、有自信心的学习者，这应该是所有教师和管理者比较常用的方法。这种方法可以避免情绪冲突，减弱情绪反应。

邀请、允许、鼓励：创建减少情绪问题的环境的方法

> 教师需要认识到情绪交流是重要的且很有意义的学习机会。教师抓住每一个机会邀请、允许和鼓励学生，是帮助他们学习如何处理情绪问题的一种强有力的方式（Barzakov, 1986）。

邀请。邀请意味着教师需要征求学生的意见，了解他们想做什么，然后我们再告诉他们需要知道什么或需要做什么。

允许。允许是在教师提出建议或意见之前，允许学生自己努力去尝试解决问题。这时候教师应该要给他们时间反思、质疑和理解他们自己的信念和选择。

鼓励。鼓励是教师表达对于学生的认可，认为他们有能力提出想法或项目、能够成功达成目标，同时会有优异的表现。

联系课堂：心智模式视角

通过教学方法来观察情绪问题是十分有效的，因为教学方法影响个体对于教学场景的初始认知，并且这种认知（基于心智模式）也同样影响着课堂上处理情绪的方式。

IA1——直接教学法

大多数采用IA1——直接教学法的教师都期望学生能够控制自己的情绪，以确保他们的学习进度。他们喜欢纠正学生的行为。所以大多数运用直接法教学的教师都会制定课堂规范，并有相应的惩罚措施。当教师把通过练习和复诵来掌握与记忆有关的课程内容，以获得高分作为主要目的时，往往会有情绪干扰。因此在传统教学中，除非学生的情绪造成课堂中断，否则很少被提及。教师詹妮总是在控制课堂，她完全处在主导地位，并为课堂的有序行为而感到自豪，校长和周围人都对詹

妮很满意。从直接教学法的角度看，詹妮所做的一切都是在促进学生的学习。

但是大家都忽略了一点，如果某天詹妮不在课堂，或者某天有代课教师来上课，那么场面将会十分混乱。没有了詹妮的管理，学生不知道该怎么做。詹妮对于课堂的控制让学生没有机会学习自我控制。最重要的是，从我们的角度来看，詹妮班级里的学生是不具备自律能力的，也就是说无法在高阶推理和决策下管理自己的情绪。

改进的机会

- 让学生为特定的课堂活动设置时间限制。
- 让学生分享记忆必掌握的知识点的一些方法，并努力尝试运用这些方法。这将让学生感觉他们的想法是受到重视的。
- 让学生反思现实生活中的事件，了解他们如何以不同的方式处理事情。

IA2——项目 / 问题式学习与教学法

> 在 IA2——项目 / 问题式学习与教学法的课堂中，学生有更多的机会以多种形式（团体，结对等）开放以及自由地进行互动。这是由控制到信任的转变。

IA2——项目 / 问题式学习与教学法的课程增加了具体的程序，将教师的部分控制权交还给了学生。但是教师仍然是主导者，其专业性、权威性以及责任仍然十分明确，但是教师和学生已经开始有了更多的互动。

因此，教师比尔努力创建社群，让每个人都尽可能地练习主动倾听，采用“我”信息，使用“有序分享”。他鼓励学生部分地使用“有序分享”，允许他们在别人没有听他们说话或者他们想要听别人的想法的时候打断别人一次。即使没有参与到正式的学习圈，学生也已经学会了如何开启这些流程。比尔也赋予了这个会议更多的意义（从学生的角度来看），并与学生进行更真实的互动。

比尔的问题在于，这种教学方法会让很多情绪问题浮现出来。在这样相对开放且自主性比较强的环境下，他更需要知道如何识别和处理学生的情绪反应。

改进的机会

- 通过示范，与学生分享你自己思考问题或处理情绪的步骤。
- 真实地传达你的情绪，让学生知道你的经历。使用“我”信息和自我的主动聆听。
- 了解如何使用本章中的建议解决问题。

IA3——引导式体验教学法

使用 IA3——引导式体验教学法的课堂中要求学生自主选择并进行他们的研究项目。在项目进行过程中，与他人合作、确定事项优先级、协调组内意见、切分任务、承担责任等环节中，都会有许多情绪问题出现。

教师卡门很相信这样的过程有助于学生应对不时出现的情绪问题。让学生知道他们得到倾听而且情绪问题得到缓解都是十分重要的。她认为处理这些情绪问题，不仅是学习的好机会，更是锻炼高阶能力的好机会。在让学生得到锻炼的同时，IA3——引导式体验教学法也让教师不断地提高自己的能力。

改进的机会

- 理解情绪的重要性不言而喻，因此要抓住机会反思、定义以及更好地理解自己的情绪。
- 在与其他教师进行过程会议的时候，要注重加强信任感和包容度。

应用原理：解决矛盾，确认—处理—行动—回顾

有时人们会克制自己的情绪反应，这可能导致沟通障碍，引发其他人的困惑。有些时候，学生发现自己与别人发生了矛盾却摸不透原因。教师需要帮助学生（和其他人）化解矛盾。从显化矛盾，理清矛盾，再到解决矛盾，都需要基于极强的社群感和信任感，也需要足够的时间。

确认—处理—行动—回顾

解决矛盾的过程往往与倾听感受有关。但是，倾听不该只停留在言语上，更需要用具体的行动和适当的互动来表明自己已经理解。这要求社群内的每个人都应该在某种程投入他人的成功和幸福，多使用“我”信息和主动倾听，只有这样，才能最终做到相互尊重，而所采用的这些技能（“我”信息、主动倾听、“有序分享”和过程会议）也会更好地发挥作用。

步骤 1——确认：尽可能识别清楚问题。

教师和学生都重视对于问题的清楚准确的表达。使用“我”信息时，学生往往会表达他们沮丧或混乱的心情：“我认为我们遇到了问题”或“我感到很困惑、沮丧、愤怒”，等等。双方都需要关注真正发生的事情，说清楚事情如何发生、有哪些细节。学生还可以表达这件事情违背了哪些约定、观念和预设。[此处提供一个学生打完曲棍球后的问题处理案例，详见《为什么这些学生喜爱学校》（*Why Do These Kids Love School*）（Fadiman, 1988）]

教师需要数据和事实，来公正评判，并要求学生回答以下问题：

- “你能告诉我你正在描述什么吗？”
- “实际上发生了什么？ / 现在正在发生什么？”

旁观者可以帮助识别或量化问题。

步骤 2——处理：通过使用民主化流程，运用逻辑推理方法，明确权利和责任，厘清基本问题和事实。

教师提醒学生进行自我反思，主动倾听，使用“我”信息，进行“有序分享”（每人一次发言，不中断）。这是为了让每个人都对所发生的事情有共同的理解，进而引起情绪上的反应。整个过程都应该不带个人色彩，不加任何指责或评判。

以下的问题和策略可以帮助整个班级、团体或个人之间避免或消除误会。

- 你们（我们）期望发生什么？

- 已经发生了什么?
- 导致争议的原因是什么?
- 矛盾是如何升级的?
- 这与我们之前的经历有无相似之处?

步骤 3——行动：关注将来的行动。

为了能在将来更有效地处理类似问题，我们应该达成哪些共识？关注责任、改变的机会、选择和承诺。根据需要制订或修订行动计划。注意，实际行动往往会根据实际情况做出调整，新的行为需要以某种一致的方式进行实践和监督。

这个步骤有赖于高阶思维和决策能力（执行功能）。当学生理解了自己的信念及行为、为自己的假设进行辩护并反思其他的情境和思维方式时，推理、元认知、逻辑和反思能力会不断地得到磨炼。如果做得好，这个步骤甚至可以用来讨论种族和文化差异以及一些如两性之类的“热门话题”。然而，当事情失去控制时，可能有必要召开一个过程会议来巩固社群；当事情过于复杂时，可能不能确保这个步骤能够解决问题。同时，请记住，教师负有最终责任，可能要在必要时候做出关键性决策，甚至可以寻求专业建议或者和个别长期出现问题的学生进行谈话。

步骤 4——回顾：这个步骤有利于梳理整个历程，以便从中吸取经验教训。以下问题可供教师和学生参考：

- 什么事情使小组发现了这个问题?
- 小组采取了哪些步骤来处理问题?
- 小组采取了哪些步骤来获得解决方案?
- 班级是如何回应的?
- 这种情况是否能帮助班级内部或学生缓和他们的情绪?
- 这种处理方式如何帮助维持放松心理警觉的气氛?
- 在你看来，这个班级是否获得赋权？学生是否获得赋权？赋权在重建社群的过程当中如何发挥作用?

有效的提示

虽然我们已经总结出了既定的流程，但是实际做起来不应该局限于此。

1. 你的情绪会对过程产生重大影响。保持客观优于生气、敌对，而保持客观和关怀优于中立。这就是为什么教育工作者需要努力发展学生个人能力，增强其情绪处理能力，建立面对冲突的良好心态。

2. 行胜于言。我们鼓励学生实践，但是通过威胁要惩罚学生而促使其行动通常违背了这个过程的初衷。教师的职责在于引发学生思考，并且鼓励学生在有所实践后进行自我奖励。

3. 解决矛盾的过程有时无法应对部分过于复杂的问题。例如，在我们看来，这个过程无法运用于学生嗜酒、吸毒的问题解决。了解一个过程也需要了解它的局限性，同时要知道何时、如何寻求帮助。确认—处理—行动—回顾的目的是引发学生思考，并提高学生的情绪成熟度。作为教师，如果你自己也难以稳定自己的情绪，难以应对问题，请及时寻求帮助。相关的辅助资源很丰富，包括旨在关注矛盾解决和同伴调解的网站。

4. 有时，你对于这个流程的定义也会有所影响。你可能更想把它称之为沟通，而不是解决矛盾。

举手表决

协商一致，获得多方都可接受的解决方案，是一件耗费时间的事情。加速这个过程的方式就是通过“举手表决”等流程确认方案是达成一致还是需要进一步深入讨论。当出现了一个可能达成的共识时，小组长可以提出举手表决。学生举起不同数量的手指，表示他们对这个现有结论的想法。

五指——这是一个很棒的主意。

四指——这是一个好主意。

三指——我对这个没有意见，但也不想继续讨论。

二指——可接受，但是持保留态度。

一指——可接受，但觉得其仍有很多问题。

拳头——无法接受，另有一个可供解决的办法。

[资料来源：改编自加州教师协会领导培训计划（California Teachers Association Leadership Training, 1989）]

这个流程也适用于成年人。然而，尽管它提供了对当前进展的快速确认，但它也不应该阻碍新见解的提出和对于问题的深入理解。它有助于提醒参与者，在达成共识的过程中，每个人都有责任为问题的解决贡献想法。此外，不要忽视那些伸出三指及以下的人，要确认他们对解决方案是否满意。可以通过发问以及提出一些担忧，让他人感觉到他们的想法受到了重视。

矛盾升级链

在平和的矛盾处理过程中最难的一步莫过于，让所有人确信：只要信念在，问题就能够得到解决。此外还要防微杜渐。帮助自己和学生追溯矛盾形成的方法之一，是将之视为一条链（改编自 the Community Board Program, 2003b; Loescher, 1989）。从矛盾点开始，回溯之前发生的每一步。此时可以利用画板，一次画一条链。然后花时间讨论如何打破每条链，以阻断其串联成一条矛盾升级链。确保小组能够回答以下问题：

- 原始矛盾是什么？
- 哪些行为导致了矛盾升级？
- 如何来“打破”矛盾升级链？

这将有助于确认问题，寻找原因和提出可能的解决方案，改变未来对困难问题的处理方式。

赋权领导者：情绪能力

在帮助学生探索和发展情绪能力前，教师首先应提高自己的相应能力。学生与成年人在情绪方面有诸多共性。因而，近年来“情绪智力”（emotional intelligence）得到了广泛关注（Goleman, 1997）。

> **情绪认知**
> 我们彼此之间传递、捕捉情绪。在一定程度上这就像心智的地下经济，自有其利弊。
> ——戈尔曼（Goleman, 1997）

我们认为，领导者面临双重挑战——内部挑战和外部挑战。我们都有个人的障碍、问题、压力等，只有学会理解和管理我们生活中的起起落落，才有能力帮助他人。例如，本书三位作者其实也都还有另外一个身份——冥想师，目前已经有广泛的研究表明了冥想是如何帮助人们发展健康的身体和心灵的。

外部挑战要求领导者将我们的各种过程和策略加以运用。我们鼓励领导者与其教职员工秉持“邀请、允许和鼓励”的理念，共同寻找适当的矛盾解决方法。

反思：思考一些问题

你是否开始设想如何在学生和员工的工作中对这些策略加以运用？你是否更加了解自己的情绪状态？

你和你的员工如何看待情绪？具体而言，积极和消极情绪如何分别影响学习？你们有什么处理情绪问题的技巧？讨论一下执行功能应如何帮助我们更理性地表达情绪。

本节的最后一个基础技能聚焦于课堂内外的矛盾解决。在学习这些技能时，可以与过程学习圈相结合。

现在可以利用“有序分享”来回顾大家从第一部分学到的内容。你们可以从中了解到哪些主题与你所在的学校息息相关。过程小组成员可以探讨如何将本书第一部分介绍的基础技能的关键要素运用到每日的工作中。你如何支持他们的工作？

> 教师让学生们成为合作伙伴，共同建立和维护学习者社群。
> ——标准Ⅳ

与国家教学标准一致

第一部分与目前课程标准之间的联系

需要着重强调的是，本书第一部分中概述的为学习创造的最佳心理状态和健康社群是最佳教学实践的组成部分，二者紧密相连。项目 / 问题式学习与教学法、引导式体验教学法、融合高阶思维技能的教学都要有一个良好的合作环境，以进行健康的情绪互动。

课堂氛围既要保持活跃，又要易于向学生传授各种社会技能，如合作、解决问题、倾听想法、自我调节等。这些无一例外，都是学习的基础。此外，教师还要能够帮助学生学会分析问题或情况，选择适当的来源或网站，协商行动与计划，制定角色和职能，做出周密的决定，等等。

《共同核心州立标准》和成功的 STEM 教育要求教学内容与良好的社会互动相结合。

《共同核心州立标准》

基于对未来大学教育以及职业生活的考虑，不论是以团体、小组还是结对的形式，学生都必须有充分的机会参与各种丰富的、结构化的讨论，并在讨论中提供准确、切实的信息；给予别人的发言以回应和补充；进行相互对比；尽可能拓展看待问题的角度。

> 新技术不论是从听还是说的途径，都能让学生更易获得与分享信息，加强彼此的联系与沟通。电子文本还让学生不断更新内容，同时引入多种呈现形式，比如单词、图形、图像、超链接以及嵌入式音频和视频等（《共同核心州立标准》）。

请关注本书第一部分提及的放松心理警觉是如何为这种对话创造环境，以及社群如何提高放松心理警觉所必需的高阶思维技能的。

STEM 教育

社会互动的问题在由美国科学院出版社（National Academies Press）发布的《STEM 在 K–12 教育中的整合》（*STEM Integration in K-12 Education*）（Honey, Pearson, & Schweingruber, 2014）报告中得到了阐释：

社会和文化经验，例如相互合作、积极参与讨论、共同决策和协作解决问题的经验，虽然只是学习中的基本组成部分，但是在综合学习中尤为重要。这些社交过程让孩子学到了知识和各种策略。诸如支架式教学（scaffolding）和同伴协作学习等技巧可以帮助学生完成挑战性任务，提升自身的知识水平。

核心观点

本书第一部分深入阐释了学习的最佳心态的本质——放松心理警觉。良好的课堂氛围是实施《共同核心州立标准》和《下一代科学教育标准》的前提。此外，全面实施这些标准，需要其与教学环节的融合。

因此，放松心理警觉和高阶思维的技能是教师和学生的目标，也应该是领导者和教师的重点。

本章所涉及的技能和概念有助于建立和维持学习者的社群伙伴关系，让教师和学生，学生和学生之间能够紧密联系。当师生更充分地参与并承担各自的责任时，一个更真实和更有力量的社群便应运而生。我们将这种学生可以学习如何与同龄人或者成年人交流和沟通，发展情绪智力的环境称为“见习社群”。

看完本书的第一部分后，请停下来思考一下，你通过个人和通过学习圈学到的东西：

- 你和你的同事是如何定义放松心理警觉的？
- 放松心理警觉对发展执行功能有什么作用？
- 你是否能够识别你的学习环境中那些促进执行功能发展的元素？它们分别是什么？
- 运用生成性思维（generative thinking），你能否指出周围人与生俱来的、较为特别的能力？
- 阅读到这里你有什么感受？你的学生分别练习了哪些技能？
- 你还需要做什么来促进放松心理警觉的环境的建立？
- 教师有哪些方向可以改善学校的放松心理警觉环境？

第二部分

基本要素二

全情投入体验

本部分介绍的基础技能：

基础技能一： 设计教师协调的全面体验 / 多感官沉浸式体验
基础技能二： 引导学习者驱动的学习
基础技能三： 观察与教学模式
基础技能四： 有效评估

第 7 章 运用全情投入体验创造最丰富的学习环境

创造一种丰富的学习环境。

▶ **核心观点**

在本书的第一部分，我们关注了发展学习的最佳环境以及学习者与教师的心理状态——放松心理警觉。现在我们开始更直接地探讨教学。在这一章，我们简要介绍一种基于 IA2 和 IA3 的教学模型。接下来，我们将会对此进行拓展，揭示这个模型的不同侧面。

我们从“丰富的学习环境”这一概念开始，“丰富的学习环境”能提高记忆能力，同时促进执行功能或高阶思维的发展。

支撑性研究：认知和行为

早在 30 多年前，玛丽安·戴蒙德（Marion Diamond）就提出了在丰富和贫乏的学习环境中大脑的反应速度会有所差异。研究显示，老鼠在丰富的环境中，脑神经元之间会有更加紧密和复杂的突触连接，并能更快地走出迷宫。后来的研究者，如格林诺（Greenough）、布莱克（Black）和华莱士（Wallace）在研究中证明了体验会改变大脑神经元之间的突触连接，其中丰富的体验会促进大脑的成长和表现（Begley, 2007; Merzenich, 2013）。

两种环境之间有着本质的区别。在这个实验中，在贫乏环境中的动物被关在笼子里，并与其他动物隔开，人和它们的沟通也很少。尽管食物和水很充足，但是它们玩耍和探索的机会非常少。

在丰富环境中，动物们有其他的动物陪伴，有玩具可以自由玩耍，而且还可以自由地探索不断改变的事物。

> 为了使学生在充分复杂或丰富环境中学习，教师需要设法让学生沉浸在复杂的体验中，并且要将课程与标准要自然地融于其中。

最初的研究对象大多集中在老鼠（主要是因为老鼠的大脑构造在某种程度上和人类的大脑构造很相似），后续的研究逐步拓展到人身上（Huttenlocher, 2002）。格林诺等人（Greenough et al., 1987）的研究认为丰富环境应该是富有刺激性的、复杂的并且具有挑战性的，同时还要具有新颖性和多样性。他们还发现老鼠喜欢社交。

关于学习的一种全新的观点也逐步形成。加利福尼亚大学洛杉矶分校的神经科学家杰奎因 • 福斯特（2003, 2013）提出关于学习的观点，即脑智学习原理和三要素——放松心理警觉、全情投入体验、主动加工经验，这些观点和格林诺等人（1987）的研究中提出的观点高度一致。

福斯特博士认为，教育应专注于在脑中建立丰富的神经元连接，而最丰富的连接是在同时包含知觉和行为的自然过程中产生的。他建议所有的学习（除了记忆）都包含同时激活思想和身体的体验。这得到了许多研究的支持，我们认为这个观点有极大的潜力从本质上改变教育，并且改变的方向和我们建议的方向一致。

全情投入体验的学习者

当谈及人类学习的最佳环境时，我们会交替使用“丰富的”和“复杂的”这两个词。

学习的最佳环境应该具有新颖的、多样的、即时的反馈，并为学生创造选择的机会。所有的经历都源自学习者自发的问题，并需要在一段时间里多次重复相同或相似的事实和信息。诸多学习模式都有着以上的特征，例如，项目学习（Hassard, 1999）、体验学习（Luckner & Nadler, 1997）、自主学习（boekaerts, 1996; Perry 1998; Zimmerman & Martinez-Pons, 1990）、整合主题教学（Kovalik & Olsen, 1997）和以学习者为中心的教育（McCombs & Miller, 2009）。

全情投入的重点在于让学生“投入”丰富而复杂的环境中，而不仅仅是每门课每天学习一小时。一个偶然的项目是个很好的开始，但更为理想的情况是要有一个环境，在这个环境中项目、研究和多种人际关系能够同时进行。这应该是个常态，而非偶然事件。可以说这是对“见习社群”这一概念的延伸（Caine & Caine, 1997）。因此，教师和学校有责任确保这种环境条件具备，许多工作便可以稳步地开展。这就是为什么我们认为“投入”是主要由教师负责协调，也需要学生不断地输入。

在许多国家，不同层次的学校教育中都可以找到这样的例子。比如意大利瑞吉欧·艾米里亚的幼儿园教育（Edwards, Gandini, & Forman, 1998），澳大利亚南澳大利亚州的甘比尔山中学，参见《学会学习》（*Learning to Learn*），美国圣地亚哥一个由九所学校组成的 HTH（High Tech High），和覆盖 K-12 教育的特许公立学区。

然而，体验不能保证充足的学习。这就是为什么“投入”需要由教师主导，以确保学生能学到需要学习的内容。这些措施包括向学生提出有针对性的问题，进行阶段性总结，提供多样的机会，让学生能够学以致用的同时发展高阶思维、提高问题解决能力。我们称之为“主动加工经验”。这将在本书第三部分进行详述。

拓展“投入”的本质

这一部分我们将为教育者介绍如何创造“投入的教学环境”。接下来的章节将依旧以一些特定的脑智学习原理来组织。和前一部分一样，这些原理告诉我们：

- 学习基于生理。
- 学习具有发展性。
- 脑与心智同时处理整体和部分。
- 通过模式寻找意义。

后续章节中的具体原理指导我们如何基于对学习的理解来组织最佳教学。创造一个丰富的环境，需要各种各样的能力，以及实践所有的脑智学习原理。

全情投入：发展高阶思维技能

联系自己

第一次全情投入：说母语

大多数人都不记得他们是如何掌握最关键的一个生活技能——说母语的。学会说母语是全情投入学习的最佳例子。虽然从表面上看，所有人都是自然而然地学会说母语的，但支持语言习得的条件是“有效投入”的最佳诠释。

一般来说，婴儿都能够学习语言，且乐此不疲。语言学习的动力来源于寻求归属感和之前介绍的解释驱动力。

问问自己，你是如何习得母语的：

- 你从几岁开始接触语言？有多少不一样的方式？
- 你认为你曾经怀疑过自己不会学习如何说话吗？
- 你是否自由地用自己的方式来说话和行动？
- 你是否得到过如何恰当地表达的指导和反馈？
- 你在多大程度上认为你只是“自然习得语言的”？

深入一步

以下有三类有助于语言习得和全情投入的因素：

- 教学性环境
- 模仿和指导
- 复杂性

> **教学性环境**
> 知识宛如空气，我们需要学习的知识几乎无处不在。

让我们来看看这三类因素如何促成语言的习得的。父母、亲戚和陌生人都会对婴儿说话，也会互相聊天，婴儿也可能偶然间从收音机和电视上听到对话和歌曲。所有这一切构成了语境（环境和文化）。日复一日，婴儿听到声音并进行练习，这些内容对他们来说是有趣的、重要的，不知不觉间说话能力也在一点点进步。

模仿和指导
运用语言是不断模仿的过程。

婴儿不仅从父母那里学习获取语言，还模仿其他人正在做的事情。这种模仿往往自然而然地发生，对于婴儿而言就是一种“渗透式学习”（Claxton, 1997）。对镜像神经元的研究让我们了解到向别人学习的生理构造（见第4章的脑智学习原理2），即我们是如何习得口音和语言中的特定结构的。往往在有针对性的重复和反馈中得到加强的过程被认为是轻松的、有趣的和具有挑战性的。此外，词汇量的大小取决于父母（和其他人）一天中直接同他们对话的频率（Sternberg & Grigorenko, 2001）。

发展的模式是由婴儿所处的文化（环境）塑造的。例如，有些地区的孩子倾向于先习得动词，然后是名词，而有些地区的孩子倾向于先习得名词，然后是动词（Gopnik et al., 1999）。

语言是多层次的。例如，每种语言中除了词汇和语法，还有语调和节奏。有非常简单也有非常复杂的讲话方式。词汇等往往根据职业、文化和其他因素的变化而变化。根据对象的不同，交谈的方式也有所差异。婴儿沉浸在这些重叠的层面中，这些层面同时还受不同事件的影响，例如吃饭和玩游戏。

不是所有学习都像学习语言一样，加上大脑也随年龄的变化而变化。但是“投入”的概念依旧适用，因为它基于一个事实——强大的学习往往涉及复杂的体验，而复杂的体验往往更具挑战性，更能引起学习者的兴趣。“投入”往往包含信息和必要技能的分层或“错综交织”，并借由复杂的体验来完成。复杂的体验包括实践和应用，如持续的思想交流和信息共享、学习者好奇心驱使下的探索，以及需要批判性思维、分析和问题解决（执行功能）能力的个人和集体研究。有了这些体验，学生就会逐步掌握数学、历史、写作、艺术、科学和其他学科的“语言”。

复杂性
婴儿同时接触到多种层次的复杂性。

全情投入的基础

恰当的体验不仅仅指随机的活动。当教师开始引导学生投入复杂的体验中时，教师还需要进行协调。无论课程的要求是什么（从幼儿到成人学习者），教师在进行设计时都需要将以下三类因素考虑在内。

全情投入体验的三个通用要素：

1. 有各种丰富资源的环境
2. 模仿和指导，同时还要有同龄人和成年人范例
3. 使学生接触并参与到具有不同复杂性的活动中

关于标准

由于脑与心智的教学是从标准开始的，因而这些要素也同样有参考标准。标准可能是正式的，由州或地区发布的，或者可能是教师基于学生所掌握的知识内容提前设置好的。无论是何者，教师都必须对“投入”的标准熟稔于心。

> 指导性问题是“当学生有了这样的经历，他们能掌握什么？”

联系实际

让我们来看看两种不同的情况——有无投入教学中的区别，来理解“投入”的意义。我们将对两种方法进行比较，并且以相同的标准进行经济学理论的教学。学生要通过分析餐厅的运营来掌握基本概念，包括企业家的定义、利润的概念和许多由企业自己所做的决策，以及市场经济中的关键要素，在市场经济中有许多企业自己进行决策。

情境 1

教师的方法是遵循教科书并用讲解补充文本。学生得到了课外阅读的书目清单。教师涉及的内容很多，其中包括讨论适用于特定地点的餐厅的

类型，以及它们是迎合了高端还是低端市场。这涉及了使用空间和时间的经济学，如何选择菜单和各种菜肴，确定合适的订购量使得供需平衡。教师对其中的一些问题发起了深入的讨论。整个过程包括了概念定义、原理分析、事实记忆，然后测试学生是否达标。

让我们再来看看全情投入体验的三个基本要素。你在哪些情境中有所涉及？

1. 有各种丰富资源的环境
2. 模仿和指导，同时还要有同龄人和成年人范例
3. 使学生接触并参与到具有不同复杂性的活动中

以下是一些关于投入的其他问题：

- 你期望学生在多大程度上参与到这个话题中？
- 这个过程是否引发了学习者驱动的决策？
- 学生们是否调动了感官，同时在这个过程中体验到新奇、惊喜、挑战，找到了联系？
- 学生在多大程度上观察了专家的做法，并进行学习？
- 学生能接触到几个层次的体验？

情境 2

这位教师也是在同样的标准下进行指导，但在这个情境中，学生们出于对某一特定的烹饪类型和食物的兴趣，他们实地调查了一家餐馆。一开始大家对去哪一家餐馆还没达成共识，所以想去这家餐厅的学生必须展示阐述自己选择特定餐厅的理由。

到了餐厅，学生可以四处参观，并跟随员工（厨师、服务员或者经理）进行观察。有时他们待在旁边观察整个流程，有时他们也可以亲自动手并体验。回到学校后，学生通过视频、文本和其他资源，定期分享他们的进展和经验。

教师随后开始帮助学生进行反思和汇报。她提出了以下问题："在这家餐馆的经营中，你看到了什么经济学理论？""谁在做决定？""利润扮演什么样的角色？""在这家餐厅的运营和商业成功之间，你看到了什么关系？""我们城市的75%的餐馆不能连续运营三年以上。根据你的经验，你能解释一下吗？"教师负责将基本的知识、技能和其他课程要点，与学生的餐厅参观经验、小组讨论和定期总结相结合。

让我们再次来看看全情投入体验的三个基本要素。你在哪里可以看到以下内容？

1. 有各种丰富资源的环境
2. 模仿和指导，同时还要有同龄人和成年人范例
3. 使学生接触并参与到具有不同复杂性的活动中

与第一个情境相同，还需要回答以下问题：

- 你期望学生在多大程度上参与到这个话题中？
- 这个过程是否引发了学习者驱动的决策？
- 学生们是否调动了感官，同时在这个过程中体验到新奇、惊喜、挑战，找到了联系？
- 学生在多大程度上观察了专家的做法，并进行学习？
- 学生能接触到几个层次的体验？

注意，这个例子并不仅仅适用于职业和技术教育。我们谈论的是以在任何情境下都能发展高学术水平为目的，进行复杂体验的协调式投入。教师可以创建或利用实景，同时加入动机、环境、模仿和复杂性等元素的考量。

基于福斯特（2003，2013）的研究，我们认为，在大脑和认知之间建立最丰富的联系的学习，需要 IA3——引导式体验教学法，它包括以下几方面：

1. 直接的和感官的体验
2. 为学生提供机会联系已有体验
3. 提出学习者驱动的问题，确定学生研究重点
4. 将研究和新的理解应用于项目或案例中
5. 提出新的理解和展示不同类型的反馈

詹姆斯·佐尔（James Zull）（2002）提出了一种基于科尔伯（Kolb）模型的教学方法。

联系课堂：指导性体验

全面体验 / 多感官沉浸式体验

回想一下，有研究表明以上这些阶段都必须参与深入学习或专业知识习得过程。但是它们不必以线性的形式发生，只要以某种形式全部被融入过程即可。

IA3——引导式体验教学法

IA3——引导式体验教学法，它允许教育者基于人类最自然的学习方式进行教学，而且是教育结合技术的理想方式。

其中两个元素特别突出：

1. 首先要建立并维持一个健康的学习社群
2. 全程使用主动加工经验

虽然 IA3——引导式体验教学法是非线性的，但用图 7.1 的步骤有利于教学逐步展开。

处理反馈有利于当前和接下来的探索，以进行深入的话题讨论，导入新的问题，进入新的引导式体验教学周期。

引入一个全新的概念、想法、主题或多感官沉浸式体验。

依据全面体验，学生们自己创造问题。

允许学生研究自己的问题。

持续嵌入和发展技能。

通过巩固和综合新知识，创造产品或升级性能挑战学生。

根据绩效参与实时反馈。

鼓励进一步掌握。

图 7.1 引导式体验教学模型

课堂气氛和关系优先

需要强调的是，只有教师和学生建立了一个真正的社群并促成放松心理警觉状态，这个模型才会行之有效。

> **启动之前**
>
> 充分了解主题，并确保你掌握所需的基本事实、概念和技能，并且将必要的细节和标准内化。

引导式体验教学法阶段

阶段 1：全面体验 / 多感官沉浸式体验

全面体验 / 多感官沉浸式体验是一种新的学习方式，它将初始学习与学生和生活联系起来。

介绍新主题或材料主要内容的最佳方法之一，就是创造所谓的“多感官沉浸式体验或全面体验”。这是一种具沉浸感的方式，提供了不同的体验方式，真正激发学生兴趣，并促成学习特定学科的意识和意义。本书第 8 章将对全面体验进行探讨。

例子：

我为上美国文学的高一学生设计了关于小说《杀死一只知更鸟》（*To Kill a Mockingbird*）的全面体验课程。在结束一个与种族歧视相关的项目之后，我设计了一堂课，班上的小孩称之为“小孩玩伴”，让我的学生进入小说的主角杰姆（Jem）和斯科特·芬奇（Scout Finch）的世界。我的同事也在使用引导式体验教学法的学习模型，因而我们合作开发这个课程，并不断充实课程内容。课程当天，我决定带上我三岁和一岁的女儿一起去学校。我认为如果学生在课堂中看到这两个孩子，会帮助他们进入恰当的思维模式。我的两个女儿听说能去我的学校都特别激动，特别是三岁的女儿，她很期待能玩最喜欢的游戏。当班上的学生陆续到达时，我让他们回想一下童年以及童年时玩的游戏。我还让他们看着我的女儿，和她们聊聊，并且看看她们独特的反应和态度。紧接着我们来到了餐厅，玩了一系列的童年游戏——鸭鸭鹅、捉迷藏、狐狸先生几点了、城墙游戏和我女儿最爱的游戏——鲨鱼和小鱼。唯一的要求是每个人都要参与游戏，并且玩得开心。那天的课堂是无与伦比的，我的女儿们笑着、跑着、拼命尖叫着。随着课程的继续，我看到十几岁的学生也开始做相同的事情。学生躲在桌子下面和垃圾桶里，他们彼此触碰，从彼此的头上爬过去，像动物一样咆哮，并像海藻一样以各种方式疯狂地挥舞着手臂。当课程结束时，每个人都大汗淋漓、开怀大笑并问我下个周末需不需要他们作为保姆来陪我女儿玩。

第二天在课堂上，我们进行了自由练笔：记录前一天的体验和感受。学生在小组中分享各自的想法，并针对失去纯真和无忧无虑的童年进行了一场热烈的课堂讨论。当我们开始阅读《杀死一只知更鸟》时，学生频繁地将书与昨天的体验结合在一起，着实让我感到喜出望外。我进而让他们反思、记录和谈论这本书是否让他们联想起那天在餐厅和自己的童年的经历。学生们反应十分热烈。甚至那些平时对阅读不感兴趣的学生，对这本小说也有了更深的理解和领悟。我想正是因为这样全面的体验（多感官沉浸式体验）让他们将知识与体验联系在了一起。

雷奥•科多雷奥卡（Leo Kondziolka），
密歇根州沃伦伍兹塔高中教师

阶段 2：处理连接

在全面体验（多感官沉浸式体验）的最后，学生有机会谈论什么内容对他们来说是熟悉的，并提出学习者驱动的问题。

阶段 3：提出学习者驱动的问题

教师使用这一过程帮助学生关注自己的问题，以确保在他们以后的研究中，这些标准会得到阐释。在本书第 9 章中我们会描述应如何做到这一点。

阶段 4：通过研究和项目进行深层探索

“教”的主要方式是支持学生研究他们自己感兴趣的问题。这是一个持续的过程，需要个人和小组积极向教师提问及寻求建议。其他资源还包括专家、网络和书籍。为帮助学生巩固基本知识和提高技能，教师要使用开放式问题、给予评价、提供辅导或直接指导（见本书第三部分）。教师要不断跟进学生的学习过程。在探索阶段帮助学生改进、细化、处理所学的知识。在阶段 4，教师的角色是以持续的方式积极地处理学生的学习，同时谨记高标准、核心技能、学科知识和量规。教师的责任是，让学习不同研究或项目的学生都能掌握这个领域的基本知识。最终要达到的目标是让学生有独特的产出，以促进新的理解。

阶段 5：巩固和最终评估

虽然评估贯穿于主动加工经验这一过程，但是在阶段 4 的各种评估模式可作为最后一项活动。例如，理解是通过所有真实的评估来证明的，包括项目、海报或撰写经费申请来进一步发展或证明一个项目（Wiggins, 1993）。学生可以设计和参加涉及关键要素的考试。教师可以给学生提供口语和书面考试。口试可包括“模拟法庭”或面试，考查学生识记的信息、基本内容的掌握、概念的理解、逻辑推理和系统思维的水平。这将有助于学生进一步掌握内容和材料，同时证明他们学以致用的能力。需要注意的是，掌握了模型有利于提高标准化考试成绩，尽管这样的测试往往不会优先选择这种教学模式。有关分步教学指南，参见本书资源 D。

应用原理：掌握引导式体验教学法

4—5 年级的例子：生物学

特拉华州标准六（Delaware Standard Six）：生命历程……结构 / 功能关系

生物相适应的结构，以繁殖、生长以及在不同的地方生存。

作为教师，你决定通过教授与昆虫有关的知识来达到这个标准。

全面体验 / 多感官沉浸式体验

你希望从一开始就能被这话题吸引。一个偶然的机会你看到了迪士尼电影《微观世界》（*Microcosmos*），它描述昆虫在不同环境下的行为，比如清洁、摇摆、工作、觅食，等等。昆虫是美丽的。这个视频让观众了解高至云层之上、低至隐藏在常见的青草中的世界。你首先展示了视频的前 15 分钟，学生都看得十分入迷。

处理联系

问学生他们看到了什么，有哪些细节。例如，在这个示例课中，细节包括学生辨认出的行为和为什么这种行为被认为是昆虫行为，或者是不是每个生物都是昆虫以及原因。这样的讨论会让学生的问题浮出水面，而你对细节的处理会引导他们学习他们不知道但是感兴趣的内容。

生成学习者驱动的问题

作为教师，你可以让学生提出他们感兴趣并且想要进一步了解的昆虫。在等待他们回答的时候，你可以观察学生是否感兴趣或有热情。有些学生不知道他们喜欢的昆虫的名字，你可以有以下的策略：直接告诉他们，全班一起上网搜索，让他们独立上网查看在线百科，或使用其他有关昆虫的资源找到相应的名称。你让他们“选择一种昆虫”并尽可能多地进行了解这种昆虫。

在课堂中，你现在可以提出一些附加问题。你要做的事情就是引导他们提出问题，这样所设定的标准、基本知识等都将融入他们的了解过程之中（包含决策的学习者驱动问题）。

- ◆ 昆虫能活多久（你选的昆虫呢）？
- ◆ 它们如何死亡（你选的昆虫面临的最大威胁是什么）？
- ◆ 这一昆虫在昆虫世界中最近的亲戚是什么昆虫（你选的昆虫的近亲是什么）？
- ◆ 它们是如何移动的（你选的昆虫会飞、爬或摆动吗）？
- ◆ 它们移动速度多快（你选的昆虫移动速度多快）？

请注意，学生很有可能提出以上这些问题，而且这些都与标准相关。

收集研究成果和形成产品

记录这些问题并将其分类，然后询问学生他们将使用哪些资源、需要多少时间来收集初始信息、选择小组或者独立研究，等等。选择相同昆虫的学生可以成对或成组进行研究。

在下一步，你需要持续地跟进学生的研究结果（使用过程问题），并确保学生能处理在标准中阐明的问题。组内可以进行“有序分享”，甚至可以让个别学生或其他小组记录进展，这样所有学生都将对班级进度了然于心。如果有需要直接阐释的标准，可以开设一次迷你课对全班进行介绍。

巩固和最终评估

允许学生记录对他们的昆虫和所有昆虫都适用的发现。他们可以选择用海报、书面摘要和相册等方式来呈现。但是需要有一个最终成果来展示他们学习的内容和得到的见解。

在评估项目时，利用不同种类的真实评估，如对学生和教师生成的规则的反馈，将新知识应用于未解决的问题的机会，以及检验执行功能技能 / 高阶思维的标准化测试。

改进教学的发展路径

改进教学需要一定的时间，除此之外还需要教师掌握一定的技能。一般来说，发展路径如下：

IA1——直接教学法，主要用于死记硬背和浅层理解。

IA2——项目 / 问题式学习与教学法（超越并且包括 IA1），能发展更深刻的理解，因为它需要在过程中对所需的技能进行应用。

IA3——引导式体验教学法（超越并且包括 IA2），可帮助学生掌握材料，并且能够学以致用。

要记住的一点是，教育工作者们根据自身情况，可能处于不同的阶段。即使教育者已经开始使用一个更复杂的方法，他们仍然需要进一步完善较不复杂的方法。

在本节中，我们建议教师跟着自己的节奏，不断提升自我，并发展更复杂的技能。例如，对于使用 IA1——直接教学法的教师，努力的第一步是需要在展示上下功夫，让展示形式更吸引学生，才能进入下一步。使用 IA2——项目 / 问题式学习与教学法的教师需要专注于创造强大的多感官沉浸式体验 / 全面体验并且鼓励学生提问。

此外，我们强烈鼓励教师寻找黄金机会，让学生能够在学习和真实世界之间建立联系。例如，充分利用近期即将发行的债券的机会，邀请学区业务经理进入课堂，探讨家庭和社区的财务状况。当学习者置身于真实的环境，伴随着当地的、实时的问题时，可以充分运用所学的知识。学生需要探索问题、进行决策和提出相应的解决办法。工作的成年人是学习者驱动决策的典范！

当我们不断寻找机会进行学习时，我们就会发现每一年的课程都会有各自的特色。使用 IA2——项目 / 问题式学习与教学法和 IA3——引导式体验教学法的教师总是寻找把现实世界带入课堂的机会。他们总是“教在当下”，不断探索将标准和课程嵌入教学中的方法。

赋权领导者：全校性教学

现在我们聚焦于教学，必须承认的是有些教学模式优于其他教学模式。然而教学的时间是有限的，因而限制了“学习”时间和物理空间，进而让更多教师转而投向直接教学法。改变这样的现状具有极高的挑战性。我们认为转变过程中一个重要的步骤是让大家了解教学方法之间的差异。截止到现在，我们愈发坚定，过分关注既定纲领，要求教师应该循规蹈矩的教学实践不再适用。

带领你的教职员工认识到 IA2——项目 / 问题式学习与教学法（其中包括但超越 IA1——直接教学法）是一种更强大和更有效的教学方法。

- 你能（和他们）解释为什么是这样吗？
- 被称为“专家”一直是许多教育者的一大困扰。作为领导者应该识别出那些已经进入更复杂教学阶段的教师，并且在不引起人反感的情况下支持他们。
- 过程语言在这里可以发挥作用吗？
- 再次回顾教学模式的五个阶段，以促进教学人员的理解。可再次引入过程学习圈。

实施过程学习圈的目的在于对这些想法和过程进行分析。参与者通过获得彼此的反馈和支持来得到最大的收获。环境和资源、模仿和复杂性这些概念也能为定期的教师会议提供更好的讨论主题，让教师反思他们是如何在课堂中使用它们的。

> "有序分享"也可以成为你的选择，给每个教师机会分享他或她的成功经验——如果群体足够强大的话——还可以进行适当的辩论。

如果暂时缺乏这样的经历，可以从同事辅导以及促进合作来提高对于流程的熟悉程度。此外，可以创造正式或非正式的机会，让教职员工将观察付诸实践。

我们的引导式体验教学模型也可以用于培训。被整合在一起的具体技能和过程越多，模型就越能强化、提高和加快专业的发展。

赋权的领导者可以以其他方式支持该过程。有时走班听课也是很有效的方式，这可以帮助教师发现自己忽略的教学中的亮点。

此外，还可以努力促成有利氛围的形成，使这三个基本要素在教师课堂外的工作、生活中也能有所体现。我们应该如何引入话题，以激起人们的兴趣？如果在课堂中可以教学，在学校中也应该可以。为了达到更高的标准，学校应该鼓励教师尽可能在日常工作和讨论中更多地涉及课程的材料、想法和过程。当促进专业对话作为学校文化时，我们就能专注于提高和积极实践。对于阅读和简单的数学来说，这是比较容易做到的。当然还有许多机会可以让教师帮助学生在生活中体验教学的内容。我们希望你可以继续探索如何让这些实践在你的学校中实现。

与国家教学标准一致

成功的教师对丰富多样的资源进行挑选、调整、创造和运用。

他们的课堂讲解内容往往超出了教科书的范围，并会考虑如何充分利用资源来加深学生对概念的理解。

——标准 III：教学资源

这里描述的方法遵循国家教学标准。该模型帮助教师获得不同的教学资源和材料，并且将既丰富又复杂的课程带到生活中。另外，该方法还与以下标准一致，即建议教师"不依赖单一方法来评估学生，因为他们的行为受其发生的环境的影响。学生的某些技能，可能不会在某些特定场景或在单一任务期间得到体现"（National Board for Professional Teaching Standards, 2002）。沉浸式课堂（和学校）将会减少每天的纪律问题，增加积极参与的学习者人数和正能量！学生在为你提供反馈时，也得到了更多的自主权，这将进一步促进他们的放松心理警觉状态。

我们如今已经见证越来越多的学校逐步实施了项目 / 问题式教学法。在其中一个我们经常去的小学里，许多教师把以教科书为主的方法变成了完全基于项目的方法。在不到两年的时间里，他们的标准化考试的分数几乎翻了一番，学生很少迟到或缺席，并且教师发现在这样的沉浸式和自主的课堂里，教学更是充满了快乐。

《下一代科学教育标准》

> “教师会倾向于鼓励科学探索和实验，而不再满足于通过长时间讲课指望学生记忆知识。你会看到活跃度更高的参与式课堂。在这样的课堂上，孩子们将提出更多问题、自己探索并讨论可能的解决方案、思考科学概念并进行论证。这种方法才是在实际的科学实践中让学生深度参与的学习过程”（《下一代科学教育标准》）。

关注如何将下一代科学教育标准（NGSS）与 IA3——引导式体验教学法相结合，教师必须要意识到让学生参与探究课堂有多重要，这将是未来的发展方向。

《共同核心州立标准》

> “这些标准为英语语言艺术（ELA）和历史与社会研究、科学和技术等科目制定了方针。因为学生必须学会有效地听、说、读、写，并在不同状况下有效地使用语言，这些标准强调了在大学和许多学科的职业准备中都需要的语言技巧。”（《共同核心州立标准倡议》）

为了使学生能够阅读各个学科领域的内容，并发展辨别、分析和解决问题（高阶思维技能）的技巧，在实施 IA3——引导式体验教学法时，学生需要得到赋权。

第 8 章　脑智学习原理
——脑与心智同时处理整体和部分

人类是宇宙这一整体中的一部分，受到时间和空间的限制。人类体验自我的存在、思想和感情，好像将它们从其余的部分中剥离出来一样——一种对自我意识的视觉妄想。这种妄想对我们来说像是监狱，它将我们限制在个人的决定和对少数几位亲眷的感情中。我们需要挣脱这个监狱，敞开我们的心扉，来拥抱一切生命和整个自然的美丽。

——阿尔伯特•爱因斯坦

脑智学习原理 6：脑与心智同时处理整体和部分。

▶ 核心观点

脑与心智是用来理解世界的。对任何人来说，我们周遭的世界在每一段时间内都涌动着无限的信息。理解体验需要同时注意整体与部分。教学需要为学生提供各种体验，并以此让学生了解这一学科的整体特点。这与学习演奏一件乐器有异曲同工之妙——在开始练习之前要先受音乐会或者演奏会的熏陶。当学生想要创造或理解具有更大意义的事物时，一个故事、一个模型或一个有趣的例子都会使细节或“部分”得到具象化。

学习能力：当体验中有了一种整体意识，当整体意识与细节（事实、信息和思想）都具备时，学生才能更有效地学习。爱因斯坦提到了仅关注部分的局限性（见引用）。

支撑性研究：格式塔知觉心理学

大脑和心智天生就会处理部分与整体之间的差异。事实上，人类“建构”现实的方式一直是心理学研究的焦点。

在 19 世纪后期，格式塔心理学迅速发展，至今仍然具有很大影响力。“格式塔”的大致意思是“整体”。例如，当人们看到物体以足够近的距离被放置在一起，他们会看到一个组合集群。所以脑与心智自然地将时间上或空间上足够接近彼此的部分组合看作“整体”。

另外一个心理学流派——知觉心理学与此在观点上有着许多共通之处。例如，格式塔心理学和知觉心理学都区分前景与背景。每个人在选择关注点时，都总是基于给定的关于该事物的海量信息（即“背景”）。这意味着，无论关注点是什么，它总是被嵌在一个更大的背景中（详见第 15 章）。因此，心理学中有很多分支研究感知是依据什么“规律”构建的。脑与心智的许多模式化过程（详见第 10 章）是整体知觉过程的一个方面。许多认知科学家使用的术语，像框架、地图、故事和图式，都只是以不同的方式来看待部分与整体的联系。

还有许多将刺激连接成范式的方法，而范式包含部分和自然整体。语言就是一个很好的例子。每一种语言都有自己的词汇、语法和句法，它们结合在一起形成了语言。在传达整体的思想，表达感情、信念时，就会运用语言，而语言也远复杂于单词的组合。

现在脑科学更加关注这整个过程。显然，大脑本身也有秩序的，不同的部分在负责不同的功能，但各部分也共同行动，以做出反应。例如，感觉皮质（sensory cortice）处理不同的感觉输入——声音、形状、颜色等。同样，运动皮质（motor cortex）处理人体的运动，如动手指。

然而，在大脑的组织下，不同区域之间有着数量庞大的联系，与此同时还有各种信号整合的方式。例如，微小的感觉和运动反应往往能与更大的整体相连接，现在的经验能与以前的经验、感觉和运动功能互联。前额皮质也被称为整合皮质。它的作用是整合复杂的内部和外部的输入（Fuster, 2003, 2013; Ploran et al., 2007）。

执行功能和高阶思维技能也是很好的例子。执行功能的一个中心特征是，独立的能力和技能被加以整合，以进行有效的学习者驱动决策。短时记忆和长时记忆、时间范围、动机和其他许多因素都同时被整合，大脑的许多区域都参与了这一过程（见第 2 章）。

许多心理学家认为脑与心智本身就被组织成了一个整体，基于此才有了我们所说的“我”（Llinas, 2002）。我们很难捉摸清楚所谓“我”的含义。你可以在一张纸上，写下你对自己的认识。你很可能会写“我是一位父亲 / 母亲”“我是一个教育工作者”“我是一名男性（女性）”之类的句子。但是没有任何单一的句子能完整地描述你。你根本无法找到一个描述你的“整体”的方法。

运用原理：从整体开始

联系自己

部分与整体是很常见的。你的手掌在手臂上，你的手在一个房间里，房间在一幢建筑物里，建筑物在一个街区里，街区在一个城市里，城市在一个国家里，国家在一个星球上……以此类推。同时你的手有皮肤、细胞、原子和亚原子粒子。

一切事物总是某样更大东西的一部分，也可以被分解为更小的部分。你可以花点时间看看窗外，想象你正在给朋友打电话说你看到了什么。很可能你会描述一件事物或一下子说出一组事物，如树木、天空或房屋。你会惊讶你能够自然地描述和识别出独立存在的部分，而原因在于我们所生活的世界，一切事物都互相联系，并始终存在于与其他事物的联系中。

无论你多么努力，你都无法完整地告诉你的朋友你看到了什么。但是如果不描述一个体验整体中的一部分的话，你也是无法描述出“整体”的。继续进行观察：

- 你看到了什么别的东西？
- 感觉如何？
- 你听到了什么？
- 这些是怎样影响你的感官的？

◆ 你现在的心情对你看到的东西有什么影响?

现在再次回答以上这些问题，但是这次你需要补充更多的细节。有什么限制了你可以添加的细节吗？所有的细节构成了你的经历，但即使将其穷尽，你也无法构建出经历的“整体性”。

你无法确切描绘出完整的一幅图。只有经历（亲自做某事或亲自体验）可以构成一种整体感。

重视整体与部分

以上不仅仅是梳理想法的练习。整体与部分的理解对于任何深入的学习都是至关重要的。许多科学研究正是建立在直接观察和对部分的分析基础上的。科学家看到一些东西，并想知道它们由什么组成。科学家在操作中了解真实的世界，并追问:“它是怎样工作的？”“什么促成这一结果？”“如何进行的？”有时候科学家把整体分解成部分，然后在我们所处的物理世界中寻找无数的事实依据。有时候科学家聚焦于研究关系以及事物相互联系的方式。即使在大脑研究领域，我们也能看到两个途径——有人研究不同的独立功能和脑功能区，有人研究脑与心智是如何作为一个统一的系统存在的。两种途径都有其价值所在。

事物间的相互关联性往往可以通过艺术来表达，通过艺术我们甚至可以传递出难以言表的微妙感觉。这也是为什么许多人诉诸诗歌、绘画或音乐来捕捉完整的体验。

蜘蛛网

当阳光划过我的地毯时
我望向窗外，看到你网里的丝线。
你纺织了多少年，你织的网蕴涵了生命的秘密，
让所有人看到了相互联系，向我们展示了自身的完整性?
从在草地上的细丝里跳舞的钻石般的露珠
到黑暗、潮湿的洞穴的角落里，为不知情的昆虫编织的充满陷阱的网，
你不断旋转、旋转，分享着这一真知，

每一天重新开始，你赋予这世界理解，而它却未发觉……
我们都是你网中生活的一部分，我们是一体的。
啊！蜘蛛，我的扫帚今天休息
让那些蛛丝告诉他们真相……

——卡罗尔·麦克林蒂克

这和标准化课堂上描述的蜘蛛有什么区别呢？

音乐、绘画、故事、诗歌和雕塑让我们看到内在相互关联的“整体”。这些体验可以塑造我们对生活方面的新见解，拓展我们目前的认知。整体感带来一种惊奇感、敬畏感。大自然往往让人体会到内在联系和整体感，连亲身经历的人都完全被融于其中。这是许多人和许多文化都颇为珍视的。作为教育者还应该意识到的是，部分与整体之间的差异，正是意义学习的核心。

深入一步

传统教育过分强调部分的学习。了解部分固然重要，但是，缺乏对部分之间的联系的清晰认识，意义就无法完全得到挖掘，潜在的学习机会也会被浪费。“我能做什么？”“为什么会这样？”“这对我来说有什么用处？”“这部分与那部分是如何互相联系的？”等问题都是打开未知世界大门的钥匙。

> 没有整体性，就没有意义。实际上，当整体感和联系消失时，学生就无法联系自身实际，学习的效果也会被大大削弱。

脑智学习从整体开始

现在我们就部分和整体而言，了解一下核心课程。

阅读课常常把声音和文本标记相联系。然而，除非学生体会到故事中的快乐，理解文本的意义，否则他们内在的阅读动力将难以加强，阅读的能力也不会得到提升（见前一章关于《杀死一只知更鸟》的全面体验）。对于由电视和电影提供“视觉”故事的一代人来说更是如此，因为这些故事往往不需要大量的反思、想法或实际经验。

数学课通常依赖数字和学习如何加、减、除、乘运算。但课程往往忽视了数学在现实世界中的作用，也没有足够重视一些深层次概念对于数学思维的重要性。当学生进行测量或分析时（学习者驱动的决策），学生需要从这些基本操作中感受到快乐。数学课需要激发更多的系统性思考。这样学生才能将数学看成是描述真实世界的一种方式。

历史课通常是基于对重要的日期和地点的认识，而不是产生能与学生自身或与其所处环境的事件相联系的问题。

一个教师的故事

三年前，明迪（Mindy）和我决定了解学生在学习九年级课程中有什么不足。于是我们开了一次九年级教师的会议，最终发现我们最关心的是学生的兴趣和写作风格。所以在《安妮日记》（*Diary of Anne Frank*）单元，我们尝试了全面体验的方法，成效显著。

在单元一开始时，我们想让学生了解为什么安妮一家一直都在逃难以及为什么他们的故事很重要。我们真的希望学生将自身与这个故事建立联系，以全心投入单元的学习中。所以首先我们用粗体字将“大屠杀”（holocaust）一词写在黑板上。我们花了五分钟，让学生思考这个词的意义以及回想他们已经知道的关于这个词的信息。然后我们去了媒体中心观看了一段《兄弟连》（*Band of Brothers*）中美国士兵在德国森林中央发现集中营的视频片段。学生们从未有过类似的体验，因而他们的注意力被牢牢地抓住了。学生们迫不及待地想了解他们看到的东西、人们是如何陷入这种情况的、谁应对此负责，等等。

我们回到课堂，让学生写下问题，然后带他们回到图书馆或者机房，并让他们自己搜索答案。在这之后学生需要分享他们所学的关于大屠杀的知识。这种全面体验引导学生进行学习，并使他们全情投入所要学习的内容。不过我们没有直接给学生抛出问题，而是回答学生的问题并为他们提供资源。当我们开始学习《安妮日记》的时候，我们可以看到学生建立了联系，他们对安妮的遭遇充满同情，而且他们对这个主题的求知欲更强了。简单来说就是我们看到了学生在思考，在建立联系，并想要学习。

> 对于我们两位年轻教师来说，这是一次开阔眼界的经历，而且从那时起，我们尽可能地将这种教学方法运用到教学实践中。这个过程使学生变得更加投入，也让教学质量得到了提升。
>
> ——雷奥•科多雷奥卡和明迪•史密斯（Mindy Smith）
>
> 密歇根州沃伦伍兹中学　八年级语言艺术课程教师

通常，物理、生物学、化学等学科的特定领域常常有问学生关于物理世界的问题，而且往往超出他们的实际体验。思考下列问题：

- 你记得高中化学课吗？
- 你记得所有要求记住的公式吗？
- 你曾想过它们是从哪里来的吗？

公式并不是凭空出现的。当科学家碰到一个谜题或问题，他们会做一些研究，然后回到他们的问题，进行更深入的学习，然后用一个新的方式来解决他们的困惑，并循环这一过程。公式常常是探索有趣的——通常也是与生活相关的——问题的结果。而学生在传统教学或直接教学法中有经历这些过程吗？

> 作为一名中学科学教师，想要找到与课程相关的实验室实验并不是难事，于是我想在“力和运动”这个单元再做些调整。我回忆起了之前和学生一起的实验经历，思考哪些是成功的哪些是不成功的。记忆中有一个在滑板上测力的大小的实验受到了学生的欢迎。学生热衷于滑滑板，但对收集数据却一点都不感兴趣。我思忖着将我学到的脑智学习原理运用到这个实验中。
>
> 在实验中，我允许学生们花一些时间滑滑板。此时没有数据表，没有计算，他们只需要滑滑板，尝试做点新鲜的事情。在滑滑板之前，我带领着学生们简要地回顾了“力和运动”的知识。然后我让他们在滑滑板后记录下五个在滑滑板时观察到的现象。
>
> 学生们可以自由支配他们的时间。他们趴在滑板上然后滑滑板；他们试了试到底是一个人还是两个人站在滑板上的时候滑得快；有一些擅长玩滑板的同学还秀了他们的“绝招”。这看起来像是有序的混乱！这还引起了学校督导的注意，他特地给校长助

理发了消息想弄清楚这是怎么一回事，是谁允许学生们这样肆意玩耍的。路过的人怎么都不相信这是在上课！

大约 15 分钟后，我召集同学回到课堂，让大家分享他们的收获。那些平时不活跃的学生竟然也都跃跃欲试。

在最后一个阶段，我给学生们提了一些要求，让他们再多记录下五个现象，然后运用在课堂上学习的词汇和概念来解释他们观察到的现象。学生又回到了各自的小组，继续在滑板上尝试不同的玩法。当有人在滑板上尝试时，其他人写下他们所观察到的现象，大家都按捺不住激动的心情，迫不及待等着轮到自己滑滑板。大约 15 分钟后，我最后一次召集学生，谈论他们观察到的现象。学生又一次开始分享，这次他们还加入了自己的理解。在这个过程当中也有学生进行补充，帮助其他同学进行解释。班级呈现出一派活跃的景象。尽管我让学生尝试这种新的学习方式时也有些紧张，但是我知道这会提供一种积极正面的学习体验。这次活动让学生们抛开了先入为主的概念，进行了探索。现在，学生似乎更渴望来上课，也想参与更多的活动和实验。

——米歇尔•塔尔诺夫斯基（Michelle Tarnowski）

密歇根州沃伦伍兹高中　九年级基础物理科学教师

联系实际

我们提倡的学习是为学生提供特定类型的体验，让学生能提出学习者驱动问题并进行决策。因此，真实知识和信息之间存在着深刻的差异，前者很容易被归结为“对”或“错”的答案，而这些答案是由他人决定的，而后者则是学习者自发地探索所产生的结果。

还有许多种组织信息和活动的方式，可以促成学习者驱动的体验，以培养学生对学科或主题的整体感的理解。故事式教学和项目式教学是两个从幼儿园到研究生阶段都可以采用的教学方法。

故事

人们都热衷于故事。在很小的时候，孩子们就开始叙述事情。在某种程度上，这来自记录自己生活故事的自传体记忆系统。故事的力量和乐趣往往贯穿人的一生。因此，新闻中的细节也往往以故事的形式展开。

早期人类通过创作故事来传递宗教信仰、历史、科学和文化知识。后来的人丰富了形式，以更多的方式来表达这些故事所传达的意义。当我们回忆往事时，我们常常讲起那些自己的奇特经历。故事能传达完整感、联系和意义，否则这些经历将仅仅是无关的碎片事件。

因此，我们希望你开始运用故事并提高讲故事的能力。摒弃单调呆板的讲解知识或传授技能，而是通过故事引入一个话题。你会发现在这两种情况下，学生（无论是哪个年龄段）的参与度都会有显著的区别。此外，当故事阐释了一个更深刻的道理，而且这个道理可以在后面的实践中得到检验的时候，故事能够将课程与目的联系在一起，更能预示学生将要学习的内容。

探索如何将故事引入生活：

- 讨论新闻中一些特定部分是如何以故事的形式构思的。
- 进行头脑风暴，讨论如何把更多的故事与教学内容结合。
- 搜索相关的故事，用于引入或扩展课程内容。你可以从报纸、网络、小说和非小说类书籍或是人们的交流中获取故事。基兰•伊根（Kieran Egan）（1989）所著的《讲故事式教学》（*Teaching as Story Telling*）可能也会给你一些启发。
- 具有故事性和哲理性的笑话和漫画也是可供利用的材料。

项目

每个项目都会有一个目的，就是自然地分配人们的注意力和努力。建立一个企业、设计一本小册子、安装计算机网络、设计并照看一个花园、创建一个新网站，这些都是项目，也是包含部分的整体。项目和故事一样，都具有整体感，也有许多需要关注的细节，而这符合脑与心智运作的机制。此外，项目过程中，当学生沟通、决策、确定目标、制定并遵守时间线时，高阶功能的技巧也有了用武之地。

反思一下你自己最近参与的一些项目：

- 它是如何激励你的？
- 你有什么样的学习者驱动问题？
- 你不得不做什么决定？
- 你怎么安排自己的时间？
- 你需要掌握哪些内容（技能、词汇和数据）？
- 在多大程度上，你可以或已经将项目融入你的课堂之中？

联系课堂

理解每个科目和学科时，我们倾向于将不同的要素进行组合，形成一个整体的概念，但这并不意味着是一个结束。故事是一个整体，它将人物、情节和场景联系在一起，但每一个故事也是更广阔的文学领域的一部分。而文学，也是更广阔的文化的一部分。本章重点关注全情投入体验，它们也是本书第二部分的第一个基础技能。在本书第 7 章，我们已经初步介绍了多感官沉浸式体验或全面体验，它让学生以多种方式参与并引发学习者驱动的问题。

三种教学方法之间的关键区别在于它们处理部分与整体的方式。让我们看看教师如何运用这三种教学方法教授《人权法案》（*Bill of Rights*）的相关知识。这个话题适用于不同的年级、不同复杂程度的教学，但是不同的教学方法也会有不同的效果产生。

IA1——直接教学法

教师运用《人权法案》的段落，基于文本进行讲解。他们会提供一些历史背景，并进行关于“言论自由”等概念的讨论，学生大部分时候都坐在自己的座位上完成任务。授课完成后，学生需要写一篇论文或完成一个标准化测试，在测试中，学生要对一些与《人权法案》相关的论述进行正误判断。

《人权法案》是一个很独立的话题，它与课堂和社群很难直接产生联系。除了参考文献之外，没有任何文学作品与当时的事件有关联。之前在课堂通过社会研究探讨的其他话题引入课题在这堂课中似乎也不再奏效。总之，可以说它是独立领域的一个独立的主题。

因此，学生很难对文件中阐明的各种权利和自由“感知意义”。

改进的机会

通过将所要教授的课程内容与之前或者之后的学习内容相联系，这会让教师的课程有更广阔的背景。除此之外，通过艺术形式，包括故事、绘画和真实记载的文件来介绍一些人物帮助学生进行理解，会让学生意识到这个主题的意义和重要性。

IA2——项目 / 问题式学习与教学法

在这种教学方法中，重要的是要使话题变得生动，并将话题与实际生活联系在一起。这是通过初步的全面体验 / 多感官沉浸式体验来实现的。

教师自己或者让学生阅读一些相关的故事。此外播放一些纪录片和电影。学生可以进行小组合作，针对《人权法案》提出自己的修改意见。在这个过程当中可能会涉及宪法史，也可以拓展讨论当下的时事。

> 教师需要经过很精心的准备才能将这些独立主题（部分）连接到其他主题（更大的整体）和学生的生活（也是更大的整体）。

一个个学生（班级的一部分）将组成小组（更大的整体）进行合作。这些经历，不论以什么样的标准评价，都将给学生提供更丰富的理解。

改进的机会

给学生机会选择要研究的具体方向，充分考虑学生的兴趣。如果情况允许，可以让学生自发进行规则选择与制定。鼓励学生搜集相关信息以及邀请指导的老师。这样这个课程的效果就远超出于最开始所预设的。在这个情况下，“整体”的概念被充分拓展，旨在激发学生的兴趣，提高参与度。

IA3——引导式体验教学法

IA3——引导式体验教学法使用更复杂的全面体验和时事来展开主题。每天的新闻中都有许多故事，从关于死刑的争议到媒体的话语权，都是可供讨论的话题。这意味着，课程内容不会按照既定顺序展开，而是会从全面体验中逐步得到呈现，并随着学习者驱动的问题逐步深入。在这个过程当中也会紧紧扣住最初设定的教学标准，因为《人权法案》的核心概念和内容都可以被运用到具体案件或问题中。

教师要注意的是，“整体”是灵活的，而不是固定的。“整体”并不意味着涵盖尽可能多的材料。而是要让内容联系到学生本身，能够引发他们的情感，而主题的整体可以依据学生选择的方向来确定。当教师用动态的方式来教授一个主题时，更有可能涉及执行功能 / 高阶思维以及更严谨的学习。

改进的机会

在进行多感官沉浸式体验 / 全面体验时，充分考虑学生的想法，以开启话题。帮助学生提高提问的技巧，使他们能够“打开”话题，在交流时让学生逐步学会如何推敲别人的推理过程。这两种方法将使话题内容更充实，也更能带动学生的积极性，不论学生的兴趣在哪里都可以找到自己可以发挥的地方。当学生将主题与其他主题或学科领域进行联系时，教师需要给学生更多的时间来讨论这些新的联系。这样实践才会自然而然地成为课程整合内容的一部分（通过整体性进行教学的一种表现）。

应用原理：设计教师协调下的全面体验

多感官沉浸式体验 / 全面体验的定义是：通过丰富的活动形成“整体”学科体验，进而促使学生同时以多种方式参与课堂。这有利于学生获得对课程或主题的感觉，即感知意义［凯恩夫妇将“感知意义”定义为“一种不相合的关系最终在恍然大悟中达到质变”（1994）］。全面体验是为了激发兴趣和好奇心，并推动形成学习者驱动的问题。

需要注意的是，多感官沉浸式体验 / 全面体验是一种新奇状态，能够使最初的学习联系到学生自身和生活。

全面体验可能包括以下内容：

- 引人入胜的故事
- 有创意的展示
- 模拟场景
- 道德或伦理困境
- 项目
- 视频片段
- 引发各种疑问的东西
- 艺术
- 播客
- 音乐
- 诗歌
- 一项个人洞察力的练习
- 有序分享

例子

标准——学生将认识到内战（南北战争）对美国政治历史的重大意义。

——明尼苏达州课程标准（工作草案，2003 年 9 月）

七年级—美国历史—第四时代：内战和重建，1850s—1870s

上课前，教师先在白板上用粗体写下“四分五裂”几个大字。待学生陆续坐定后，教师开始分享一些关于国家分裂的诗歌。然后引导学生们回忆有一种被“分离”的感觉的经历。要注意在回忆过程当中不要过于感性。基于提出的经历，他们要创作一首感性的诗，并辅以艺术形式进行展示（见本书资源 G）。教师可以播放柔和的音乐作为背景音乐，当学生进行写作（模拟），参与到艺术体验中时，教师可以在教室里走来走去，以便给学生提供即时的帮助。

当学生完成后，教师分享了当时的士兵日记，使士兵的经历更加真实。此外，教师还静音播放了电影《盖兹堡战役》（*Gettysburg*）的片段，背景音是夏洛特教堂的《仁慈的耶稣》（*Pie Jesu*）。随后，教师用投影仪展示了有关战争的统计资料，也简要说明了那些写日记的士兵的经历。当演示结束，学生都一言不发。过一会儿，教师问学生："同学们有什么问题吗？"学生的疑问接踵而至！大家的情感交织在一起：感动、好奇、愤慨，他们完全被这个主题吸引了。于是他们自发提出的问题也成了后续教学的基础。学生分成研究小组来回答问题。教师不断收集和处理信息，跟进学生的研究，以确保达到课程标准要求。教师的前期教学为学生梳理了整个内战时期的时间线，其中包括基本事件和数据。研究小组所需要做的是撰写文章、可视化小结和展示他们的成果。

以下有两点需要注意：

1. 教师要努力在课堂上创设出社群感。课堂气氛、师生关系以及教师对课程标准和学科知识的了解对学习过程的成功都至关重要。
2. 全面体验 / 多感官沉浸式体验意味着让学习者探索自己真正的问题。切忌说教或在此期间给学生灌输大量的事实或信息。学生的问题最终会满足在课程标准中所概述的关键要点。

提示

下面是培养全面体验的一些建议：

1. 选择材料和创造想法。本书资源 F 中的设计轮盘（design wheel）可以帮助你开发全面体验。

2. 预留 15—25 分钟的时间，进行初步的课堂体验。一些全面体验可能需要更长的时间，例如实地考察等。无论你选择什么形式的体验，你的目的都不是面面俱到，而是有一个足够"全面"的和综合的体验，让学生与主题产生共鸣，激发学生的问题。如果你要培养专业知识或想要拓展课外知识，你可能还需要更多的时间。

3. 运用艺术形式。尽可能做到结合至少三种形式，如文字、图片、音乐或语言、插图和活动。我们的目标是让学生充分地参与，因而除非你非常擅长讲故事，否则仅仅依靠言语是远远不够的。在这个过程之中需要尽可能多地调动学生的感官。

4. 情感基调。失调、紧张、分歧是生活中不可避免的。欢乐、兴趣、迷恋和魅力也是如此。但是后者才是在全面体验的过程当中，在不破坏课堂的状态的情况下努力创设的。不要在毫无准备的情况下突然带入情绪强烈的多感官沉浸式体验 / 全面体验。如果你的全面体验导致学生产生求生反应（警戒、害怕或恐惧），那么你可能会措手不及，所做的努力将功亏一篑。

5. 选择符合主题的材料。整体性不等同于完整性。你所能使用的材料是有限的，所以你需要保证材料能阐明整体的主题，同时呈现几个关键问题，来激发学生的热情。

6. 培养时间感和戏剧感。教师也是演员。更具有戏剧感的材料介绍方法可以增强多感官沉浸式体验 / 全面体验的效果。我们建议教师们相互合作，同时寻求相关领域专业人士的帮助。

7. 鼓励思想碰撞。设计多感官沉浸式体验 / 全面体验的最简单的方式是，进行头脑风暴，集思广益。可能最后的材料会远超于你所需要的，但它一定能使你找到真正对你有用的。

8. 保持简单。教师往往容易过于戏剧化和复杂化，但这是没有必要的。创造和设计这些体验，目的是让学生参与而不是打击他们。所以不要冒进，慢慢开始，保持它的简单性。

以下是我们的一个艺术课的例子：

在我们的中学视觉艺术课中典型的一堂课是，一步一步展示如何构建毕加索的立体派风格的三维雕塑，我们采用了不同教学的方法。我们讨论了创造力的重要性和如何用不同的形式来表现创造力。

学生获得的“全面体验”是欣赏室内一个简单的木制雕塑。那是一个三维的女性人物木雕。看着这个木雕，教师问学生会如何用他们自己的语言来定义“英雄主义”

（heroism），并想想他们心目中的英雄。然后，他们被要求用已有的材料去设计他心目中英雄的三维形象。我们不是一开始就给出什么条条框框，而是鼓励学生仔细观察木雕和借鉴人物的结构特点。学生一开始也没有十足的信心，但是在进行过程中也慢慢开始尝试不同的技术。

进入提出和解决问题阶段，学生开始分享自己的想法，并提出改进木雕整体外观与结构的建议。在学生解决如雕塑倾倒、切分、美化外观的问题时，他们运用了高阶思维技巧，并创造了具有视觉吸引力的产品。紧接着，学生进入课堂接受新的挑战。他们跃跃欲试，想要分享他们选择的雕塑人物，这提高了学生与他们心目中的英雄之间的情感联系。学生在展示过程中都十分自豪，即使有遇到问题，也没有产生困扰。

最后学生还反思他们的创作过程并分享各自的经验。这是一个很好的机会，帮助他们了解脑与心智原理如何使学生探索新的想法，同时提高他们解决问题的能力。尽管对于评估的形式学生们还有一些异议，但是总体上来看反馈都是非常正面的。

——戴安娜•巴尔登施佩格（Diana Baldensperger）和丽萨•弗拉尼根（Lisa Flanigan）

密歇根州沃伦伍兹塔高中　艺术教师

赋权领导者：学校社群的新联系

直接教学法和项目 / 问题式学习与教学法的根本区别在于如何处理部分和整体的关系。使用 IA1——直接教学法的教师往往将各个课程、各个单元都区分开，一个主题对应着一种体验。他们往往认为，学习以一种明确的组块的顺序发生。使用 IA2——项目 / 问题式学习与教学法的教师认为主题、学科领域以及体验之间都互相联系，一个主题的不同元素——概念和技巧——总是属于更大的整体，这个整体使不同元素相互联系。

IA1——直接教学法所面临的挑战是“理解”部分与整体的关系。当参与者在过程学习圈中学习这本书的内容时，理解的过程就在发生。每一个脑智学习原理都会和其他原理联系在一起，而通过真实体验的教学需要会慢慢变得清晰。这就是为什么持续参与过程学习圈是如此重要。

使用 IA2——项目 / 问题式学习与教学法的教师面临的挑战是要结合所要学习

的内容，设计多感官沉浸式体验 / 全面体验，激发学生的好奇心，同时整合和解决学生的问题。总之，引导式体验教学法的五个阶段要被逐步整合。这就是为什么我们鼓励不同学科、年级的教师进行合作，并参观彼此的课堂。教师还应该有大量的机会来讨论他们所看到的联系。

过程小组可以发挥很重要的作用。教师可以借此分享他们与学生互动的成果和体验。以下问题可供思考与讨论：

- 教师有时间创造体验以激发学生的兴趣和动力吗？
- 这些体验可以整合课程知识与现实世界的经历吗？
- 设计时是否考虑到了学生的兴趣？
- “好玩”有时会与知识内容的丰富性和与课程的相关性相冲突，你如何区分全面体验？评估时切记要考虑学生的想法。
- 你会用什么术语界定全面体验的好坏？
- 想一想如何在过程中加深教职员工的理解与思考。还需要做到时不时停下并反思我们现在如何更好地共同学习。

成功的教师认为，当给学生呈现大量看上去无关的信息或让学生记忆与主题、概念或原理无关的事实时，实质性的学习很少发生。

——标准 V：意义学习

与国家教学标准一致

教师们在课堂作业和更大的社群之间创造的联系，有助于学生理解和运用正义、自由、开放与责任的原理。

——标准 VIII：社会发展

这个标准直接指出部分与整体整合的必要性。它要求信息与其他信息以多种方式进行联系。它还强调这些关系必须是动态的，这样学生才能够“探索”和“应对”重要的材料。

第 9 章　脑智学习原理

——学习基于生理

健全的心智寓于健康的身体，如果前者是后者的荣耀，那么后者是前者的必需品。

——泰伦•爱德华兹（Tryon Edwards）

脑智学习原理 1：学习基于生理。

▶ 核心观点

本原理的核心观点强调了身体、大脑和心智是联动的。神经科学家安东尼奥 • 达马西奥（2005）明确说过：

1. 人类的大脑和身体的其余部分构成一个不可分离的有机体。
2. 有机体作为一个整体与环境进行互动，这种互动不是单独与身体或大脑就可以产生的。

这意味着每一个学习者都是一个物质世界。这个原理一方面是说大脑随着体验而改变，正如我们在本书第 2 章和第 4 章提到的大脑是“可塑的”。另一方面，身体和大脑也作为一个有机的整体参与到学习过程。如果要掌握概念或者学习一些技能以提高自己的竞争力，就需要感官系统、肢体动作和行动的参与。行动也包括清晰的言语表达。任何导致大脑和生理变化的技能都需要一些集中注意力的重复体验。

因此，在实践中，任何新的程序（例如，让学生分组工作或沉浸于全面体验或学习新公式）都必须经过尝试和体验，使其成为学生自然学习的组成部分。

学习能力：当学生能够投入体验中，并能自然地调用其感官、行动、运动与决策时，才能进行更有效的学习。

支撑性研究：觉知和共振

人是一个有机体，可以感受到脚下温暖的沙子，也可以感受到吹乱头发的风。每个人都通过各自的感官感受这大千世界，并用身体的多种方面来改造世界。

多年来，科学家一直在研究大脑的不同区域以及各自的功能。目前感觉皮质与运动皮质已经得到了广泛的研究。神经心理学家还大量研究了大脑的哪些区域与功能障碍有关，如记忆丧失或规划能力的匮乏。

现在有越来越多的观点认为，大脑这些功能既是独立的又是互相联系的。例如，感知（从感官中获取信息并将其组织成有意义的模式）就是活跃的（Noe, 2004）。它可以以许多方式调动身体（例如，有时我们必须移动头部才能让感官发挥作用）。

目前已知的是，感知和运动有许多层，并且它们都是相互关联的。这就是所谓的动态感知 / 运动（perception/action dynamic）（Caine & Caine, 2011）。其实，决策行为和执行功能也涉及运动皮层和身体的运作（Fuster, 2003, 2013; Ploran et al., 2007）。

认知心理学家也一直在探索和记录身体、大脑和心智的联系。他们使用“具身认知”来描述“知识是在身体上进行构建的”这一事实（例如可参见 Lakoff & Johnson, 1999）。

其他层面

虽然我们通常认为视觉、听觉、触觉、味觉和嗅觉决定了我们如何体验世界，但实际上它们只构成了最基本的部分。此外，还有意识层次和意识状态。感官和身体在以许多不同的方式被有意地运用（从冥想到运动），因而具备了不同的能力。

人与人之间的联系也受到感官和生理的影响。其中一个例子是共振原理，其往往是不受控制的。这就解释了为什么每周一起工作 40 小时或以上的女性月经周期会趋向于同步。信息素被认为是其中的“操纵者”，它是一种从皮肤表面脱落的分子，通过鼻子吸入。信息素还能给周围施压。如果你想知道为什么当学生最厌恶的“压力源”进入班级时，会引起整个班级的紧张，答案可能就在这里。

这一发现给教育的启发在于：教育需要人在许多方面的参与。感官、情绪会发生作用；社会语境也会产生影响；物理环境会发生变化；智力也将得到体现。换句话说，学习，特别是意义学习，需要生理和心智协同工作。它需要整个系统的参与来让学生理解思想、掌握技能，使他们理解我们在本书第 5 章中讨论的“感知意义”。

然而，在促进动态学习的过程中，并非所有的体验都是有益的体验，也不是所有的体验都能调动身体、大脑和心智。一个嘈杂、破坏性的课堂给学生提供了“体验”，但却不是教师心目中期待的课堂。

因此，IA2——项目 / 问题式学习与教学法及 IA3——引导式体验教学法既是一种艺术，也是一种技能，都需要教师设计、协调和促进体验，其高标准使学生无限的潜力和技能得到激发和锻炼。

另一个启示也很重要：教育者给孩子的不仅仅是信息和技能，更是可以更好地开发孩子的身体 / 大脑的环境。这就是为什么在学习中要加入对于生理的考量，以及为什么教育工作者需要用不同的方式与生理学相结合，以进行高标准的教学。

运用原理：与物理空间协同

联系自己

花点时间思考你掌握得很好的任何学科或技能，即你可以在现实中世界有效使用的学科或技能。它可能是你的投资和股票组合；可能是一种你能演奏的乐器；也可能是你成功地给人们提供的咨询和建议，帮人渡过难关；还可能是你在抚养孩子方面的成功经验；在网络方面的技能；甚至是到各地出差时极强的适应力。

现在思考让你有成功学习的亲身体验，并在你的学习圈或与你的伙伴讨论这些体验。你也可以寻找那些你轻而易举就能做到的事。思考一下，为了掌握技能，你是否做了以下任何一项：

- 在杂志或报纸上**查找**信息或相关事件
- 在喝咖啡或用餐时与朋友**讨论**
- **观察**专家，可能的话，与他们一起工作以便向他们学习
- **尝试**不同的方式
- **设想**自己处在这个课程或技能相关的整个情境中

- **加入**相关的俱乐部或团体
- **经历情绪的起起落落**，（可能）从挫折、焦虑、享受到实现这一过程

你能看到这些体验如何促进你的学习吗？在学习数学、科学或文学时，学生是否也应该有这样的经验？要怎么做？

深入一步

接下来我们会深入了解学习影响身体体验的一个突出方面：物理环境。

你是否在重访小学的时候闻到了熟悉的“学校的味道”？那种气味是否勾起了你的回忆，让你想起一些印象深刻的事情？这个例子展示了大脑如何在你没有意识的时候，通过感官记录整个环境（在本书第三部分会更多地介绍这种无意识的学习），记录下在那个时刻，你经历的焦虑、喜悦、悲伤抑或是思念。你的身体正一点点“唤起”这些当你还是在校生时的感觉。

> 整个结构、组织、社会和情绪气氛都构成物理环境的“气味”，这不仅影响最终的学习，也影响了决策的方式。最终这样的“气味”还会成为我们进入新的学习环境和经验的记忆。

利用物理空间

了解学生如何从他们身处的环境中学习的方法是，充分利用各地点，发挥其功能，构建出一种动静结合的秩序。确定空间和适当的使用时间，进而创造能够激发身体的信号和与这个空间相适应的材料。你可能会想要包括以下内容：

- 适合的植物（适量并留有空间）
- 可移动的座位，用于满足多种需求，但同时也要能够回到有序的状态
- 可扩展的空间（就算是在小空间，也可以留下一个“自由区”）
- 集会的空间和个人空间
- 轻柔的古典音乐，非流行的旋律或者带有某种特定情绪最佳（根据具体用途

进行选择）

◆ 艺术作品（根据学生的年龄变换，低年级的可以偏向奇幻，较高年级的可以是发人深省的艺术创作、现实主义的画和照片等）

一个小学教师（作为一个冒险家，详见第 13 章）描述她做了什么：

教师日志

一旦我和我的学生清楚我们想要完成什么，他们就可以自由决定如何较好地完成任务。他们可以小组或单独进行活动，可以在课堂自由走动，自由移动桌子，或者选择坐在地毯上、沙发区、桌子上，甚至到课堂外。在讨论了我们如何有效学习，如何在不影响他人的前提下坚持自己的学习风格后，我们制定了班级规定。我们从校长那里获得批准允许我们在活动时脱掉鞋子。这样能让同学们更舒服地进行活动。这些小细节不仅让学生更专注，也让他们更自由。类似的准备做得越充分，学生完成任务的情况就让人满意。

记住，脑智学习是自然发生的，所以以上只是一个推荐的形式。你可能也想尝试使用上述的一些方法，但切记要按照实际情况进行调整。

利用组织空间

小学和中学在组织形式上有很大差别。

小学

相对固定的课堂对低年级来说是较为理想的环境。我们建议有特殊技能和学科背景的教师轮流授课，这样能使所有的孩子可以在学校中得到全面提升。比如说，让数学教师和阅读教师“交换”合作并且偶尔交换上课，这会使学生和教师都能从其中受益，还可以让学生和任课教师接触到不同性别的教师或者专家。

中学

我们在本书中推荐的形式与传统学校推荐的 15 分钟的指导课堂和 50 分钟的课堂截然不同。本书第一部分“放松心理警觉”指出，学生在一个较为熟悉的环境中，更有可能进行“有序分享”和处理情绪问题。今天的大型中学往往面临巨大的挑战，如同尝试在圆孔中安装方钉。

小型学校和小班教学的研究证明了把这些巨大的、如工厂般的结构变成更小的社群对教育有好处（Finn, Gerber, Achilles, & Boyd-Zaharias, 2001; Nye, Hedges, & Konstantopoulos, 2003）。我们对于任何大型初中或高中的首要建议是要进行重组，使得中学更像一所大学校园。这会使得环境更能产生积极影响（第 6 章）；或学生可以被组织成更小的“学校”或“家庭”，在互相了解的环境中使得学生能够直接参与决策，得到重视。此外，我们还建议不论是教师还是学生自身，都应该努力让学生在进行研究和交叉学习时能接触到更多的专业知识。虽然高中学生往往倾向于在特定学科进行深入的研究，但是我们建议让所有的学生都有机会学习或接触到更多的科目。

最基本的是，在时间安排上要更为灵活，例如给予学生更大的“时间组块”（time block），每隔一天进行学科教学，并用特定的几天开展较大的项目。学校应该对那些已经施行这些尝试的案例进行调查，如果可能的话，最好是进行实地调研。调研的结果应该让全体教职人员知晓，并给每个人时间思考调整的必要性以及最佳的落地方案。将较大的群体（即父母和商业群体）考虑进来也同样是至关重要的。

联系实际

在传统的教学中，大脑、心智、身体之间的互相联系几乎被忽视了。充分发挥大脑多种功能的唯一方法是让学生参与复杂的体验，以使这些能力在相互支持的同时得到强化。当学习者进行实时的应用和决策时，复杂体验能唤起注意、知觉、动态记忆、动力、情感、关系，并且让整个身体都会进入活跃状态。以下有一些可以调动整个身体参与到学习中的方式。

IA1——直接教学法和 IA2——项目 / 问题式学习与教学法

给学生提供可以触摸、测量、评估、收集等的实践经历。这就是为什么许多教师使用教具来教基础数学而且尤其重视实地考察。课程的许多方面都可以加以参考。比如说在地上画鲸、用纸板制成城堡，用玩具材料做分子模型。以下是其他的可以尝试的策略：

- 将词或词汇与身体的运动相结合，如每学一个新词，就用不同的方式扔和抛一个球。
- 用其他动作来加强记忆，如节奏、歌或音乐。
- 通过适时活动带动气氛，或在遇到困难或在有挑战性的项目中调整节奏（比如中间暂停休息）。
- 让学生以不同的方式进行呈现，可以通过绘、复述、制作雕塑或做展示，这样可以让信息更具体，而且对于学生而言来说更有意义。

IA2——项目 / 问题式学习与教学法和 IA3——引导式体验教学法

1. 鼓励使用动觉隐喻（kinesthetic metaphor），即让学生通过跳舞、走路或移动并用身体来表达和体验概念、方法或基本模式等。此时，艺术便与他们正在学习的东西相融合。例如，我们曾经看到科学教师在教授 DNA 的结构以及较小分子构成较大分子的形式的内容。他让每一个学生都扮演四个分子基础之一（腺嘌呤、鸟嘌呤等）。然后他精心编排了舞蹈，让学生相互靠近并手拉手，组成双螺旋结构。

教师日志

那时我们沉浸于学习“位值”（place value），相当一部分学生不理解这个概念。所以每个人拿到了一张 3 厘米×5 厘米的卡片，上面写着他们想要代表的 10 亿数值中的一部分。大家开始排队，进而组合成数字。有些学生变成了符号（小数点和逗号）加入组合中，来明确具体数额（比如让逗号蹲在地板上）。

然后我们让一位学生出列，其余的学生会停下来并导致值的变化。当队列中的学生改变位置，或者队列里多了拿着“0”卡片的学生时，学生们就需要喊出组成的数字。每个人都因为扮演一个数位而感到开心，在这个过程中也逐步理解了“位值”的概念。

---

2. 想象力也能唤起过去的感官体验。学生的想象力是很强大的。艺术，比如说用讲故事描述实际情况，就是帮助他们想象他们正在学习的内容。即使是数学和科学中最复杂的概念也可以通过广泛的阅读，了解那些做出重大发现的人的生活和时代，来加深具象的理解，表演的形式亦可。随着教学变得更加多样，学生有更多的选择权和控制权。例如，学生可以开始选择以这种方式来调查内容，同时还能创造有助于想象力的场景。

教师日志

阅读完《喝水的葫芦》(*The Drinking Gourd*)后，我们一起讨论贩卖非洲奴隶所使用的奴隶船。学生不能想象船有多么狭窄，所以我们测量了大致空间，移动桌子来框定船的大小，然后我们紧挨着彼此躺在地板上，来了解船的空间有多么狭窄。

我们讨论了船里是多么的脏乱与压抑，船上也没有足够多的食物，奴隶不管到哪里都得戴着枷锁，自由、隐私、睡觉无从谈起。对于四年级的学生来说，这样令人震惊的条件引发他们产生了很多问题，并带来了一系列的讨论，这之后学生更加了解了奴隶制和实行奴隶制的后果。

这样的体验还帮助学生理解像哈莉特•塔布曼(Harriet Tubman)一样的人为什么无比渴望自由。因为身体/心智的连接是如此强大，学生们对于学习充满兴趣，几乎都不需要我们给予他们任何鼓励，就自发地探索关于这个时期的方方面面。

初步学习

当教师为学生引入全新的概念或流程时(我们称之为初步学习)，应该给他们机会调动他们的感官、情感、动作，并尽可能地进行重复练习。这是全面体验的目的之一。

进阶学习

进阶学习需要更清晰地理解生理的参与意味着什么。此处需要全面地聚焦于如何以积极且现实的方式来处理类似于“为什么、如何、何时、何地、什么、谁”的问题，使学习者能够建立起更深层次的联系。这就是学生如何对大脑中已经初步形成的基本“地图”进行添加、更新和扩展。马科姆文理科学院是密歇根州阿尔马达市的一所学校。学生半天就读于当地的高中，另外半天在这个学院学习。这个学院的前主任埃尔茜•里曾海因，从当地高中的一位教师处转发了如下关于学生如何整合他们的课程的内容。

> 我的学生要记录我的课程和其他课程的联系，这就是他们写下的关于该学院的内容。
>
> ……我们在学院里上了化学课。当我们在实验室时，我们不写那些传统的、无聊的实验报告，我们会写信（给教师）解释在实验室里做了什么以及它们如何与我们周围的世界相联系。我们解释了很多“如何”，而且很多是关于它们如何与周围产生联系的。现在这些实验对于我们而言很有意义，我们觉得正在学习的东西很有用，就像我们在英语课程中学到的一样。

当然，什么是“初步”，什么是“进阶”取决于具体环境和学生已有的知识储备。尽管这两者往往是互相重叠的，但真正关键的是教师要努力地将建构新的知识与生理相结合，即便是高年级也不例外。

联系课堂：调动感官并鼓励提问题

以下的例子是在特定的标准下，不同的教学方法如何进行基于生理的学习。

> 高中生命科学的一个课程标准，是了解生态系统中的相互依存关系。
>
> ——美国科学教师协会（National Science Teachers Association）

IA1——直接教学法

教师会使用教材、习题、视频和讲座。学生将很少或几乎不与教师进行互动，受到的感官刺激极为有限。

改进的机会

最好的办法是让课堂展示变得更生动、更有活力、更有艺术感。以下是一些建议：

1. 运用技术。通过幻灯片放映，特别是用一些有活动的照片，甚至视频片段来吸引学生。此外，还可以利用网络。但要避免让多媒体喧宾夺主。不要只是播放视频，而要选择关键片段，并用它们来辅助说明你想讲解的材料。

2. 与不同学科领域的同事合作。我们曾听过一堂课，课上的一位历史教师邀请一位艺术教师进来，简单地展示绘画和艺术作品，以此来阐述在历史事件影响下的艺术变化。

3. 学会讲故事。各年龄段的学生都爱听故事。你可以通过阅读、课程学习、与朋友讨论提高说故事的技能。从简单的开始，使用你真正喜欢的材料，记住故事的要点和主线。此外，还可以在符合课程标准要求的前提下，进行故事改编。

4. 与同事一起开展头脑风暴。你的许多朋友和同事会有更好的方式来呈现课程内容，大家需要一个契机进行分享。多与同事们一起讨论，你一定会极受启发的。

IA2——项目 / 问题式学习与教学法

> 最重要的一个步骤是增加互动和决策机会。虽然运用 IA2——项目 / 问题式学习与教学法的教师仍控制着进程，但学生喜欢真实地参与。

教师往往从一个复杂体验开始，让学生可以调动自己的身体，比如通过在附近寻找水生系统（河流、池塘、湖泊或海洋），在其中找到一些小生物，用于调查和研究。学生按要求将找到的生物依据课本及课堂上使用到的材料进行分类。最后通过学生制作的图表、报告、演讲或海报进行评估。

当学生在自然栖息地上进行考察时，会有肢体的运动和全身心的参与。尽管教师仍然决定着学习的方向，但会对学习者减少一些控制，且允许他们决定研究的类别和最后的展示方式。

改进的机会

1. 改进提问的方式。鼓励学生关注“谁、什么、在哪里、如何、为什么”等技术 / 学术上的问题。提问的方法将在本书后文提及。关键在于要能够识别出哪些问题能建立必要的联系。除此之外，学生还需要学会如何进行对话并且灵活应对。这实际上需要他们掌握倾听和提问的技能。

2. 学习如何让学生能够自由发问。这是一个极大的挑战。作为教师，要让学生们能够自由发问。你可以在课堂里走动，参与学生的小组合作，倾听学生的讨论。这样你会获得线索来帮助你进行有针对性的提问，而这些问题将丰富学生的技术 / 学术知识。

3. 为学生提供机会，让他们能够发挥他们的创造力并有所贡献。新闻中的故事对课程或者课堂来说，往往是极好的信息来源。但是教师也应该给学生机会提供材料，甚至让他们来主导关于话题的讨论。

教师日志

学习本质上是一个内化的过程，正如我所看到的，当这些问题得到解决时，学生都得到了成长。仅仅在进行项目学习一天后，教师说：“我从来没有想到过他们真的可以做到。”如果我们想让学生学习如何进行数学计算，却运用传统的方式给他们很多问题，最后的效果往往不尽如人意。然而，如果我们通过机器人介绍课程，给孩子提供更多的挑战，他们将全身心投入到数学中。通过机器人进行授课激发了学生们的热情和韧性！尽管采用的是两种不同的教学方法，但是我们的目标其实都是一样的。

项目学习不仅可以对学生犯的错更加包容，而且还能发现学生独特的才能。在这之后，他们已经可以用新方法解决复杂、多样的问题。在这里，教师不再是专家或知识的持有人，而是以非线性方式组织学习的指导员或教练。

——马克•姆金（Mark Muzzin）

一位来自密歇根州的教师

IA3——引导式体验教学法

学生们建议，在拜访一位当地水生生物学家之后还希望进行一次河边之旅。学生在与专家的交流中得知当地的一个分水岭一直是自然资源部的研究重点。双方都同意后，学生创建“生物科学家”团队，他们的任务是选取下列内容之一进行研究：结构适应、生理学、营养策略、生化相似性、基因相似性、胚胎相似性和生殖方式（技术 / 学术知识）。他们最终自由选择形式，向其他的队员和自然资源部的专家进行汇报。时间线、定期检查时间、评估规则与流程程序将由科学团队和教师协商。使用 IA3——引导式体验教学法的教师甚至可以作为成员加入其中一个团队。

在这持续时间较长的调查中，学生会有各样的身体活动而且也将充分调动他们的感官。除此之外，还有其他更复杂的元素可以加入其中。学生可以选择自己想要调查的生物体，也可以决定自己在这个调查中想要承担的角色。

尽管教师有时候也会提供经验指导，但是因为学生的研究方向多元，因而还是有了丰富的体验。而且这个积极的学习过程还有了多米诺骨牌效应。

在这个过程中，高效率的教师不断地将标准和基准与新出现的学习机会相结合。这样学生必须做出许多实际出现（学习者驱动）的决策，这会让学生们充分发挥他们的执行功能。

改进的机会

1. **把握时间和自我评估。**观察学生解决问题的表现，检验你提问题的节奏以及你提出的建议是否明晰。

2. **平衡简单性与复杂性。**使用 IA3——引导式体验教学法的教师有可能会提供过多信息。所以教师要练习如何留白，在设计课堂环境时培养美感与平衡感 。

应用原理：引导学习者驱动的学习

记住核心目标在于，除了帮助学生获得对话题的理解之外，还要引发学生自己的问题。这与 IA3——引导式体验教学法的核心一致。教师的挑战在于如何让学生对课程感兴趣，如何了解个体和全班共同的兴趣，然后顺势以“兴趣”引导学生学习他们需要学习的知识。

让我们回到前一章介绍的全面体验，看看学习者驱动的问题。这些问题大多都与美国内战有关。在全面体验之后，教师问学生："你们有什么问题？"然后学生便会提出很多问题，比如："他们为什么要打仗？""为什么士兵迎着敌人的炮火前进？""女性真的参战了吗？为什么没人知道？"这些问题引导着学生进行研究。记住，IA3 学习体验还包括学生自我构建的全面体验。

让研究与学习结合起来

我们的目标是让学生在研究他们感兴趣的问题过程中达成基本课标。这需要教师掌握五个要素：提问，了解标准，培养学生团队，指导资源的使用，帮助学生进行时间管理。

提出问题以引出问题

对教师来说，最大的挑战是不直接告诉学生他们要学习什么。相反，在全面体验之后问一个一般性的问题，比如"你对什么感兴趣"。在学生提问的过程中，你（或学生）可以在一张图表或一块板上记录下问题。下一步是弄清楚每个问题有多少学生感兴趣。一些学生可能对所有问题都感兴趣，所以你要找出他们最感兴趣的点。这可以根据在图表或板上记录的问题的统计结果来体现。要重视学生提出的每个问题：这可以让他们积极参与而且保持高度热情和浓厚的兴趣。此外，教师尽可能少地进行控制，让学生自己主导和进行研究。

将学生问题与课程标准联系起来

IA3——引导式体验教学法要求教师对课程标准有很好的理解并对所教授的科目完全精通。因为学生往往会提出各式各样的问题，所以教师需要自然地、不断地寻找机会来引入标准要求的内容。

> 教师越熟悉材料，越容易捕捉到引入或强调相关的内容的时机。

由全面体验美国内战引发的每一个问题都可以很容易地与课程标准结合，从导致内战的原因到男女角色中反应的社会问题。例如，"为什么他们这样对待彼此？"

这一问题可以轻易地被转化成了解战争的原因这一课程标准。

将学生分组

有时学生会选择独立研究自己的问题，但大多数时候，他们会以团队的形式进行研究。有相似的兴趣或相似的问题的学生往往可以组成小组。只需要简单地问：“还有谁对这样的话题感兴趣？”就可以完成组队。然后要求学生们进行合作确定他们要研究的问题。有时教师还需要将话题和问题联系在一起，而这取决于教师对该话题的知识储备。例如，上文提到过两个问题“为什么士兵们勇敢地迎着敌人的炮火前进？”“女性真的参战了吗？为什么没有人知道？”都与历史文化和价值信念有关。

提示：仅仅有共同研究兴趣并不意味着学生们会互相倾听。根据我们的经验，在本书的第一部分介绍的“有序分享”“过程会议”和“解决冲突的程序”可以为学生团队合作提供必要的基础。不同地方的学校也可能对这个有关内战的特定问题有不同的处理和回答。

引导学生利用资源

教师需要的引导量取决于学生已经知道的资源数量以及现有资源的使用数量。如果之前学生没有做大量的研究，我们建议为他们提供较为简单的首次全面体验，旨在向学生介绍研究的方法。你可以要求他们提出一个简单问题，然后引导他们用一个或两个简单的资源，如百科全书或网站进行搜索。然后，你可以开始加深问题的深度和扩大可利用资源的范围。在开展全面体验之后，你还需要向学生引入获取信息的多种方法，如利用搜索引擎、文本、文档和该领域的专家等。

教师需要帮助学生区分专业的资源和观点。以下问题可供参考：

- 在获取信息时，你需要用哪些方式？
- 在线搜索有用吗？你如何区分专业的和非专业的网站？
- 你有可以联系到的专家吗？
- 你要怎么进行记录呢？
- 你有什么依据吗？这些依据能得到专家的认可吗？

时间管理

学生需要具备的重要技能之一就是进行规划，它需要使用执行功能。教师帮助学生的方法是让他们在实际工作中使用自我管理并进行优先次序排列。其目标是帮助学生制订目标、计划，然后实施计划。这个过程涉及高阶思维过程问题：中间目标、时间限制、结果评估和最终结果。教师可以适当地使用问题，例如：

- 你为自己设定截止日期了吗？
- 你认为你将在什么时候完成？（小学）
- 你怎么设定优先次序？
- 你认为你需要多少时间？（小学）
- 你决定首先做什么呢？（小学）
- 你怎么划分必要的步骤？
- 你还认为这是个好主意吗？（小学）
- 你决定执行的顺序了吗？
- 你决定按照什么样的顺序？（小学）
- 如果你这样做，你预测会有什么结果？
- 从现在开始，一周后你的项目能有什么进展？
- 你目前的行动和决定是帮助你还是阻碍你？

教师日志

我们新设立了一所只有 600 名七年级和八年级学生的中学。我在英语课上一开始就介绍了小组过程会议。由于这所学校的学生大都来自不同的地方，彼此之间还不够熟悉。处在这样的年龄，加上最要好的朋友都不在身边，许多学生说他们觉得自己很孤独。所以我问他们："你们怎么可以彼此认识？"结果学生们提出了一系列巧妙的建议，如进行面试、编写报纸、设计问卷、投票、制作图表和海报、举办由学生会赞助的活动、通过早上的广播介绍同学等。从时间和实用性考虑，我建议学生分成小组，想出我们能以班级为单位完成的两件或三件事。分组确定后，我们重新聚集在一起讨论这些建议，决定我们能做的事情，然后组成委员会来完成这些任务。正在收集调查数据的学生认为他们需要更多关于如何创建图表的信息，并且需要向数学部寻求帮助。另一个设计欢迎海报的小组认为自己的资源不够，想从美术教师获得更多帮助，所以在休息期间，一位美术教师加入我们，看看他能如何给予我们帮助。办公室同事也加入了数据收集组，并以负责该区域的小组的身份认识这些同学，将他们视为自然群体和布局的重要组成部分。他们甚至设计了一个地图，标注了第一次上学时需要知道的重要地点。学生们不断发现改善他们关系的方法。当项目完成后，我们反思了这个活动是如何开展的，以及现在大家的关系如何。我问了类似于这样的问题："你喜欢你的团队的工作吗？""你想怎么改善？""你是否有了更强的群体感和归属感？为什么？""下一步可能做什么来促进我们的关系？"这个活动促成了一个更团结的学校和班级群体，而这一切都是因为我问了一个问题而不是提供答案。

赋权领导者：生活经验与学习过程

第一个挑战是帮助员工意识到生理基础和所有的感觉器官是如何深入地参与到我们的日常生活和自然学习中的。我们使用的一个过程是在学校附近独自或一起散步，假装你要把你的第一个孩子或最重视的孙子送到这个学校来。这所学校达到了你的哪些期望？缺少了什么？

丹尼斯·里特基（Dennis Littkey）和塞曼沙·格莱贝尔（Samantha Grabelle）（2004）在《大图景》（*The Big Picture*）这本书中提到，我们不是讲解如何教数学，而是像数学家一样思考和处理，来深入了解我们的课堂。这种看似微妙的角度转变可能会对学习者产生积极的影响，将他们看作问题解决者而不是任务完成者。

"学校"从生活中被分离出来，因为教室、走廊和各个用途的房间往往更像医院，（更不幸的是）像工厂甚至监狱（Caine & Caine, 2011）。怎样才能使学校看起来像有机的整体？我们需要如何改造学校，以使学校里的学生可以分组讨论、自由活动，甚至有可能的话，可以让社区人员也参与进来，教授或分享他们（艺术家、消防队员、科学家等）的经历？毕竟，对学生安全的担忧不应该阻止更多有责任感的公民到当地的学校与学生互动。

另外，考虑教师在课堂之外工作时候的身体和情绪状况如何。有时他们面对的压力可能会很大。那么如何改善他们的健康，提高他们的舒适感和愉悦感呢？可以让他们能在日常生活中慢下来，这样他们会更有安全感，也不需要一直处于高度紧张与忙碌的状态，心态会更平和。除此之外，非常小的变化（如可以控制空调）有时都可以带来意想不到的效果。

第二个挑战是帮助和鼓励教师着眼于特定的活动，如让学生站起来，离开座位，在课堂和课外活动中学习。教师需要尽可能调动起他们的感官（听觉、味觉、嗅觉、视觉和触觉）。当学生能更多地进行自主学习，他们也更能做决策和开展行动，生理自然更多地参与其中。因此，作为领导者要帮助教师设计能够引发他们兴趣的体验，使得学生自发提出感兴趣的问题，也在更大程度上调动起他们的生理活动。最近学校里有一群受过培训的教师将学生带到了体育馆进行授课。他们创设了一个很新奇的环境，在地板上做标记，创造了许多新机会，也正是从那时候开始，这成为了一个相当普遍的做法。

因此，我们的建议是邀请全体教师共同参与，一起创造和设计全面体验来激发学生兴趣，同时让学生能够充分参与。我们鼓励领导者把一些规模较小的全面体验在教师会议上进行试验，让教师亲自参与和探索全面体验，简单性是要素之一，因为我们希望每个教育者都有“感知意义”，意识到生理因素在学习中的重要性。

成功的教师要求学生面对、探索和理解重要的但是不乏挑战性的概念、主题和问题，同时有目的地提升技能。

与国家教学标准一致

教师用各种方法发展意义学习体验，如设计活动，让学生以作家、科学家、历史学家和艺术家的身份来进行工作，模仿一些职业的工作习惯。教师提出实际存在的两难，让学生能深入探究，同时帮助学生提出并探索自己的问题。

——标准 V：意义学习

本章所涉及的问题和步骤符合国家教学标准。我们介绍的步骤能够让学生参与到课堂中来，在满足课表要求的前提下，将课程与他们的兴趣和生活联系起来。

第 10 章 脑智学习原理
——通过模式寻找意义

脑智学习原理 4：通过模式寻找意义。

▶ **核心观点**

所有人都在识别、认定和组织构成他们已知世界的要素（或模式）。模式（patterning）是指对信息进行有意义的组织和分类。所有的决策都是基于个体认为的有意义的模式，以及对其用途和应用所做的选择。大脑感知和生成模式，并去除无意义的模式（Restak, 1995）。教育就是增加学生能使用、识别和用于交流的模式。当了解和处理模式的能力提高了，执行功能（高阶功能）也会增强。

学习能力：当新模式与学生已有的知识储备产生联系的，学习能力将得到强化。

支撑性研究：组织并分类信息

大脑，从某种程度来说，既具有艺术性又具有科学性，它会辨别和理解模式，并解释自己模式的独特性和创造性。皮亚杰（Piaget）（1976）区分了**同化**（任何感知会被“纳入”一个人已有的世界观）和**顺应**（一个人的世界观或内在世界需要适应感知）两个概念。

每个人在出生时都具有许多基本感知能力，包括感知线条和边缘、曲线和运动、光明和黑暗、上和下、基本的气味和味道、坚硬和柔软以及基本的数字感。婴儿天生能适应声音、面孔和人。在各种体验中，被自然感知的基本元素［又称自然范畴（natural categories）］会被结合成更复杂的类型（如森林、电脑、房子和汽车）

和行为方式。

> 在许多方面，婴儿和儿童的感知方法也能反映科学家的方法。由于科学家和婴幼儿的搜索模式极为相似，研究员戈普尼克等人（1999）称婴儿为“婴儿床里的科学家”。这也说明有一些重要模式在年龄很小时就已经自然产生。

每当个体试图弄清一些事物的含义时，他们就会寻找对自己有意义的模式。理解某事物不同于记忆数学规律或各种战争的日期。

帮助学生寻找有意义的联系关键在于指出各个学科基本上都是一种工具（而且有自己的语言或观点）。学生可用这些工具组织和描述现实世界中的一些模式。

从具体到抽象

在模式感知（pattern perception）中最重要的是从具体到抽象的转变。皮亚杰（1976）提出了一个普遍的成长路径，即从具体的世界（感觉运动阶段、前运算阶段和具体运算阶段）向抽象的世界（形式运算阶段）转变。实际上，发展高阶能力的关键之一在于要将其与使用抽象思维的能力相联系。

人类有能力组织信息，这些信息既包含物理的“事物”，也包含关系（事物如何联系），而这组织的过程是通过使用概念和想法来达到的。人们还能运用象征，让一个符号代表一个想法或物体。这是语言本质的一部分，这也是人类有时被称为“符号化的物种”的原因（Deacon, 1997）。

一旦学习者开始思考概念和符号，他们便能理解课程实际上是相互联系的，代表的是人类各种体验。例如，有些课程关注人类跨越时间的故事（历史的本质），有些课程关注人在哪里和他们所处的空间（地理的本质），以及有些关注人类如何交流（语言的本质）。因此，核心课程都是当下在任何文化中集体体验模式的一种持续组织（Brady, 2013）。

帮助学生看到相互联系的模式是一个艰巨的任务，因为大多数学校的学习是把课程分成不同的科目，割裂了其内在的联系，与真实的生活也没有什么共同点。这导致学生过分关注微观部分的内容，以致丢失了宏观的理解。这样的话，学生不能回答超出指定范围之外的问题，如“战争如何影响人类？”（文学、历史学和社会学)、“在秋天燕子怎么知道飞向哪里?”(生物学和地理学)、“如何重新种植雨林?”(生态学、植物学和地理学),等等。

当数学脱离历史,历史摆脱文字,科学与健康失去联系时,学生掌握再多的具体信息或分离的模式,都无法理解他们所在的世界,或无法学以致用。

我们需要重新理解“模式”的概念,只有这样,教师才能帮助或者激发学生提出学习者驱动问题,才能鼓励学生进行自我探索。

运用原理:类别、概念和比喻

联系自己

看看你周围。

- 你可以通过名字识别哪种模式?(如椅子、猫、窗、桌子和地毯)
- 你能将看到的东西进行分类(类别)并予以命名吗?(如家具、宠物、出口和地板覆盖物)
- 你还能联想到你周围的什么事物吗?(如家、办公室、实验室和课堂)

接下来,沿着道路散步,找找看有没有什么看上去像是有自然联系的事物。比如:

- 树叶在树上时和掉落在地上时彼此之间的联系有区别吗?
- 你对花园植物、田野中的植物和人行道上裂缝中的杂草的感觉有什么区别?
- 比较独立的商店、系列的商店和商场中的商店的区别。
- 在街道徘徊的人群和在比赛结束后涌出足球体育场的人群有什么区别?

我们可以用具体和抽象的方法去“看”一个人任何时间进行的同一过程。我们往往得到类似的结果,这是因为脑与心智通过模式来寻找意义。

深入一步

显然，世界上存在不同的模式和不同的模式化方法。我们需要一种方法，使已知的事物有意义，并对教育工作者有帮助。

虽然教育工作者都知道学生需要理解大量的事实和学习许多技能。但是对于那些有更高要求的教育工作者来说，最大问题是学习的最佳成果往往不受限于具体的模式。因此，我们需要了解更多细节、识别特性、掌握足够多的信息。

> 知道事实永远不够。举个例子来说，科学家“看待世界，往往不拘泥于表面，他们试图推敲出最本质的规律。我们需要寻找事件的深层原因，进而试图弄清楚事情的本质”（Gopnik et al., 1999）。

高阶思维、问题解决和执行功能，需要在经常触及情绪的心理或概念层面上处理信息。这意味着高标准不只是依靠掌握事实或者进行对和错判断的技能。所以，学生如何内化同情、内在联系、美丽、智慧、专业知识、诚信、道德以及共情呢？

了解不同类型的模式的有用路径之一是探索类别、概念和比喻之间的差异。

类别

具象的日常世界总是以自然或基本的形式组织起来。莱考夫（Lakoff）和约翰逊（Johnson）（1999）指出，每一个现存的系统都会进行分类。他们指出，即使是单细胞生物变形虫也会把东西分为食物和非食物。所有人都使用基本类别来理解，并在由人、车辆、鸟、云和城市构成的具体现实中四处活动。人类的日常学习往往从具体的现实层面开始发生。虽然文化和背景有差异，但是每个人都在自己具体的日常中生活，不需要对看到的、感觉到的、尝到的和触摸到的进行过多的分析思考。

例子："链"

让我们从基本类别来看"链"。我们应该重点关注链看起来和感觉起来怎么样，并确定其目的和功能。基于这样的理解我们会明白把自行车锁在树上的意思。任何针对这一层次的链建立的联系，于我们都是有实际意义的（真实的）。哪怕链的大小、重量、设计和颜色不同，我们同样可以做到：

- 识别链
- 购买、销售或打造链
- 测量链
- 设计链

概念

概念无形无状，无法被触摸，也无法被实际操控，但它们对理解与思考而言是必不可少的。

当我们从具体的"事物"过渡到"概念"时，还可以达到另一种深度的理解。这代表我们进入了抽象领域，因为概念是对物理对象的心理建构。

从概念层面上进行思考的时候，链指的是"一连串，一系列"的概念，可以用来描述有链的特征的事物。比如，食物链，对人、想法或行为的感觉反馈，一连串的事件或矛盾链。

理解概念让学生看到思维是如何组织信息的。例如，"城市的概念是什么？""城市是如何组织起来的？""城镇意味着什么？""什么时候城市不再是城市了？"

所有更深层次的理解都需要掌握课程或学科的基本概念。例如"政府"和"法治"的概念，"战争与和平"的想法，以及假设与依据的本质。只有当学生真正"懂得"这些概念，这些概念才可以使用。联想一下数学中"负数"或"无穷大"的概念。如果学生不理解它们是基于一定的意义构建起来的概念，他们将很难建立数学思维，或除了处理一些简单的问题之外，很难做出有效的决策。

比喻

比喻是通过使用一个概念解释其他东西，从而改变参考框架。例如，凯恩夫妇

（1991, 1994）用“心灵之城”的比喻来解释大脑在建立联系之上的主要功能。新知识经常以比喻和类比形式被引入。因此，“门”可以代表实际的入口或象征从一个世界移动到另一个世界的通道。知识可以被比喻为通往成功的“大门”，平等保护的理念可以用正义的尺度作为象征。“比喻”就是通过把一些概念的特点抽象化，并在新语境中加以使用。

链的核心特征是连接。教师可以通过介绍系统中的所有元素都联系在一起来解释“生态系统”。所有相互作用的链形成了一个有关系的“网络”。那关系网不是像蜘蛛网一样现实存在的网，而是多维的、相互关联的整体，代表一个更广泛的概念，像生态或“生命网”。

虽然每个人都可以自然地使用这三个层次——类别、概念和比喻，但是很多人并不能真正理解这三个层次。例如，有许多教师试图讲解概念，而不知道概念本质上是观念而不是事实。教师必须以更抽象的方式进行思考。

> 美国以及其他许多国家的学生在国际竞赛中的数学和阅读方面表现出色（National Council for Accreditation of Teacher Education, 2003）。这些国家的报告表明：表现良好的学生往往离不开教师帮助他们理解概念（National Center for Education Statistics, 2000）。如果教师想开发学生的大脑，鼓励学生用大脑思考，那么他们必须把类别、概念和比喻这三种思维方式转化为他们的专业技能。

联系实际

让我们把先前解释过的区别应用到课程中，来了解如何在每个层次上扩展理解。以下是关于除法教学的例子。

具体过程

重点是要学生认识到使用除法的必要性，然后记忆并掌握除法的具体过程。教师会通过进行解释并用模型来解决实际生活中出现的除法问题。有许多教师会通过限时的测试来考查学生是否理解。这也许说明学生可以解数学题，但并不能检验他们是否理解了像除法这样的概念。

概念

另一个要点是让学生理解除法的概念，这样他们会明白他们要做些什么。教师和学生需要解决以下问题：

- 将事物分成部分是什么意思？
- 除法与乘法有什么关系？

比喻

比喻在于让学生看到一个基本概念之外的更广泛的意义。教师和学生可能会进一步探索“除法语言”或“分裂的共同体”的意义。

在这个层面上，“除法”这一术语已经跨越了学科，并且能够联系到其他的学科。教学的一个重要目的是整合课程。当然，概念和比喻思维可能需要学生进行反思和分析，因此需要更多的时间。

快速反思性练习

用以下方法探索“素养”（literacy）这一术语：

- 你将如何用一些具体词汇来描述“素养”？举几个例子。
- 你如何描述“素养”的概念？举几个例子。
- 用比喻的话，“素养”可能会是什么？举几个例子。

提示：以下有两个要点需要特别注意。概念和抽象思维利用了执行功能和高阶思维技能。不同年龄段对于不同层次理解的能力不同。小孩子可以理解例如“圣诞老人”这样的象征以及“说真话”这样的意义。但是概念和象征意义可能还需要更具体的讨论。我们的经验认为小学教师普遍低估了学生处理抽象概念的能力，如“同情”和“爱”。这导致孩子们通常不用这些词汇来表达他们的想法和感觉，而且教师往往不会让他们表达其理解，也没有给予他们时间来思考（见 Bransford, Brown, & Cocking, 2000）。

我们已经知道了求生反应会抑制高阶思维的运用。从我们的经验来说（Caine,

2000），经常处于高压力环境下的学生对抽象概念的理解有问题。对于类似这样的群体来说，要从讲解具体事实做起，然后把具体的事实和知识扩大到更综合的类别中。教师要给予这些学生充分的自信。自我效能与求生反应往往相互对抗，一旦学生感到可以应对而且有安全感，他们就可以走得更远。

联系课堂：与模式相关的体验

三种教学方法的关键区别在于学生体验和掌握规律是否达到了一定的广度和深度。IA1——直接教学法倾向于在感官或具体层次实施。在这样的教学中，即使是那些需要深刻理解的内容也变成了需要识记的信息。IA2——项目 / 问题式学习与教学法进一步帮助学生掌握基础概念和联系，通常将思维转移到抽象领域。IA3——引导式体验教学法更为深入，除了了解基本事实和掌握概念外，学生学会发挥执行功能进行比喻式思考。从某种意义上说，他们可以从一个学科领域获取概念并学会如何用其来理解其他学科领域的内容。

写作课程标准范例

擅长写作的人往往会运用一定的组织结构，来帮助读者进行理解。

学生将做到：

1. 用至少三句话写出连贯的段落。
2. 组织一个有开头、主体和结尾的文本。

——堪萨斯州课程标准，三年级，标准 2，写作，第 9 页，第 3 点

（注意以上标准运用了 IA1——直接教学法，教师极易受限于记忆和操练）

IA1——直接教学法

比如说教师现在需要帮助学生理解“句子”和“段落”两个概念。运用 IA1——直接教学法的教师根据教辅提供的方法，先让学生练习写一个段落或故事。教师会

给他们举一个核心句子的例子，并展示如何用另外两个句子来扩展示例句子的内容。教师还可能会让学生分析现有的段落文本。然后，让学生自己编写段落。

这是很结构化的一个流程，而且确实符合标准的要求。但是学生很可能无法意识到，段落可以用于表达对于他们来说很重要的内容或者段落是需要花时间，甚至需要不断重写才能够完成的。他们不太可能感受到，辅助性句子和核心句子在写作中是如何被协调在一起的。虽然他们可能知道开头、主体、结尾之间的差异，但可能不理解这三个组成部分应该如何组织在一起。如果他们能够提出学习者驱动的问题，就很有可能理解得更深刻。

IA2——项目 / 问题式学习与教学法

使用 IA2——项目 / 问题式学习与教学法的教师，会使用不同的方法来帮助学生理解不同段落内容和故事的发展阶段。这样做的目标是更好地理解句子和段落的概念。例如，学生可以阅读童话故事来了解故事是如何组织内容的。学生可以摘取事件中的故事情节，并把它们排序好，为组织写作材料奠定基础。这里可以加入对结构的考量，但要教师需要提供有趣的材料和额外的方法来辅助学生掌握核心概念。传统教师使用的一些材料也可能会被运用，整个过程的目的在于加深学生的理解。

IA3——引导式体验教学法

运用 IA3——引导式体验教学法将以不同的方式开始。比如我们曾有一位教师朋友取材于现实生活，利用学生在操场发生冲突的例子来进行授课。她将操场冲突作为全面体验，让学生对句子和段落有了不同方面的理解。

操场冲突引发了学生的各种问题。学生讨论了一系列的事情并把它们进行排序（教师只进行适当的指导）。学生讨论事情进行到哪个阶段可能可以有所转机，以免冲突升级（参见本书第 6 章冲突链的升级）。教师将讨论内容记录在黑板上。

请注意，此时的中心概念是“次序”，但是这位教师先扩展了背景。她选取的例子是与授课内容无直接关系的（解决冲突），并从例子中提取出一些特点（一系列事件和次序的概念），来帮助学生理解句子和段落。这次课程使学生明白，事件如何随着时间的推移发展，以及事物发展和可能发生的顺序，然后应用到对写作过程的理解。

随后，教师将这次讨论作为写作的基础。“段落”的概念是通过教师让全班同学一起合作，找到让同学们理解冲突的过程中实现的。每个段落都针对冲突的一个特定方面，然后学生在这些段落中寻找关键句子，并用两个句子来拓展关键句子的内容，使得意思表达更加清楚。教师实际上是用操场上的经历作为比喻，来帮助学生理解段落的概念，同时更深入地了解句子和段落是如何产生的。

在教师的指导下，学生们交换彼此的文本进行互评，同时需要解释为什么有些段落能够表达得更加清楚。通过真实世界的例子让学生真正参与到学习中，这样一个流程不仅达到了课程标准的要求，而且运用的教学方法更加有趣。

教师抓住了“可教时间”（teachable moment）。通过运用真实的体验，教师激发了学生的兴趣并且让他们参与实际分析和决策。每个学生的执行功能，尤其是灵活应变能力，得到了发挥。

改进 IA1——直接教学法的机会

传统教学面临的最重要的挑战是帮助学生掌握具体事实与抽象概念的区别。

雷娜特的故事

一位教师正在用猫头鹰食丸教生物课。正如许多教师所知道的，猫头鹰吃各种生物，如啮齿动物和鸟类。它们以某种方式消化食物的主要部分，并吐出羽毛和骨头，这就是所谓的“猫头鹰食丸”。我在一个课堂里走四处走动，看着学生剖开颗粒。在毛发或羽毛中找出骨头。他们手边有一张答卷，上面有一些选项，学生要看看纸上的选项是否是被吞食的小生物。

学生在做着任务，整个课堂都是静悄悄的。我可是有着许许多多的问题。于是我转向一个学生问：“猫头鹰的胃怎么可以消化那么多种动物？”“人类是没有办法吞下整只鸡，再吐出骨头和羽毛的，对吧？”“我们的胃和猫头鹰的胃区别在哪？”那个学生和其他听到我说话的学生，用异样的眼神看着我，他们可能在想：这和他们的任务有什么关系？

学生忙于他们自己手头上的任务，根本没有精力去思考那些重要的概念。甚至有可能“消化”对他们来说其实没有什么意义的内容。教师可以通过问一些基本的问题来引发他们的思考，例如：“你能解释甲和乙的不同之处吗？”或者“甲和乙以什么方式联系在一起？”

改进 IA2——项目 / 问题式学习与教学法的机会

增加比较法以及举例法的使用来帮助学生理解，学生需要更多的想法或更广的概念。利用一些新颖的方法将概念或者想法引入课堂，例如运用艺术。帮助学生找到他们的学习者驱动问题。这些做法可以起到过渡作用，给教师引入更多、更复杂的概念的机会。

改进 IA3——引导式体验教学法的机会

教师需要更细致地观察生活，利用一些合适的机会，作为“全面体验”来引入概念。练习比喻化思考和使用不同的参照框架来扩大概念的意义。

> 一旦学生开始研究项目、着手完成项目或解决问题，他们就必须“理解”和使用核心概念。

应用原理：观察与教导模式

正如我们在本章前面提到的，改善教学质量并达到更高标准的关键是从了解事实转向理解概念。教师在指导学生进行研究的时候，要不断引起学生对于核心概念的关注。同时，教师要指导学生利用必要的资源以及收集信息。

使用主题

主题是联系概念的最佳方式之一（Kovalik & Olsen, 1997）。主题可用于特定话题、整个课程，甚至作为课程整合的一种方式。所选定的主题必须与主要问题有关，而且要涉及核心概念。例如“内战”这个单元的主题可能是下列之一：

- 战争与和平
- 家庭分裂
- 责任与自由
- 信仰冲突
- 政府和个人权利

在实施全面体验之前，把主题写到黑板或墙上显眼的位置以便学生随时参考。

当学生大声说出问题，并需要教师帮助他们找到这些问题的共同点以便开展小组合作时，教师就可以参考核心概念和主题。例如，一个学生提出了一个很好的问题：“为什么人会互相打架？”听到这个问题，教师一定会很高兴。因为课程标准一定会要求学生掌握战争的起因，教师便可以利用这个学习者驱动问题来达成课程标准要求。

核心问题

当学生思考如何开始研究时，教师可以通过提问题帮助学生进一步确定其研究重点。提的问题一般取决于学生现有的知识储备以及课程标准要求。例如，如果学生对“女性为什么参战？怎么参战？”等问题感兴趣，教师可以问这样的问题：

- 你们了解这些女性吗？
- 在内战期间，女性为什么可以参军呢？
- 有多少女性参战？
- 这些女性与其在社会中的一般角色有什么联系？
- 女性参战的动机和男性相比有什么不同吗？
- 我们是如何知道她们的？

在你问了一个问题后，给学生一些时间，让他们讨论或者做额外的一些研究。

指导研究

你需要指导学生进行研究。开始的一种方法是让学生分享他们熟悉的资源信息。最好是确认，是否有一些学生可以演示如何使用这些资源。很明显，学生使用资源的方式取决于他们对其中概念的掌握。因为他们对概念的理解越深，越多的资源可以被认为是有用的。

指导研究和学习

研究、项目和问题解决都是进程。首先需要收集信息，进行筛选，然后逐步产生对“概念”的理解。

教师需要与个别学生或者小组私下进行交流协作，这样才能引导他们进行思考，通过提问和建议指导他们的研究。这就是我们所说的积极处理，在本书第三部分，我们对此进行了讨论。

教师要定期与学生见面，让学生汇报进度、提出问题、巩固知识。除此之外，教师可以邀请学生回答其他人的问题，或者进一步问更多的问题。需要注意的是，虽然学生在理解概念与想法时，往往会涉及事实、技能和知识，但是重复仍然是有必要的。

如果学生们遇到了类似的问题，有相同的需要或者需要了解相关的概念，教师可以寻找时机将学生们组织到一起。通过简短的说明或者小主题来帮助所有学生掌握核心概念。例如，关于内战的主题可以用来提出关于自由的问题。当学生正在研究一个可以用不同的方式进行多次讨论的话题时，可能可以用一半的课堂时间讲解民权运动，然后进行提问，民权运动与导致内战的原因和内战的爆发是否相关。你也可以让学生扮演联盟（Union）和 / 或邦联（Confederate）的角色，表达对冲突的不同看法。

学生自我管理

管理时间、完成任务、明确需求、做出决策都是学生必须具备并且要不断发展的基本技能和能力。这些技能大多数与成熟的高阶功能相关。在这一点上，你可能想要回顾本书第一部分放松心理警觉的内容。我们会在下一章和本书的第三部分，主要是自我监管的一章（第 16 章）继续讨论解决这种需求的方法。

赋权领导者：内在的标准和可见的模式

请记住，教师必须非常熟悉标准。教师充分理解的内容越多，就越能了解他们所教的学科固有的模式。因为课程之间往往相互重叠，跨课程或跨学科的教学往往会引发出较多的模式。然而，许多教师很难理解“概念”的意义或不明白如何使用比喻。所以许多使用 IA1——直接教学法的教师把“概念”等同于需要记忆的事实，而不是需要理解的想法。你可以从这个角度观察一下周围的教师，看看他们进行的是 IA2 还是 IA1 的教学。

邀请教师一起重新思考课程的核心概念，并将概念与课程标准联系起来是一个很有意义的过程。这可以是简短的讨论，也可以是持续进行的热烈讨论。过程学习圈会是一个很理想的选择。但在一个学习圈子中，很可能在这个圈子中一份材料对于每个人来说并不是同等重要。持续的讨论可以通过召开学科领域的专家会议或同年级的教师会议展开，在此过程中可使用“有序分享”。长此以往，当学校逐步习惯这样的节奏时，你将见证员工之间更深入、更有挑战性的讨论。

除了上述的措施之外，你可以鼓励员工分析并审视他们使用的基本概念和想法，为他们的观点夯实基础。其中一个策略就是简单地澄清问题，将在讨论中的核心假设和概念解释清楚。更进一步还可以让员工提出他们自己的意见，比如如何与社区联系或如何使学校更安全。作为领导者，你需要接受这些挑战，并充分运用过程语言和技能。

成功的教师基于自己的学科知识来建立目标，同时促进学生在学科内或跨学科课程学习。

与国家教学标准一致

教师明白意义学习来源于从一系列学科中提取出的概念。为了深化学生对概念的理解，教师要以规定的课程为基础，但又不受它约束。根据学生的需要，整合相关的主题、问题、技术以扩展学生的感知，增加他们的知识和对世界的理解。这样教师才能丰富他们的教育。

——标准 II：课程知识

我们还建议教师与同事或学习圈一同进行课程标准的本质讨论。比如，什么是标准？这是一个规范、目标、底线，还是关于内容的陈述？教师如何让课程达到课程标准的方式也在很大程度上反映了教师的思维模式。而我们需要对此有更为深刻的理解。

第 11 章 脑智学习原理
——学习具有发展性

脑智学习原理 10：学习具有发展性。

▶ 核心观点

虽然所有人的发展过程在很大程度上是可以被预测的，但是人并不是以完全相同的方式或完全相同的速度进行发展的。这也适用于高阶思维技能的发展。所有的学习都是建立在原有学习的基础上的，当学习与经验相互作用时，会伴随着生理的变化。虽然大多数教育系统倾向于根据学习者的年龄或者其他一些逻辑、顺序进行分类，但是这并没有很好地适应人发展的多样性。学习表现，给未来学习提供了最好的依据。

学习能力：如果能考虑成熟和发展的差异，所有学生都能更有效地学习。

支撑性研究：所有学习都以原有学习为基础

近年来，心理学家一直在研究认知、情感和身体的发展。大多数的教育工作者对此应该并不陌生，如皮亚杰（1976）的认知发展理论或埃里克森（Ericson）（1994）的社会心理发展理论。

神经科学也对发展阶段有了更多的理解。例如，现在我们知道了大脑发育有两个快速发展时期：一个是在出生后的前 18 个月，另外一个是在青春期。

我们推荐两本优秀的书，书中从神经科学的角度，深入浅出，总结了一般的发展路径：

- 戴蒙德和霍普森（Hobson）所著的《神奇的智慧之树》（又名《儿童智力发育的五大里程碑》）（*Magic Trees of the Mind*）
- 雷斯塔克所著的《大脑的秘密生活》（*The Secret Life of the Brain*）

发展是先天与后天、遗传与环境相互作用的结果。孩子所处的环境对他们的大脑的发展有显著的影响。虽然发展有共通性，但是即使是“正常”发展的孩子之间也会有几个月或几年的发展差别，这就是以年龄来划分年级是有局限性的原因。

执行功能——高阶思维

在本书中，我们关注执行功能（高阶思维），因为，执行功能的发展，会带动认知和情感趋于成熟并最终完成。

婴儿期

在婴儿期基础的执行功能得到发展。6 个月大的时候，婴儿已经可以活动。一岁的时候，他们能够联系过去、现在和未来。在 18—30 个月，他们在某种程度上已经可以进行自我控制（Sternberg & Grigorenko, 2001）。此时是语言发展（包括肢体语言）的关键时期。如果语言没有得到发展，那么进一步认知发展也会受阻。

研究概述

研究人员（Sternberg & Grigorenko, 2001）发现在 6 个月之前儿童智力几乎没有差异。这包括来自社会经济水平低的环境、不同种族、少数民族的孩子。差异在孩子出生 6 个月后逐步呈现，最明显的是在语言开始发展之后，在 2 岁左右。

语言的掌握一直被认为是决定学生智力和学业成绩差异的主要因素。这一差异甚至在学生入学之前就已经显现。戴蒙德和霍普森在《神奇的智慧之树》中的一章

“你需要的仅仅是爱和语言”中总结了这些早期发展。

幼儿期

虽然父母和成年人能够继续帮助儿童完善执行功能（高级思维）的发展，早期的学校学习对大脑来说是非常关键的时期。此时孩子的大脑仍然具有可塑性（在经历中进行响应和自我塑造）。儿童仍然对周围的世界感到好奇兴奋，他们的学习能力几乎是无限的。除了弄清楚具体如何做事，孩子也要逐步学会负责自己的学习。因此，在整个学习过程中，有指导的和自主的学习对于执行功能的参与是同样重要和关键的。

青春期

青春期是发展执行功能最关键的时期。大脑在这个阶段正经历着重大的转变，打个比方来说，就像是房子现在正在添加最复杂的元素一样。

青春期的大脑正在经历自婴儿期以来的最大变化。产生了神经元增生。这意味着大脑突然增加了大量的新联系——甚至超过了所需要的数量。这种“丰富的新联系”之后会进行一次精简，神经元之间的有效联系会得到加强，不经常使用的则会退化（Restak, 1995）。

这实际上是一个积极的过程。因为这意味着大脑开始“精益均衡”，或者为成年做好准备。从非常实际的意义上说，青少年从这时候开始必须学会依靠自己。在这之前，父母往往一直在帮助孩子完善其执行功能。父母或监护人往往希望为青少年提前预知风险和机遇，因而他们往往会参与到青少年的未来规划、时间管理甚至是各种各样的决策中。

> 问题在于，此时的青少年已经有能力进行这些行为，但是如果缺少了前期的决策经验和逻辑推理能力的培养，这一切是无法自发进行的。

有时候父母会发现自己捉摸不透孩子的成长。前一天觉得他们成熟了，但是后一天却觉得他们没有能力进行自我决策。这是因为青少年容纳海马和情绪的大脑边缘系统已发育良好，他们通常有难以控制的情感。此外，他们在这个时期会接触大量的信息（通过电视或同龄人），但这些信息质量参差不齐，大多也没有基于理性的分析判断。

关于毒品和青春期

虽然本书的重点是阐明一个积极的学习模式，而非描述各类的失调状态，但是在此依旧要提及青少年的“定时炸弹”——毒品与酒精。大多数药物影响前额叶的发育和执行功能（National Institute on Drug Abuse, n.d.）。此外，年轻人应该尽情享受快乐，参与乐队演奏、运动，加入合唱队，与喜欢的朋友来往（或者其他各种能够带来积极情绪的体验），但是吸食毒品却会影响大脑的神经中枢，严重损害大脑的组织。大约 80% 的吸毒青少年受损的大脑功能无法得到恢复（Restak, 1995），大约 60% 的酗酒者在 12 岁之前开始喝酒（alcoholrehab.com, n.d.）。处于这样的时期，青少年本可以控制其性冲动、暴力倾向、消极情绪，但是药物会剥夺他们自我控制的能力。失去了积极的社交和情绪技能，他们无法预见自己行为的后果，更无法遏制自己的冲动。

具有以下特征的学生更能抵御毒品的诱惑：

- 生活在让人产生积极情绪的环境
- 拥有乐观的心态
- 有良好的人际交往
- 自信而且自主（在本书第一部分的放松心理警觉中的“信心、能力和动力”）
- 兴趣广泛而且有一技之长（享受生活）
- 父母无吸毒嗜酒史（Restak, 1995）

教师的影响

发展并不是独立完成的，教师或导师（或父母或指导者）往往扮演着非常特殊的角色。心理学家维果斯基认为在所有的师生互动中都有一个“最近发展区”（zone of proximal development），指的是学生离下一阶段的学习有一定的空间——这也正是教师可以发挥作用的地方。学生的学习强度和质量，可能在很大程度上取决于学生与成年人或教师的关系。所以教师的目标不在于“能够发展到什么样的程度”，而是“学生发展到这种特殊时期，我能给予多少帮助”。此外根据“镜像神经元”的影响（本书第 4 章），我们可以认为在任一发展阶段，教师是学生行为与社会交往的一个真实模仿对象。

另一个问题是学习和人的发展都是非线性的和复杂的。在任何一个成长阶段，学习都有可能提前、滞后、平行发展。它通常需要相当复杂和生活化的环境参与。这就是为什么 IA3——引导式体验教学法中的“当下”或“流动”的教学方法如此强大且具有挑战性。

运用原理：相似性、差异性与复杂性

联系自我

花些时间回顾你的生活，反思自己的成长和发展。

- 你是否有过这样的经历：学习的东西困扰了你很久，直到有人将此与你熟知的东西巧妙联系在一起，顿时让你豁然开朗？
- 在你的生活中，有没有什么时候你的知识储备给你赋能，让你能够更好地完成任务？
- 你是如何（也可能是突然之间）学会了一种新技能？当时发生了什么？你感觉如何？
- 你在哪个领域的发展是非线性的和复杂的？你是怎么应对的？是否有教师或指导者来帮你，他们是怎么做的？你对此满意吗？

深入一步

> 发展总是呈现出一个困境，因为所有孩子都是独特的，他们的发展模式却存在相似之处。

在安全同时充满挑战的最优环境中学习往往效果最好，这样的环境让孩子觉得自己有能力、有自信发展自己的兴趣。但当孩子受挫，情绪低落时，仍需要得到相应的照顾（在可能的范围内）。

教师应该意识到，处于婴儿期和幼儿期的孩子，复杂的推理能力还未得到发展，往往需要再等待一段时间，才能教给他们一些技能和流程。但是教师可以开始让孩子自主地进行一些决策。比如教师可以给孩子提供机会，让他们用丰富的词汇进行发言，比如：

- 让他们描述、解释、分享他们的计划。
- 让学生复述自己已经说过的内容或者总结自己想要说的内容，将每次分享都视为让孩子扩充词汇、锻炼思维的好机会。
- 保持耐心和友善。要意识到，即使他们无法立刻理解，无法立刻掌握，在他们这个年龄，这些体验都会是一种熏陶。
- 不要低估学生，但也不要高估他们！让学生自主决定，并进行适当的管理。

> 青少年有相似也有不同之处。他们的推理能力天生比较强，所以他们需要各种机会来锻炼他们的判断和推理能力。

青少年需要运用知识进行辩论或参与讨论。他们情绪往往不稳定，所以需要不断学习如何进行自我监控和自我调节，提高自己的控制力和判断力。他们还需要更多的机会接触和解决实际问题和困境。这些都需要在让他们感觉有自信、有能力的环境下进行。

联系实际

跑步与身体、大脑和心智同步发展意味着思考能力和技巧也在发展中被掌握。人必须先学会走路才可以跑步，就如同学会了基本的数学运算才有可能追求更高水平的数学能力。这意味着所有的学科都需要基于以往的学习和体验。

与此同时，身体、大脑和心智构成了一个完整的系统，它们彼此之间相互影响。现在的学校大多对课程进行切分，学科彼此分离，分级标准往往参照年龄和年级，这实际上忽视了对于学习发展性的考量，也阻碍了发展的进程。应对这个问题就需要平衡技能、学科和体验的比重。让我们来看看以下的例子：

就算从未学过如何弹奏钢琴，孩子们也可能会喜欢音乐或曲调。朋友、家长或者教师唱歌、演奏乐器的场景都会使学生自然地学习音乐或者演奏。

现在已有研究表明，在唱诗班学唱歌或学习弹电子琴都有助于空间智力发展。空间智力对理解进阶数学与确定物体在空间中的方位很重要（Rauscher, Shaw, & Ky, 1995; Rauscher et al., 1997）。

当教师让学生自己选择一个物体进行绘画，并鼓励其认真观察时，就在无意之间帮助学生发展对于科学观察十分关键的观察技能（Root-Bernstein & Root-Bernstein, 2000）。

> 量化所有的学习或控制发展路径是难以做到的。我们的大脑是复杂的，而且也是自发的和难以预测的。

教师应该鼓励学生用大量的模式来发现这个世界，以下问题可供思考：

- 学生是否有机会观察、试验、决定和讨论他们的发现呢？
- 他们是否被帮助发现独特的喜好和技能，产生对音乐、艺术、科学、故事和写作等的热爱？
- 学生们是否有能力进行知识探索并享受这个过程？
- 教师是否能够将艺术引入学生的学习生活中？
- 学生是否被允许进行探索并在自然的状态下进行学习？

> 关于婴儿期科学研究仍旧在进行之中……在这个领域中，探索的过程远比最后的结论更有价值，发问远比了解更令人满足，向前行进远比停留原地更令人兴奋，好奇心远比确定性更有魅力。（Wheatley, 1999, p.27）

联系课堂：相关内容和经验

三种教学方法在应对学习的发展性上也有差异。下面是一个来自课程科学标准的例子。

> **课程标准举例**
>
> 在资源的利用和保护、物料的处理和循环利用方面作出明确的选择。
>
> ——得克萨斯州小学课程标准，四年级科学 112.6（b）知识与技能

IA1——直接教学法

学生会跟着课本学习、读故事或者看视频，最终要能够完成一个多项选择式问题的测试。这种教学方法较少关注发展问题，也往往忽略了执行功能，学生很少有机会做选择，就算有，也都是在他们能力范围之内的决策。

改进的机会

和同事一起思考这种教学方法的基本假设会是十分有效的第一步。所有的孩子可能同时处于同一发展阶段吗？所有的孩子可能使用相同的方法并且进度完全一致吗？规范的教学的基本假设是什么？教师还需要回答这些问题，如“我是如何学习的？”“我需要做什么来了解发展的差异，以帮助自己成为更好的教师？”这些问题非常适合在过程学习圈中通过“有序分享”进行。

IA2——项目 / 问题式学习与教学法

教师比尔设计了一个全面体验 / 多感官沉浸式体验，让学生理解自然资源和能源消耗的重要性。他可能要求学生列举出一些正在消耗能量和浪费能源的情况。初步介绍之后，教师让学生以小组为单位进行合作，以课堂上介绍的研究为基础，思考如何减少能源的消耗。然后学生将选择自己喜欢的方式向班级同学或其他人（校长、其他班级学生、父母或专业人士）进行展示和汇报。

使用引导式体验教学法，当小组合作进行的时候，教师可以在课堂里随意走动，观察学生们掌握了什么、他们如何互动，以及他们还需要知道什么内容、有哪些地方需要改进。教师还可以单独给学生或者小组提供适当的指导。指导和辅导是有侧重点的，切勿将重点放在纠正学生上。借这个机会，教师也会知道哪些学生表

现较为突出，哪些学生可能跟不上教学进度。

只有当教师将这些因素都考虑进来的时候，才能够更好地帮助学生解决问题。也只有这样教师才能帮助一些学生解决遇到的问题，也能给其他的进展状况较好的学生自我发挥的空间，这样小组的步调也会更加和谐。使用 IA1 教师对于课堂的把控过强，错过了学生真实、本能地进行决策并采取行动的机会。其实大多数课堂都比 IA1——直接教学法课堂情况更加复杂，教师需要有相应的教学方法，根据学生的具体发展水平来指导并帮助学生。

改进的机会

1. 将课程内容与体验联系在一起。对许多学生来说，越是熟悉的、与自己相关的话题，他们就越想参与。例如，学生对于生活方式往往十分感兴趣。在前面的例子中，讨论如何回收或处理垃圾是必不可少的，教师可以直接提问："我们的社会是一个浪费型还是一个节约型的社会？"这可能会涉及高阶思维，并引发学生关于回收计划的讨论，教师还可以提供机会让学生开展头脑风暴，思考回收玻璃、铝和废纸的方法。

2. 了解学生对于课堂开展的想法并及时处理各种问题。学生的发展水平可能不同，但这并不意味着教师对此就无能为力。处理个体差异的最好方法是让学生学会如何应付自己的问题。例如，如果学生需要更多的时间，他们可以先进行投票，统一意见，然后再向教师要求放宽时间限制。如果发生了冲突，学生可以自行决定如何化解，包括向教师寻求帮助。这当中体现了我们在本书第一部分介绍的基础技能的重要性。如果学生发现他们很难理解概念，在一个放松心理警觉的课堂，学生应该更能够自发地向老师提问。

IA3——引导式体验教学法

教师需要先了解学生的知识储备。教师卡门要用全面体验 / 多感官沉浸式体验创造出一个让学生能思考、决策和行动的环境。有一些体验可以是持续进行的，比如说"模拟"（stimulation）。例如，在一个初中课堂里，学生要理解"保存"和"回收"的概念。教师可以进行一个实验，让课堂里的每个人在两周的时间内只能使用一定量的纸张或者铅笔，以此加深对于概念的理解。通过这次实验，教师和学生可以作为一个决策共同体，一起确定给每间教室配备的资源的数量。她还可以采取其他的模拟方法让学生知道如何在学校或者社区里保护有限资源。

当情况变得更加复杂的时候，学生会有更多机会进行选择和决策。此时教师对学生会有更高的要求，希望他们能够更深入地探索，充分发挥执行功能。教师会在整个过程中保持关注，适时干预，并给予学生帮助。但教师更希望提高整个班级的水平，这意味着学生将开始学着互帮互助。再继续发展，学生将有机会展示自己独特的优点（从同龄人那里赢得尊重），这对课堂也提出了更高的要求。例如，那些不擅长阅读的学生可能会有艺术特长，他们可以向班级展示他们的创作。学生可以自由发展他们的特长，并进行探索。

改进的机会

1. 寻找方法把其他科目融入课程。这会让学生充分运用他们的能力和优势，不断超越自我。

2. 不断充实自己的知识储备，与你的学生一起学习。

应用原理：巩固和有效评估

评估主要是为了确定学生的发展水平。最终的目的是帮助学生进步。

> 教师需要知道要观察什么、怎么观察、怎么解读所观察到的现象以及如何应对。此时，大多数这些信息都能够发挥作用，引导教师的行为和回应。与学生一起积极地应对各种情况（本书第三部分），同时也要尽全力支持正在进行的评估与学习。

当然，评估学生还有其他原因。评估可以用于教育状况的比较，可以让用人单位了解学生的能力和技能，可以让家长知道学生正在发展他们各方面能力以及为未来做准备。出于这些原因，我们很可能会采用某些标准化评估的形式，从考试结果中得出结论。然而，从脑智学习的角度来看，评估的最主要目的是提供有意义的反馈和帮助学生提高学习成绩。

赋权学生的评估方式

我们的教师团队和我们的学生的一大成果就是学生主导会议（Student-Led Conferences）。大约在会议的 3 周前，学生开始为自己的作品集收集信息，确定他们在过去一学期当中学习成果的最佳例子。然后，学生和教师一起讨论如何与家长进行分享。当学生进行汇报的时候，他们谈论自己做了哪些努力，主要有哪些关键的学习内容，以及未来可以怎么改进。他们还会说明自己选择的原因以及未来对学习的期待。汇报之前，学生会在小组内部进行彩排，获取一些反馈，比如他们的优点在哪里，如何才能有效组织内容以确保在规定的 20 分钟内完成展示。

当会议一开始，学生们向教师介绍他们的父母或监护人，然后开始介绍他们的学习、成绩以及下学期的学习计划。家长都颇为感动（我们早已准备好了纸巾以备不时之需），他们纷纷感慨孩子们成熟了。我们还准备了美食，同时将那些没有当众汇报的作品集也展示在了图书馆里。大多数父母都到场参加，而且他们都感到满满的自豪，我们不止一次听他们说起从未有过像这样的机会能够走近孩子的学校生活。

这样的会议在小学阶段十分有用，我们已经在几个地方做了尝试，均得到了很好的反馈。更重要的是，我们看到教师正在学习如何给学生更多的发挥空间，学习如何支持学生的成长和发展。在 IA3——引导式体验教学法的实施过程中，我们都能体验到赋权学生是多么重要。它大大提高了参与度，让学生更加投入正在做的事情。我们希望构建一个学习社群，在这里“教师主导”将逐步弱化，而“学生主导”将逐步加强。

从标准化测试的角度（Kohn, 2000; Popham, 2001; Sacks, 1998）来讨论。标准化测试之所以被运用，一定有其可取之处。因而教师有必要帮助学生掌握一些应试技巧，但我们依旧相信，当学生学会变通，更有自信，能力也更强的时候，标准化测试对他们来说也一定不会是难事（Caine, 2000; Caine, 2008; Caine & Caine, 1997a）。我们将关注对教育有用且能丰富知识的测试方法。在本书第三部分中将要介绍的“主动加工”就是一个持续进行的评估。

1. 有明确的预期，但也愿意予以改变。与你的同事一起讨论，弄清楚你对学生的预期。你希望他们学会阅读、团结协作、批判性地思考还是管理情绪呢？虽然期望有存在的必要，但预期也可能成为一种突破的限制。例如，世界上最好的早期儿童计划之一在意大利北部的瑞吉欧·艾米里亚省。从那里回来的许多美国研究人员都说，这里的孩子往往能够比其他地方对孩子的预期要表现得更好（Edwards et al., 1998）。

2. 了解标准，了解你的主题。除非教师能够十分了解自己所要教授的内容，否则就没有办法进行充分的评估与高水平的教学。

3. 使用多种评估模式。这将给教师和学生提供更多的机会，了解学生真正掌握的知识，并找准发展中的优势和劣势（优势和劣势不能通过仅仅一种测试来确定）。可以采用（学生和教师）协作制定的评分标准、共同制定每周的目标，等等。

4. 重视对于表现的评估。大多数时候，了解学生知道什么或能做什么的最好方法是在完全真实或部分真实的环境下进行观察。因此绩效评估应成为规范，而且要将这种评估方式与其他区分开来。IA3——引导式体验教学法在这方面是重要的，因为它为多种评估方式创造了如此多的机会。

5. 设计教学支持型评估方式。虽然评估方式应该尽可能与所教授的内容匹配，这并不意味着教师只是教会学生如何应对考试。评估的用处关键在于给教师和学生提供信息和反馈，并促进双方的进步。例如，如何避免过多的教学和过多的平时测试。

6. 学生应该知道你的预期。学生应该知道教师的标准和预期，这样他们会根据所得到的反馈采取行动，可以向别人学习。此外，这还能促进教师——学生设计标准的形成。有时尽管你进行了解释，但是许多学生可能还是无法很清晰地了解，这时候若是能让他们看到他人取得的成就，就有利于他们的理解和行动。

7. 尽可能让学生也进行自我评估。学生必须了解自己学习的有限性，并对自己负责。进行自我评估（以系统的方式产生的后果）是非常好的方法，帮助学生对已掌握的、能做的、接下去要做的事情有清晰的认识。自我评估可以从教师和学生一起制定适当的规则做起。这不意味着学生的观点就占了上风。学生们需要展示他们学习到的专业知识和达到的高标准，他们需要学习如何将自己的知识和行为与这些标准进行比较——教师帮助他们学习的东西。

8. 将测试自然地与教学结合。首先，这并不大会干扰学生学习或者影响学生的态度。其次，在合适的时间进行测试使得良好的反馈成为可能。教师还可以将测试与游戏、竞赛、比赛相结合，让学生无论是以个人还是以小组的形式都能获得成就感。教师还需要知道如何与学生持续的接触以确保主动加工（本书第三部分）的进行，让评估成为学习的一部分，而不仅仅局限于掌握一些特定的信息或技能上。

9. 检验你的测试。正如格兰特•威金斯（Grant Wiggins, 1993, 2002, 2006）所说，当你能够使用各种测试，并使它们恰到好处发挥作用时，你便有办法更好地预测学生在其他测试上的表现。能否拥有良好的教学能力取决于你是否真正了解学生。

10. 和同事合作。尽管我们都希望做到最好，但不可避免地都在通过自己的期望和心智模式筛选信息。积极倾听多方意见，以确保你将主观偏见降到最低。

11. 定期提高你的期望，并采取行动。不断提高对学生的标准也是在提高对自己的标准。

使用评估进行教学

IA3——引导式体验教学法包括对教与学的持续进行的评估。我们提出的模型邀请教师让学生参与几种不同的终极活动，这些活动也能够成为评估的依据，包括展览、作品集、展示、报道、多媒体等。

关键是要避免单一的、非成功即失败的展示。部分教学是在学生确定目标、谋篇策划和制作成果时进行的。例如，作品集往往是需要时间进行制作的，学生需要将他们的展品和报告与同龄人或者专家进行讨论。在这个过程中，教师可以将标准融入各个环节，同时指导学生在各自领域发展更多技能。此外，还需要为学生创设恰当的气氛环境，让学生能够自发地进行反馈和自我评估。本书第三部分“主动加工”将会给你提供更多的指导。

赋权领导者：发展与评估

所有的学习都具有发展性。管理者和教师，就如同课堂上的学生一样，都应该持续进行学习。在工作过程中会逐步进步，深入了解自己，学习新的教学实践和内容。持续学习对员工、学生、家长和社群成员的影响是显著的。我们较为推崇的发展路径是从 IA1——直接教学法到 IA2——项目 / 问题式学习与教学法。在这个转变当中要尤为注意将专业学习与个人发展相结合。在许多学校的高压氛围下，要将这种自我完善的想法强化成一种执着的追求。教育工作者，就像任何领域的专家一样，需要达到以下要求：

- 支持他们工作的基本观念和理论（12 条脑智学习原理的核心）
- 课程的主要内容的设计基于对课程标准的充分理解
- 广泛的技能有利于促使课堂从“以教师为中心”转向“以学生为中心”
- 如耐心、联想能力和思维的严谨性等个人素质是成功的关键

除了利用过程学习圈之外，还可以通过延长对话时间来促进这些成果。在非正式会议期间，专业人士抓住机会进行互动，来支持对学校光明的发展极为重要的议题。此外，领导者需要的不是秘方，而是能够指引前进方向的地图。所以你需要阐明自己对正在制定的发展道路的理解：

- 你用什么指标来区分 IA1——直接教学法和 IA2——项目 / 问题式学习与教学法这两类教学法和授课教师呢？教职员工是否能在相互信任的环境中畅所欲言？
- 良好的氛围和友好的社群对于有效且可持续的专业发展来说是必不可少的。你对评估学校的氛围和变化的方式满意吗？你们或许可以讨论制定一套可供参考的标准，能够具体说明如何进行构建。这还可以用于指导每周或每月的圆桌会议讨论。你对此有何期待吗？
- 帮助教师及其他人提高他们的自我评估能力，以便他们反思自己的发展路径、专心于专业知识、发展技能与个人特性。这不需要过于复杂。可以选取 3—5 个点作为专业成长的框架。

身为领导者，你需要树立榜样，持续学习。你有一个学习圈、值得你学习的同行或者你敬佩的人吗？从向别人学习，持续自我发展做起。

卓越的教师不会依赖单一方法来评估学生，因为学生的行为受其所处环境影响。他们知道学生的某些技能，可能不会在某些特定场景或在一个单一任务期间得到体现。他们会不断探索，创造出各种评价手段，如作品集、录制视频、进行示范和展示汇报。

与国家教学标准一致

卓越的教师不仅仅考查学生能否复述知识，他们还会评估学生的高阶理解力、联想与运用各种类型的知识的能力、对于世界复杂性的认识。

他们知道进行严格的分级和排名的测试会剥夺学生受教育与学习的时间。他们会认识到标准化测试程序的局限性，它无法很好地对学生表现进行评估。他们把精力集中在提高学生的学习而不是提高考试成绩上。

——标准 IX：评估

IA3——引导式体验教学法是满足学生发展需求的最有用的工具。州教学评估标准也认可了这种教学方法。在你的学习圈中对此进行讨论。我们还希望你讨论是否存在能够更切实地对学生进行评价的政策或者措施，因为这些学习理论也适用于成年人。

将第二部分与 CCSS、STEM、NGSS 相联系

CCSS 和 NGSS 的共同目标是学生为理解而非记忆而学习。两套标准都涉及发展学生现实世界的能力。而当下学生的学习目标往往在于良好的课堂表现，这给两套标准的实现带来了很大的挑战。卷面测试的教学远不比现实世界所需要的能力复杂。如果更多 NGSS 成熟标准要得以实施，那么这些差异需要得到充分理解。

《共同核心州立标准》

CCSS 中英语、历史与社会研究、科学和技术科目（“标准”）代表下一代 K-12 标准，旨在为所有从高中毕业的学生在大学、工作和生活的成功做准备。

CCSS 要求学生阅读文学故事以及更多复杂的文章，以提供所学科目中的事实和背景知识，比如科学与社会研究。学生将面临挑战，并提出问题，并追溯他们所

读的文章。这训练了学生的批判性思维、解决问题的能力和分析技巧，这些都是大学、工作和生活的成功所必备的。

《下一代科学教育标准》

教师将强调科学探索和实验，而不是进行长时间的授课或者期望学生死记硬背大量知识。你将会看到这样的课堂——学生会问许多问题，探索和讨论可能的解决方案，调查科学概念，使用论证并在学习过程中十分活跃。这种方法反映现实世界的科学实践，以及使学生参与深入学习的过程。

我们在本书第二部分中说明：只针对于理解的教学和同时发展离散技能及真正提升现实世界能力的教学（虽然明显有限）之间存在显著的差异。不同的教学方法针对于第二部分有不同观点：

- IA1——直接教学法，为记忆和死记硬背的学习技能而教。
- IA2——项目 / 问题式学习与教学法，为了理解和提升少部分现实世界的能力而教。它包括但不仅限于 IA1——直接教学法。
- IA3——引导式体验教学法，为实际能力而教。它包括但超越了其他两种教学方法。

教师和领导者面临的挑战变得非常清晰。死记硬背的教学、为了理解而教的教学和为掌握真实世界需要的能力的教学，这三种教学方法是不同的。在第二部分所讲述的每一个主题可以在一定程度上改善这三种教学方法。然而，首先有必要的是总体发展方式需要从 IA1——直接教学法转变到 IA2——项目 / 问题式学习与教学法。当这个转变发生时，STEM 和 NGSS 设定的目标自然可以达到。IA3——引导式体验教学法的更多步骤得以实施，更多现实世界的能力得到发展——伴随着更深的理解。

同时更多的事情将会发生。这个转变的结果——活跃的教学课堂气氛，产生放松心理警觉将作为支持最佳学习的心理状态。显而易见，学习者的心态不仅仅需要第一部分中涉及的放松心理警觉，第二部分中介绍的内容也会做出贡献。

最后，可以通过在第三部分中体现的主动加工经验完成教学。

第三部分

基本要素三
——主动加工经验

本部分介绍的基础技能：

基础技能一：高级提问
基础技能二：有效使用问题
基础技能三：有效利用观察来获得注意
基础技能四：自我调节

第 12 章 帮助学生消化和巩固知识

经历不是一个人所有的遭遇，而是一个人如何面对自己的遭遇。

——阿道斯·赫胥黎（Aldous Huxley）

▶ 核心观点

主动加工是消化、思考、反思、体会经验和巩固学习的艺术。它包括系统地练习和创造性复诵（记忆）到深入探索和持续提出问题。目的在于探索学习者潜力，看其如何发挥执行功能以及如何在现实生活中进行反应。它可以由学习者单独完成，也可由学习者与他人共同完成，不论以何种方式，最后都需要能够实际付诸努力。

本书提出了有效学习的三大要素，它们彼此之间相互影响。第一个是学习者心理的基本状态，我们称之为放松心理警觉（第一部分），第二个是全情投入体验（第二部分），第三是主动加工经验以促成有效学习（第三部分）。

虽然心态和沉浸状态具有强大的作用，但是基于项目或者体验的教学有时候也无法奏效。原因在于不经过思考的体验是无法予以消化的，在这个过程中学生自然也没有办法进行高阶思维和加工。即使创造了良好的课堂和学校气氛，拥有了教师极富创意的项目和活动，也远远不够。虽然学生可以从特定文化环境中获取价值观、态度、信念和信息，但强大的学习能力和适应性决策能力需要学生付出更多的努力和行动。因而，体验是需要被加工的。

原因很简单：这与学习的深度和学生的参与度有关。例如，几年前，克雷克（Craik）和洛克哈特（Lockhart）（1972）发现，深度加工是有效记忆的关键。在下一章中我们将介绍几种记忆的类型。一些学生只通过死记硬背学习知识，因为此时的巩固过程只涉及“练习”和“复诵”，此时记忆只是较低程度地使用了大脑更复杂的能力。记忆同时也是“自然的”和动态的，因为人们持续地使用他们所知道的并记住的内容对现实世界做出反应，在这个过程中新的记忆也在不断产生。在新记忆产生的过程中，他们需要准确地观察和思考，在当下做出决策，对未来进行预测，进行计划与监控，这些都与执行功能有关。第二种产生动态记忆的方法是将必要的技能和想法嵌入精心设计的情境中，然后挖掘其中的经验和技能。

> 主动加工可能是教学中最容易被忽略与低估的方面。

教师不再只是一味通过提供足够充足的信息保证学生能够理解材料，而是帮助他们进行深度学习。这样的转变的关键在于“主动加工”。本书第三部分更加强调实践应用，简化了先前的行文结构。我们会继续使用“支撑性研究”“运用原理”和“联系课堂”，但“联系自己”和“联系实际”将归入到上述各小节中。

支撑性研究：主动加工经验

每条脑智学习原理是都相互关联的；在本书的这一部分，我们将关注之前未提到的四条原理。

- 记忆方式具有多样性。
- 学习需要集中注意力和周边知觉。
- 学习既是有意识的又是无意识的。
- 每个大脑都是独一无二的。

主动加工与高阶思维技能

实现主动加工有多种方法。在下面的章节中，我们将详细地予以介绍并进行探讨。

练习和复诵

事实需要一遍遍地记忆，技能需要一遍遍地练习。这创造了我们所称的“表层知识”（surface knowledge）或“真实知识”。比如在医学院，那些未来的医生需要花时间记住身体各个部分、疾病症状、药物名称、功能及其他事实。在生活中有很多场合需要用到识记。为了满足这样的需求，主动加工可以说是我们能找到的最好的、最有效且最富有创造性的记忆方法。死记硬背式的学习是无法提高执行功能的，它更像是在我们“心灵杂货店”货架上装满未来某天可能需要的产品和配料的过程。

观察和提问

当人们为了精通一项技能，或为了对概念和思想有深刻理解而学习时，加工则变得更加复杂。最主要的方法是提高学习者的观察能力，并利用观察和提问进行深入的思考和理解。

每个专业人员都知道采取哪些步骤来发现真相，并应用他们所知道的内容来得到结果。在现实世界中，优秀的专业人员使用加工来解决问题，并提高自己的技能和知识。

以下是一些例子：

- 律师向客户、证人、专家和其他人提出关键性问题。
- 医生经过训练，能够通过询问患者有关症状和疼痛类型，来观察患者，并做出诊断。
- 治疗师不断地问探测性问题，听取客户真正的想法。
- 教练与运动员不断回顾运动员的表现，并监督他们的技能和观察他们的态度。

从以上例子我们可以发现这些专业人员正在进行持续的观察，并不断地提出问题，以获得更多的信息来理解事实。事实上，在某些时候，他们是在指导客户和患者进行自我观察和提问，因为客户才是真正需要了解自己并使用高阶思维的人。

需要注意的是，以上这些类型的问题只有当学习者沉浸在足够复杂的体验中时才会真正有效。医生、治疗师、教练等都对现实世界的情况进行观察和提问。同样在教育方面，体验提供了情境，使得主动加工得以实现。

例如，我们最近在与建筑师一起设计一个学习中心。这是一个合作的过程，建筑师问我们的需求，我们请他提出建议。他向我们展示了他的想法，我们也说出我们的需求（例如，确保每个人都可以看到屏幕和其他人）。从教学的角度看，这就是加工。它需要运用观察和提问来帮助理解经验。

专业人士使用的上述问题可以为教师提供处理的方向。之后教师可以使用加工来巩固技术知识或学术知识。以下是他们能做到的：

- 教学生提出批判性问题。
- 帮助学生观察和判断自己和专家的工作。
- 协助学生将他们的创造（例如，创意写作或科学研究）与他们所想的功能联系起来。
- 鼓励学生通过提出探索性问题和倾听评估可能的结果。
- 鼓励学生审查事实和细节，并检验他们的信念和结论。
- 帮助学生回顾他们的表现，监督和评估其技能和态度。

自我调节

我们已经表明，除了发展一般的技能或进行理解之外，开发大脑的关键在于执行功能的发展。这涉及学生监督和调节自身行为和冲动的能力的提升（Perry, 1998; Zumbrunn et al., 2011）。首先，除了学习各种各样的东西，学生不断地改进学习的方法。大多数时候，这被称为“元认知”——思考个体思考的方式。其次，这意味着学生可以开始掌握自己的心理状态，并且对维持放松心理警觉有很大帮助。

主动加工是提高元认知和促进自我调节的关键。事实上，学生有许多机会去观察自己的行动，了解自己的优势和弱点，并得出改进的方法。这对他们的成熟和提高自己的能力和信心来说是至关重要的。

反思意味着需要放慢脚步，减少冲动；它可能让学生意识到自己需要有更多的策略来解决问题或处理难度高的材料；它预示着需要掌握新的与其他人交往的方式。这种有关自我发展的一系列策略和过程是主动加工的另一方面，帮助学生意识到他们在不断成长，变得更成熟和更有能力。

应用原理：主动加工在教学方法中的应用

正如我们所说，脑智学习有三个基本要素：在学习者中创造最佳的氛围和心理状态，我们称之为“放松心理警觉”；让学习者沉浸到嵌入了课程和标准的复杂体验中，我们称之为“全情投入体验”；以及促使学习者形成经过巩固学习的“主动加工经验”。每个教学方法对这些要素的处理方式略有不同。

本质上的区别在于教学（或协调式沉浸）和加工是如何结合在一起的。

> 对线性指令和顺序指令进行越多的控制和强调，充分的主动加工出现的机会越少。

IA1——直接教学法

在IA1——直接教学法中，教师准备并呈现信息，然后学生对其进行记忆。直接教学法很大程度上依赖于练习和复诵。只有有限的机会被用于思考和分析，而也未达到需要深入理解或进行学习者驱动决策的程度上。学生若不进行加工，教师就无法知道学生已经听了或理解了什么。除非他们进行交流，参与开放式的讨论或提问，否则学生会误以为他们自己已经了解了。

IA2——项目/问题式学习与教学法

IA2——项目/问题式学习与教学法是一个更复杂的教学方法，涉及体验、小组参与以及学生独立思考和极强的创造力。主动加工在该方法中的使用机会更多。在整个教学周期中，教师能在许多场合中使用精心设计的、有针对性的问题，并与学生进行互动，进行分析和反思。然而，由于该方法仍然由教师控制并且趋于结构化，所以很多时候，看上去指导和加工是分离的，反倒是与具体的教学活动有关。

IA3——引导式体验教学法

对于 IA3——引导式体验教学法来说，放松心理警觉、全情投入体验和主动加工经验这三个要素是依次出现的。它们更像是三股线组成的一个螺旋或三缕头发编成的辫子。例如，在课程最开始的阶段，教师可以通过提问找出学生的兴趣点。主动加工可以协助教师让学生放松下来，并促使学生提出学习者驱动问题。

> 由于学生的兴趣和动机发挥了巨大作用，而教师也需确保达到了教学指标，所以课程进行过程中往往会有许多突发性事件要解决，也会有不同类型的问题需要解答。主动加工也可以说是全情投入的一个体现。

此外，在项目进行期间和项目结束后可以持续地进行反思和讨论。主动加工也包括在课程结束时帮助学生巩固知识和理解。

搭建舞台

在实施过程中要能够体现加工。因此，我们曾以各种方式在本书的这一部分中至少使用了一个共同的主题：美国宪法。这个主题以不同而又重叠的方式出现在几个不同的年级中，甚至在大学中。虽然我们会根据需要添加一些事实信息，但我们觉得这样适当添加内容是有必要的。

赋权领导者：加工日常经验

对员工职业发展的最有用的方法之一是加工其日常经验。当然这里我们指的不是抱怨和趣闻，而是表达和倾听自己所观察到的课堂中的现象和自己所思考的进步。工作给人以体验。通过对体验进行加工，我们开始巩固和“感知”学习，以促进深入理解。这会使得工作更简单，心情也更加愉快。就好像领导者创造出了一个容器，里面充满了各种好奇的追问、创新的探究实验和无限的创意。根据领导者的影响范围，这可能出现在某个课堂甚至在整个学校中（Klimek et al., 2008）。

过程学习小组的设置是为了在每次会议上花费一些时间来进行真正的加工。正如在课堂中，最迫切的是创设一个适于倾听和安全的环境。当人们加工时，他们才能理解自己真实的想法，并且反思如何积极应对问题，如何弥补错误。这个小组不是为了倾诉，更是为了倾听和学习。不知不觉中，这个小组可以成为在团体内部培养信任感的最佳选择。

我们建议运用接下来四章中介绍的做法和策略。但是，领导者会发现有时可能向自己和他人提出探索性问题很困难；有时单独或与同事一起对课堂进行观察会很困难；也有可能其他过程更适合。所以需要领导者根据实际需要进行调整。

领导者和员工都需要慢慢来，不要急于求成。

与国家教学标准一致

卓越的教师会意识到最强大的学习往往受学生自己产生的问题的驱动。教师会给学生创造机会，让学生积极地提出问题，并自己设法找到答案。教师的工作在于帮助学生建立探究过程的良好的心理状态、心智习惯和态度。

——标准 II：学科相关的知识

国家教学标准围绕的中心是寻找并且利用有效问题，引发学生的思考和反思。主动加工是专门为了实现这一目标而设计的。

第 13 章 脑智学习原理
——每一个大脑都是独一无二的

我们每个人都是复杂生活网络中的独特一环，对这个网络做出自己的贡献。

——狄巴克·乔布拉（Deepak Chopra）

脑智学习原理 12：每一个大脑都是独一无二的。

▶ 核心观点

教育需要面对的悖论是人类的相似又相异。例如，每个人都是基因的表达，但是每个人又都有各自独特的基因蓝图。为了达到更高的教学标准，教育工作者必须掌握和了解学习者的共同点，同时将每个学生视为具有独特特征、能力和需求的独立个人。因而教师和学生都需要发展高阶思维或执行功能，以便他们能够应对并处理各种情况。此外，教师和学生要更深入地了解不同的模式，以便识别出各种问题的同一性和多样性。

学习能力：每个学生都有许多尚未开发的潜能。与此同时，学生在运用独特的个人天赋和能力时能更有效地学习。

支撑性研究：学习风格、智能、个性和沟通

脑智学习原理阐明了人与人之间的相似之处，在排除了年龄、文化和其他因素

的影响之后总结了每个人是如何学习的。实际上每个人都有能力发展执行功能，例如，进行适应性决策。

除了相似性之外，每个学习者之间也有着差异性。大脑的发育受到经验的影响。独特的基因遗传和独特的体验相结合使得每个人的大脑和生理结构各不相同。也因此人们根据自己的看法做出差异化的决策。

如今，神经科学领域已经能够使用诸如正电子发射体层摄影（PET）和计算机体层摄影（CT）和功能性磁共振成像（fMRI）等技术，使得研究人员能够承担不同的任务，在不同的情况下观察大脑。而且不断发展的技术也能支持神经科学研究人员研究大脑不同部分不同的功能，比如言语加工、视觉感觉加工、维持平衡。除了神经科学外，心理学的不同分支也通过大量研究揭示了人的相似性和差异性。

学习风格和多元智能

从 20 世纪 70 年代开始，教育研究者便开始探究不同学生的学习差异性。与此同时，教学方法也逐步变得多元以适应不同的学习风格。这之后越来越多人期待教师能够允许学生使用他们喜欢的方式表达正在学习的内容（例如 Dunn & Griggs, 1988）。学习风格研究协会（Institute for Learning Styles Research）便是致力研究这些学习方式之间差异的组织。

另外一方面，霍华德•加德纳（Howard Gardner）（2006）和罗伯特•斯滕伯格（Robert Sternberg）（1988）试图重新定义智能，超越智能作为“抽象认知能力”的限制性定义。

斯滕伯格认为存在三种主要类型的智能：创造型智能、分析型智能和实践型智能。

创造型智能指的是以多种方式思考或做某事的能力。创造型的人会质疑假设，寻找新的方法来解决问题或情况（Sternberg, 1997）。

分析型智能是指有意识地制定和解决结构化问题的能力，如数学解谜、应用策略和准确评估结果（Sternberg, 1997）。

实践型智能是指在实践中持续学习的能力，在这类情境中知识被用于解决问题或应用于日常生活中（Sternberg, 1997）。

这些类型的智能都部分地涉及了高阶思维或执行功能。

教育者更熟悉的是霍华德•加德纳的多元智能理论（Gardner, 2006）：

1. 语言智能（理解和使用语言的能力）
2. 逻辑—数理智能（使用数字、分类和推理的能力）
3. 空间智能（准确地感觉物体并准确地转换图像的能力）
4. 身体—动觉智能（掌握一个人的身体运动、抓握物体的能力）
5. 音乐智能（掌握音乐的能力，包括音调、节奏和音色）
6. 人际交往智能（理解和辨识他人的感觉、情绪和动力的能力）
7. 自我认识智能（通过洞察了解自己的能力）
8. 自然观察智能（在自然中研究自然的能力）
9. 生存智能（对有关人类存在问题的敏感性和深度挖掘这些问题的能力）

同一性风格和沟通方式

同一性风格是普遍的个人视角，揭示了个体如何加工体验。最有名的测试工具莫过于 MBTI 测试（Myers-Briggs Type Indicator）（Briggs-Myers & McCaulley, 1985）。它的理论基础是卡尔•荣格（Carl Jung）的心理学理论。其他的学习风格工具更多是在研究个体的哪个感官占主导地位，这种方法最早被运用于神经语言学程序设计中（Bandler & Grinder, 1979）。

以下基于感觉偏好的沟通风格有助于理解不同人与他人交流时差异。

凯恩等人（Caine, Caine, & Crowell, 1999）开发了一种基于主要感觉模式及相应倾向的四类风格模型（凯恩身份模型）（Caine Identity Profile）。他们称之为沟通风格，分为如下四类：

- **冒险者**（多感官主导）
- **管理者**（听觉主导）
- **评估者**（视觉主导）
- **教育者**（情绪主导）

尽管这些模型并非完全适用于所有情况，但是它们的确能帮助学生和成年人发现自己和其他人看待世界的方式的差异，并看到这些差异如何进一步在决策、协商、表达等交互中显现。

文化差异及其他社会差异则是更宏观的问题。人类学、社会学等研究领域也都在不断对此进行探究。

面对丰富的材料，教育工作者往往会陷入困境。哪些方法或工具对教育最有用？教育工作者如何平衡集体性与个体性，在学生小组合作的同时也让每个学生建立自己对课程的理解？

运用原理：四种沟通风格

我们建议你选定其中的一种风格，并深入探究其特殊性。刚才我们简要提到的四种沟通风格。我们（杰弗里和雷娜特）对这些进行了研究，以确保这个模型的效度和信度。阅读以下说明，并确定你比较符合的类型。自我参照（self-reference）是学会与他人交流的关键技能。这些技能对任何小组工作都至关重要。

冒险者（多感官主导）

改变和多样性对你来说非常重要，包括各种感官体验。例如，你可能喜欢去购物或去一个从未去过的地方，但在一个提供太多感官刺激的环境中可能会迷失（失去方向，失去你的时间感，或忘记你的目标）；你会预测未来会发生什么；你喜欢进行猜测与推理，但你不会在细节上过多纠结；讲故事的时候你往往会添油加醋，这可能是因为你喜欢有兴奋点和戏剧感的交谈；你的自主性和创造力都很强，但你往往也因此忽略秩序，忽略别人的感受和想法；你很情绪化，喜欢改变，期待乐趣，往往同时进行着几个计划；在那些众人一起探讨和交流的场合中，你倾向于提出许多意见并试图转移别人的注意力；你目标感很强，往往因为过分在意手头的任务而无意中恼怒别人。当受到压力或威胁时，你的第一反应是发泄消极情绪，并予以反击。

管理者（听觉主导）

语词和声音对你非常重要。例如，你热衷于挑战，也好为人师；你往往能够快速决策并不轻易放弃；决策之前你会掌握足够多的信息，但对细节并不上心，宏观上的思路对你来说更有意义；即使你也抗拒压力，你却很容易对他人施加压力；你直接、大胆，也因此会冒犯一些比较敏感的人；你常常能够领导别人，但是有时因为你待人较为冷漠，或者与别人接触时过分直接与唐突，而在群体中格格不入；在众人聚集讨论项目的时候，你会直接表明你想要成为领导者的愿望，因此你往往疏远那些说话拐弯抹角的人；了解细节、重视细节对于一个领导者来说至关重要。倾听别人和重复你听到的信息也能够让你得到更多人的支持。当受到压力或威胁时，你的第一反应是直接反击并控制事情的进展。

评估者（视觉主导）

秩序和条理、事物的外观和内在对你来说都很重要。例如，你对人或地方的第一印象取决于你看到的一切；你在意别人对你的看法以及你在他们心中的形象；你做事井井有条，擅长规划，期待能够掌握事情发展态势，让事情按照你的计划进行；有时候你会比较机械，当意外发生时你可能一时间难以调整；在与他人交流、讨论时，你关注计划和流程；那些不同意你观点的人往往会激怒你，甚至会让你拒绝一些有价值的选项或好的建议。当受到压力或威胁时，你的第一反应是感觉到受伤并试图维护自己的形象。

教育者（情绪主导）

对你来说，你自己的感受和你想象中的别人的感受都是非常重要的。例如，你往往希望自己亲力亲为；你需要别人的陪伴，独处让你感到抑郁和孤独；你关心他人也乐于帮助别人；你希望让他人快乐，因此你会尽己所能以此证明别人需要你；你可能会因为付出太多，以至于感觉到被伤害甚至是愤怒；当与他人互动时，你有时候会不敢提出自己的想法；你希望对于平静与和谐的需求可能会让你在与别人协商时委屈了自己。当受到压力或威胁时，你的第一反应是感到受伤并产生退意。

提问

每个人身上均存在以上这些风格的特征，但通常有一个风格是占主导地位的。例如，假设有四个风格不同的人决定出去吃饭，然后去看电影，谁更愿意组织整个事情？谁会把每个人的想法都考虑进来，并且往往会玩得十分起劲？谁更可能预先计划了整个事件，包括会吃什么和穿什么？谁更有可能在最后一分钟反悔？

不同风格的人在评估一个情境时有何不同？他们认为什么是最重要的，他们首先关注的是什么？他们在适应情境和发挥高阶思维或执行功能方面会有差异吗？

以下是其他需要考虑的问题：

1. 不同的风格的人在求生反应中都是如何做出反应的？（在受威胁的情况下，谁倾向于逃避？谁倾向于攻击？）
2. 不同风格的人如何与陌生人交往？谁会去接近陌生人？谁会保持距离？谁会主动出击？谁会被动接受？
3. 你如何看待决策与领导倾向？是一些人会主动提出，而其他人保持观望？是否存在天生的领导者和追随者？是否有些人看重细节，而有些人看重整体？
4. 这对于你的教育工作有何启发？
5. 你是否能够适应与不同类型的学生交流并进行有效对话？你如何去适应？

注意事项

过于清楚地将人归类其实并非好事。有可能会错误地标记他人、误解他人，这对于双方来说可能都是不利的。例如，有些差异可能是特定环境导致的，这意味着在不同的背景下对他人的预测可能是不可靠的。你是否遇到过类似的事情？

联系课堂：充分运用差异

教师日志

我们的一个朋友在一个大城市里的学校里当五年级教师。当时正好有个大型会议在附近的会议中心举行，其班级受邀参加了这个国际科技会议。但是当时相关部门禁止了所有的实践活动，要求各个学校专注于提高阅读课程的教学，并达到课程标准，她不得不拒绝这个提议。因此，学生失去了远足学习的机会。

这次会议本应该是一个让学生能够通过活动学习的机会，学生借此可以接触到音乐、艺术、工程、科学、数学、阅读，更重要的是可以获得快乐。

那所学校用的是IA1——直接教学法，只进行直接的指导。这样的教学方法忽略了个体差异的作用，以及丰富的体验对提高学习的作用。

将这个故事与下一个故事进行比较：

我们的一个教师朋友喜欢维持课堂的秩序性和系统性。她在教诗歌的时候习惯于选择一种诗（例如颂），用半节课的时间详细解释颂的一些特征，然后再用一节半课的时间来鼓励学生自己写诗，而且需要学生运用每一个她提及的特征。当我们来听她的课的时候，我们发现除了两个学生之外，其他学生都心不在焉。

在与雷娜特一起合作了近一年后，她的诗歌教学法发生了根本性的变化。她找到了进行课堂设计的办法。她邀请一些人来背诵一些出名的诗歌，并让学生选择一种吸引他们的诗歌形式，然后让学生自主阅读他们喜欢的诗歌或他们自己写的诗歌。而且在每堂课上，学生都有机会讨论他们从课堂上学到的内容，讨论往往别开生面。

教师也重新定位了她的角色。她会提出问题，也会让发言的学生充分表达他们的观点，并且举例说明。她找到了几乎能够吸引学生参与的方法，但也给自己带来了更大的挑战。这是怎么一回事呢？原因在于并非所有的学生都喜欢在公共场合发言，也并非所有的学生都喜欢参与小组讨论；有些人的反应比较快并不意味着他们见解独到；有些人心思细腻，更容易受伤；有些人喜欢循序渐进地寻求答案，而有些人则想要立刻找到答案。她的挑战之一是如何将她的课堂变得更加开放，使得不同风格的学生都能参与进来。另一个更大的挑战是如何使自己变得更加多样化，以便更好地帮助每一个学生，充分响应学生的需求和喜好，充分发挥学生各自的优势。

教师面临的挑战：变得更加多样化

我们在本书采用的发展路径是一个强大的工具和基本框架，成功地处理了学生的相似性和差异性。现在我们需要识别并且利用我们所描述的个人差异，这就要求教师要变得更多样化。

- 他们可以通过不断引入新的材料来了解学生的差异。
- 他们还可以通过扩展教学内容和经验的加工途径来挖掘学生的差异。

IA1——直接教学法

IA1——直接教学法毫无差别地看待学生，并按年龄和年级进行分类。每个年龄段或年级的课程是有着严格要求的。教学是线性的，并按照顺序进行的。教师通常通过持续控制来管理班级，以至于忽略了个别学生的问题、风格、特征。

教学

对于只使用 IA1——直接教学法的教育者来说，最好的教学方法就是以一系列的方式呈现材料，以调动不同的感官和迎合不同的偏好：

- 你可能喜欢使用音乐和图片，并引入一些故事。
- 你可能会提供一个框架，同时也指出一些细节特征。
- 你可能希望将特定的和预先设定的内容都融合到一个有趣的故事中。

加工

从帮助学生记忆的角度来看，使用 IA1——直接教学法的教师可能需调动不同的感官辅助记忆：

- 让学生使用图片和图表以及单词来组织核心内容。
- 让学生根据内容编故事。
- 引导学生寻找他们所关心的人参加的，与所学内容相关的活动。

◆ 让学生通过肢体运动进行记忆，例如，通过演绎或舞蹈来展示具体内容。

IA2——项目 / 问题式学习与教学法

IA2——项目 / 问题式学习与教学法更加多样化。学生可以单独学习或一起学习。在教学呈现和评估过程中都可以有多样化的体现。在这种教学方法中，教师往往会采用多种评估工具。教师更多地利用课堂气氛和学生的支持来完成教学。这种教学方法需要掌握的一项技能是如何提供真实选择和学习者驱动决策，另一项技能与学生所接触到的体验范围有关。

教学

在 IA2——项目 / 问题式学习与教学法中运用个体差异的关键在于确保项目能够提供复杂体验，而且能够满足具有不同风格和感官偏好的个体需求。这意味着，教学指导不能只是停留在言语上。毕竟，即使是商店里组装家具的说明，也都是文字搭配着插图的。以下的方法让项目增色的同时，也关注个体差异：

◆ 通过分享相关视频进行预热。
◆ 就如何全力构建一个项目进行讨论。
◆ 让学生分享体验和故事，以便阐明项目。

加工

主动加工也同样如此。当对项目进行分析或者在加工内容时，要确保学生使用不同的形式。创造机会让学生进行交流，鼓励学生运用画画整理思路，充分发挥手机和电脑上各种应用程序的作用，重新对教室进行布置，让学生进行展示等：

◆ 学生应该要有机会进行系统性思考、组织，并提出他们的想法和发现。
◆ 当学生在进行内容的准备或者在组织语言的时候，应该允许学生让内容变得更有趣更灵活。
◆ 给学生创造多样的机会，比如让学生能够私下进行交流，分享他们在项目中的体验，让他们在课堂上能够有机会交朋友或者与成年人进行互动。

需要注意的是，尽管一些学生会偏爱某种形式，但教师应该鼓励所有的学生尝试全部的感官形式。

IA3——引导式体验教学法

IA3——引导式体验教学法丰富了教学内容的可能性，而且扩大了学生的选择范围。这有助于采用多种方式和以不同的角色进行学习，扩大评估范围。

当然，以下也有一些需要注意的地方。

第一，学生不能因不喜欢某事而不去做这件事。我们并不是在传递一个错误的信息，让人以为如果学生不喜欢写作，就可以用其他活动代替。信息时代的高标准给学生的读写能力提出了更高的要求。关键是要从个人差异入手，为学生提供多种情境，以多种方式进行选择，增加学习动力和提高学习的成就感。

一个解决方案是拓宽学生写作的途径，同时嵌入复杂的分析。教师可以通过寻找学生喜欢采用的不同立场和观点来找到个人差异方面的信息。

这可以通过指导和加工来完成，二者之间往往相互影响的。例如，在整体教学阶段，学生可以被邀请在所有课堂活动的过程中扮演不同的角色。具体而言，从主动加工角度来看，可以从以下这些身份的角度来进行写作：

- ◆财经新闻工作者
- ◆小报的记者
- ◆房地产开发商顾问
- ◆政界新人
- ◆环保主义者
- ◆教师
- ◆家长

……

第二，一些学生已习惯于IA1——直接教学法。从我们的经验来说，几乎所有的学生在经过长期的学习后最终都会倾向于 IA3——引导式体验教学法，但是如果大多数学生最初只接触过 IA1——直接教学法，教学一开始可能会受挫。

第三，有些学生比起其他学生需要更多的结构和指导。这可能是由于学生所处的校外环境不同造成的。如果他们在大多数时间处于求生状态，或者错过了提升一些基本习惯和技能的机会，那么确实需要加紧追赶。

> 我们在本书中寻求的发展路径考虑到了个人需要，这些教学方法都不是排他的。IA2——项目 / 问题式学习与教学法在适当和需要的地方包含了 IA1——直接教学法的内容。IA3——引导式体验教学法在适当和需要的地方包含了 IA1 和 IA2 的内容。

自我监控和共同学习

人们习惯于否定那些与自己不同的人。这导致人们很难一起完成项目或进行团队协作。基于放松心理警觉所创建良好课堂气氛就是促成团队协作重要的基础。

此外，孩子们喜欢了解自己的学习风格。特别是青少年，他们正在努力发展自己的个性，因而他们渴望别人尽可能多地知道他们是怎样的人以及他们与其他人有什么不同。这有助于学生在群体里自我表现，也有助于教师组建小组。

当我们介绍凯恩的沟通风格时，学生喜欢将自己、同龄人和家人对号入座。切勿忘乎所以，要意识到这些不过是理解人们的部分途径。同时，课堂需要给学生评估自己的机会，让学生找到与自己相似的一群人组成小组，分享故事并且剖析这样的风格是如何产生的。

然后，通过学生不断加工自己的观点和深入理解差异，我们可以帮助学生培养更好的社群意识和团队合作精神。而且他们可以由此更好地了解自己和他人。例如，进行小组合作时，我们需要问以下的问题：

- 你在刚开始此项目时是否遇到了问题？
- 最开始是谁计划的？
- 是谁想要按原计划进行？
- 为什么你认为这些方法是不同的？

◆ 我们应该如何进行妥协和合作？

> 教师需要让学生意识到：差异是存在的，但是不同的方式都有其可取之处，有时人们确实会偏爱于其中的一种。为了保证有效的合作，每个人都要了解他们自己。这意味着适应性决策和执行功能是在学生合作中逐步加强的。

与不同个性风格的人合作还有一个潜在的好处：目标总是处于放松心理警觉状态。正如之前已经提及的，学习和个性风格的一个特点是，不同风格的人进入求生状态的方式是不同的。正如佩里等人（Perry, Blabely, Baker, & Vigilante, 1995）在区分过度警觉反应和解离反应时，发现一些学生在受到威胁时会倾向于将自己抽离，变得安静，不再参与；其他的学生在感到无助或受到威胁时往往会生气和表现出叛逆。另外，有些学生会消极怠工；其他人则会更努力。但是当学生和成年人认识到他们自己的风格时，他们也会意识到自己的求生状态。慢慢地，他们在别人身上也看到类似的现象，就不会不理性地将这些人归结为“坏人”，而是认为他们经历了无助和恐惧。这种意识建立在耐心和包容上，也有利于维持放松心理警觉状态。

赋权领导者：多元化的机遇

管理和领导任何一家企业的巨大挑战之一是被管理者之间的巨大差异。这种多样性实际上是一种机遇，只是不同的人必须找到方法来利用差异、超越差异，以进行协作。作为教育者，加深我们对如何学习的理解将有利于我们成为一个实践者。多元智能和现今存在的大量文献已经给我们提供了一个良好的框架，围绕这个框架我们能够更好地了解学校中的不同学习者。同时，它给予成年人机会，让他们深入认识到学习是如何在他们身上发生的。

我们建议，员工（包括教学人员和非教学人员）都找机会按照本章介绍的方式开展和探索个人风格。在过程学习小组及以后的教学中，每个人都应找机会研究这些结果。你们会发现他们中的一些人喜欢细节，而其他人喜欢框架；有些喜欢连续性，另一些人则喜欢丰富性；一些人是视觉主导，一些人则是动觉主导，等等。你们还可能看到自己的偏好和风格可能也适合一些学生和同事。事实上，这也可以说无论主题是什么，无论人们说了什么，他们心里的想法总是更多。

明为什么你们能和一些人相处并一起工作，但却无缘无故地不喜欢其他一些人（或不被其他人喜欢）。

我们可以看到，在构思、规划和决策中的差异也可以在探索的过程中得到解释。根据我们的经验，处理不同的属性对大多数人来说往往是有趣的。这使合作变得明晰，也是冲突解决的基础。

这种方法的基本思想是一切既是分离的，又是有联系的。人们是不同的，也是相同的；需要同一性，也需要多样性。这种由个人信念和理解塑造的理念是真正综合课程的核心，也是找到融合主题、联系标准与学生经验能力的核心。因此，在过程学习圈进行了一段时间后，教育者就可以引入机会，在有序分享中反思一些比较大的想法和统一的主题。这些主题列在本书资源 C 中。

这还不是结束。主动加工不仅仅是简单的帮助指令。生活中的许多乐趣，以及每份工作的成长都源于人们在工作和所有教学中加工自己的体验。

我们强烈建议，过程学习圈的普及和持续使用应该深深地根植于学校的文化中。它需要一个严格的方法来持续地使用。这是培养不断学习的深度精神的途径，而最理想的状态是它能够最终融入学校的本质精神。

过程学习圈应该成为教育者生活和工作的一部分。它们就像职业发展的绿洲，使得教育者持续地得到支持和挑战。

根据我们的经验，过了一段时间，过程学习圈可能会变得非常紧密，也可能需要改革。这取决于实际的情况，但学习的过程应该保持不变。

与国家教学标准一致

卓越的教师尊重和重视学习社群中的所有成员，而且期望学生能公平而有尊严地对待彼此，在一个多元化社群中树立行为得体的榜样。

选择全班、小组或个人开展活动，挑选学习和讨论的文本是为了保证学生均能参与学习。以学生分组进行小组合作为例，教师可以将不同背景的个体组成小组，或者建立领导角色，以防止学生们有性别或其他方面的刻板印象。

教师需要创造环境，让学生互相学习，并且让学生认识到每个人都有各自的优点和缺点。

——标准 VI：尊重多样性

人们之间有相似性也有差异性。对于学生如此，教职员工亦是如此。关键是找到一种充分发挥差异性和相似性优势的方式，减少二者带来的干扰。只有这样，多样性才能真正被重视。

第 14 章 脑智学习原理
——记忆方式具有多样性

脑智学习原理 9：进行记忆的方式至少有两种。一种是死记硬背的记忆，是存储独立的事实、技能和过程的方式；另一种是动态的，基于对体验的理解，创造出日常自发使用新知识的方式。

▶ 核心观点

记忆可以影响人的表现，因而记忆是生存和成功不可或缺的因素。但是，对人们如何记忆依旧存有很多困惑，这也是有时候教育的目标之间相互矛盾的原因之一。所以教育者要能区分作为传统教育标志的机械记忆 / 死记硬背和参与到日常体验的动态记忆。事实和过程有时候确实是需要记忆的，但死记硬背只涉及高阶思维的浅层部分。只有在动态记忆中，执行功能才能得到发挥，这个过程可以形容为从存储内容中筛选出适当信息，再对新环境做出反应。

学习能力：所有学生都具有死记硬背和积极参与动态生活体验的能力。关键是如何将两种能力结合在一起。

支撑性研究

关于记忆的研究已经有上千年的历史。近来，认知心理学家和神经科学家试图辨别并列举出不同的记忆类型和记忆系统（例如，Squire & Kandel, 1999）。例如，他们对以下记忆做出了区分：

陈述记忆——对事实的记忆

程序记忆——对技能和过程的记忆

情节记忆——对个人生活中事件的记忆

语义记忆——对言语含义的记忆

情绪记忆——与情绪相关的记忆

还有许多其他记忆的方法，比如“短时记忆”“工作记忆”（见第2章）和“长时记忆”。我们在之前也讨论过作为执行功能中心的工作记忆。

事实上，研究者不断增加了记忆系统的类型或对不同类型进行重组。例如，另一个经常使用的区分记忆方法是外显记忆和内隐记忆。外显记忆是人们有意识地回忆和存储内容。内隐记忆是人们基于情境或环境而间接获取的内容。内隐记忆很少能有意识地回忆（对于深入的解释和描述，可在网络上检索短语“外显记忆和内隐记忆”）。

问题是区分这些记忆类型并不足以帮助教育工作者，主要是因为所有的记忆系统都与日常生活相互联系，在教学过程中它们也是相互联系的。福斯特（2003）使用了小说《哈克贝利·费恩历险记》（*Huckleberry Finn*）中的一段（当哈克贝利·费恩离开木筏后搬到城镇时），以证明所有记忆系统在运作时是如何相互联系的。

记忆和决策

在我们看来，教育工作者需要区分对事实和过程的存储或记忆，以及在行动（如决策、焦点转移以及对现实作出反应）中发展的记忆。第一个是死记硬背，第二个我们称之为动态记忆（尽管它也可以称为情境记忆）。

主动加工可以增强这两种记忆。

存储记忆：事实信息与固定流程记忆

当人们想到记忆时，他们会想到记住词汇、事实、技能和具体的过程。我们知道这些记忆对任何实践或专业都至关重要。最根本的是，每个课程和每门学科都有一组需要存储或存档的信息和流程，以便在必要时可以检索。

我们几乎无法想象一位没有专业知识和专业词汇的医生如何能够描述病症或开

出药方。我们也同样很难想象一个神经科学家不需要记忆大量有关大脑特定区域和功能的信息。律师、工程师、教师、作家和机械师都需要记住特定的词汇和流程以指导其进行实践。

记忆在学习中确实具有关键作用，并且大多数 IA1——直接教学法侧重于用教师指导的练习和复述多个学科需要掌握的必备信息。然而，这种记忆多是静态的——它往往是固定不变的。

> 几乎所有的标准化测试都涉及检索存档的“内容”。其实，记忆本身支持真实决策，因为人们记得特定的技能和“事实是什么”。

动态记忆：主动决策记忆

在现实世界中，被记忆的事实和程序是由每个如解决实际问题和决定如何行动的瞬间整合在一起的。到目前为止，我们所讨论的基本模式都需要执行功能。这些模式几乎难以觉察，但绝对重要。

> 记忆神经科学家埃尔克霍诺恩·高德伯格（2001）对真实（正确或不正确）决策和适应性决策进行了区分。正如一个心脏专家不会不知道肺动脉瓣是什么，也不会完全不知道如何诊断病人——包括分析该病人特定的各种信息和数据。一个无法进行信息整合或分析复杂信息，进而做出关键决策的专业人员便是一个缺乏关键技能的专业人员。这些能力往往比掌握词汇和基本流程更加重要。因此，关键信息和程序能够随时被提取并使用。

教师培训提供了一个接近每个教师心底困惑的例子。大量的教学着重于让学生记住事实和理论（真实的）。当教师不能将有关测试的记忆转化为课堂中学生的自发提问和对计划外的问题做出真正反应（适应性）时，这样的记忆就变得无关紧要。上课和考试往往脱离现实生活的原因在于识记的内容无法被运用到实际场景和生活中。

事实知识，包括被记住的信息或流程，也被称为静态知识或表层知识，它很难转换为动态情境。在动态情境中，许多不可预测的因素聚在一起，需要个体做出适当的反应。这种整合事实知识（真实知识或静态知识）以适应新环境的能力被称为学习迁移（transfer of learning）（Haskel, 2000）。学习迁移对适应性决策至关重要。

> 实际上，在实际情境中事实被不断地评估和使用，使得在行动瞬间所提取的记忆成为适应性决策的核心。

运用原理：记忆和个人体验

让我们一起来探索记忆。回想一下你必须通过死记硬背来记住或学习一些事实和流程。

- 它是什么？
- 你是如何学习的？
- 记忆花费了多长时间？
- 记忆持续了多长时间？
- 不考虑你所处的情境，你可以回忆起多少（如果你想的话）？

现在回想一下日常生活当中的一个技能，一个随着经验的增加而提高的技能。注意你所做的事在多大程度上是无意识的，而不需要有意识的思考？比如说语言——从日常对话到写信和写报告。

- 你的能力随经验提高了吗？
- 你是否在不自觉地使用了信息、想法或流程？
- 在练习这种技能时，你会做出什么样的即时决定（例如，是否与某人交谈，使用什么样的语言，讨论什么问题）？

你会发现，掌握了复杂的技能，死记硬背中使用的信息和流程也会被提取出来。但是大多数时候，你对所学知识的应用以及你使用被记忆内容的方式，都是在现实世界情境中作出行动和实践的结果。

联系课堂

教育工作者面临的挑战是，在适当的时候使用机械记忆，同时进行针对性教学，以便学习者能够理解教学材料，并能在日常生活中进行运用。在前面关于全情投入体验的章节中，我们展示了不同的教学方法如何处理这种情况（例如，见第 7 章）：

IA1——直接教学法主要用于死记硬背和表层理解。

IA2——项目 / 问题式学习与教学法因为需要应用技能和程序，所以用于产生更深入的理解。

IA3——引导式体验教学法帮助学生掌握材料，让他们可以在日常生活中自发且适当地使用。

主动加工可用以支持和深化每种方法。

对记忆的加工：融入新颖性、创造性和幽默感

当进行记忆、练习和复述时，我们建议你通过游戏、谜题和其他趣味性活动，使其中记忆内容更有新意。关于如何辅助和增强记忆的探索已经有近千年的历史。

接下来还有一些方法，让每个人都更容易上手，并保持积极的课堂情绪和氛围。这种学习方式主要适合于记忆和 IA1——直接教学法，但同样也能激发学生的创造力。产生的想法也具有新颖性和幽默感——这些都能够增强记忆力。随着教师和学生获得更多经验，便可以提高难度。例如，当使用 IA1——直接教学法来教授美国宪法时，可以以下列方式记住名称、日期、各种文档等大量基本信息。

1. 基于智力竞猜节目的游戏。“危险边缘”（*Jeopardy*）“幸运之轮”（*Wheel of*

Fortune）等游戏都是极佳的记忆方式。在最开始的时候，教师使用课程材料作为提问内容来设计游戏。在几次尝试之后，学生们就会爱上相互提问。

2. 歌曲和故事。让学生创作歌曲或诗歌，还可以编故事。如果一开始以三个人为一个小组进行协作的话，学生会更轻松。

3. 多次重复。鼓励学生将需要记忆的内容编成歌。让学生重复地唱整首歌或歌曲的一部分。这会让趣味性大大增加。

4. 谜题。设置一些谜题是有益的，因为谜题可以引发学生的思考。例如，利用课程材料编一个谜题。另外，如果有图片信息，还可以制作拼图。更进阶的方法是让学生在组内互相出题。

5. 夸张、模仿和利用模型。如果压力不是很大的话，学生往往喜欢进行展示。学生可以想象科学或历史里的某些人物在那样的场景下会如何反应，然后使用夸张的手势、动作和语言来进行模仿。另一种方式是让学生想象他们在一个会议现场，受邀来进行一个主题发言，最开始他们需要做的事情就是开始进入说话的状态，他们可以假装是专家，可以用幽默的话语开篇。这样做的目的在于，让学生开始进行表达，以获得对主题的感觉。

6. 可视化。卓越的运动员和演员经常提前想象比赛或者表演的全过程。滑雪者开始做回旋动作之前似乎会真的看到自己的表演；几乎所有职业高尔夫球手告诉我们，他们会在击球之前看到球击出之后的样子。学生也可以做同样的事情。例如，教师可以说明历史事件或化学过程，并让学生尽力去生动地想象发生了什么。排练一直用于想象最佳的表现。学生可以想象他们最好的表现会是什么样子，并在可视化过程中实际作出调整。

用于理解和实际使用的加工：有效提问

IA2 和 IA3 中的大部分重点在于让学生能够深入到全情投入体验状态中。教师需要充分挖掘这些经历，让学生能从中有所收获。在下一章也会讨论到的一个过程是去帮助学生提高他们的观察能力和技巧，另一个过程是提出有用、有效的问题。

在宾夕法尼亚州匹兹堡附近有一个很棒的高中生物学教师，他在要求学生全情投入之前、当下和之后如何进行指导方面颇有心得。他充分利用了附近的一条小溪流。教科书应该被视为一种资源，而非框定了操作步骤的“菜谱”。溪流给学生提供了机会，并激发了学生的兴趣。当学生专注于研究水生环境及其与社会的联系时，他会因势利导；当学生有问题时，他会予以概括提炼；当学生观察时，他有时会要求更多的细节或要求他们思考其意义是什么；当学生汇编报告时，他会对其证据和逻辑推理提问，引导他们做出结论。他会要求学生仔细检查拼写和写作。他知道学生在现场的时候是深入思考这些“目标”及其周围发生的事情的最佳时机，因为此时他们参与了，思考了。他的学生在州科学竞赛中赢得了多次的胜利。

> 有效地使用提问可以帮助学生观察和了解他们正在学习的内容和技能，同时吸收和保留大量的信息。

提问的技能需要不断在具体实践中得到提高。以下我们也提供了一些构思问题的方式。

跨出第一步

对于那些不了解如何提问的教师而言，以下四个问题会提供很大的帮助。尤其是对于一些需要学生进行决策的项目。当学生（单独或团队）在进行一个项目时，教师可以问：

你（们）想要（或需要）我看些什么？

不要为了维持纪律以管教的方式问问题，而是以真实的探究方式，帮助学生用他们自己的话清楚地描述他们的项目。这是一个能引起学生关注细节的问题。

你为什么特意选择这样做呢？你的目标是什么？

要特别关注学生的回答，如果学生说“因为教师要求我必须这样做”有时是真的，但有时它是学生不愿意思考的借口。这个问题可以引起学生对项目或活动的原因的关注，这也是理解项目的重要步骤。

你能解释一下吗？

这个问题是一个很重要的过渡。回答这个问题时学生要能够实时地谈论、回忆和阐明中心思想和概念。

如果……会发生什么？或者如果……那又会发生什么？

这个问题是引入新的可能性和想法的契机。它迫使学生说出他们的想法和结论，而不再仅仅回答简单问题。这为更深层次的思考做好了准备。

例如，假设教师正在教授“宪法”和“人权法案”，一个学生表示对奴隶制以及杰斐逊（Jefferson）对奴隶的所有权感兴趣。教师的问题可以从比较宽泛的“为什么《人权法案》在这里出现？”到更具体的“宪法是如何对待奴隶的”。教师可以使用“如果……那么……”的假设了解学生的想法。例如，问题可能是：“如果杰斐逊放弃了拥有奴隶，那么你会怎么想？”

学生不仅仅只是在回忆基本的事实和技能。如果做到了全情投入，学生将在他们的答案中运用基本的词汇和概念。而且这些问题是评估学生的知识和理解的方法，也是在帮助学生回忆、表达、展示自己的学习。教师还需要注意：问题形式不应该标准化（特别是在经过一段时间的尝试之后可以灵活运用）。

如果教师自己能够灵活应对，不拘泥于原有的提问顺序，那么，当学生说话时，教师已经准备好了下一个合适的问题。这样，他们就可以与学生进行一个相当自然的对话，这将有助于保持放松的状态，以便教学的开展。

用于建立初始联系的问题

这些问题适用于不同的时间和对象。它们可以在全面体验之后使用，也可以在学生进行研究时使用。对象可以是整个班级、个人或小组。建议使用以下问题：

- 这与我们上周做的有什么关系？
- 你们还记得我们什么时候遇到过类似的情况吗？
- 这是我们所说的包容性概念的一个例子吗？

- 你们还记得哪些文学作品也有类似的主题？
- 你可以不同的方式进行描述吗？

通过类比和比喻来加强理解的问题

许多来自基本物理学的概念可以用于理解其他学科。你可以花一天时间观察，人们都会在哪些情况下，使用“力”“动能”“惯性”“杠杆”“轨道”“场效应”和“粒子”等术语。

你还可以自己或与同事一起做一些事情：花点时间，在所教学科中寻找隐喻和类比，然后选择至少三个你认为最重要的隐喻和类比。当你通过向学生提问来帮助他们了解所教内容时，使用这些类比和隐喻。如“在哪个方面这个（想法……）像（类比或隐喻……）？”这里有些例子：

- 内战与家庭矛盾有何相似之处？
- 观点与杂草或野花有何相似之处？
- 大脑与电脑的异同在哪里？
- 政治过程和游戏或游戏节目有何相似之处？

注意：许多人已经将隐喻视为一种手法。那些有兴趣进一步研究这个过程的理念和技术的人可以去探索“共同研讨法”（Synectics）（Gordon，1968）。

教师日志

有一次我们班在写树木的诗歌，我们把有关树木的知识都编辑成册，用显微镜观察叶子、树枝和树皮，根据已经掌握的树的信息进行提问，并且进行艺术创作。这些活动都让我们对树更加了解。我被一个不常在班里发言的学生的话惊讶到了，他说：“我一直在想我们的课堂多像树啊。根是构成我们所在空间里的所有东西，它是我们学习的地方，是充满养分的。树干以小组的形式出现，我们在那里学习和成长。随着我们的变化，我们年轮就会多一圈。树枝和树叶是我们一起做的事情（项目、班级会议等），种子是我们的新想法。是的，我想我们就像一棵树。”我喜欢他的见解，以及他超越课本进行比喻的思考方式。

通过提问构建故事

教师教学的目标就是让各种事实自然地联系在一起。在本书第 8 章中，我们将故事描述为一个自然的结合体。在这里，我们将介绍一种使用提问将故事中的信息整合起来的方法。

- 故事是什么？
- 发生了什么？
- 谁参与了？
- 描述场景的设置。
- 什么时候发生的？
- 找出关键的时间点和事件。
- 你认为接下来还会发生什么？
- 谁可能也参与了？
- 故事要表达的内容是什么？

将这些问题运用到讨论之中：放射性或双螺旋的发现、微积分的发明、摇滚乐的诞生和衰弱，等等。这些问题能够让学生获得具体的知识，也能够同时帮助到使用 IA1、IA2 和 IA3 的教师。

苏格拉底法

为了达到一些重要的高标准，教师有时必须提出一些困难的问题，迫使学生深入思考他们的意见和观念。苏格拉底法（Socratic method）被大多数法学院和商学院使用。教师先让学生阅读法律案件或商业案例，然后开始提问，在提问过程中逐步提高对于学生观察力的要求。问题是取之不尽的，这就是为什么使用这样的问题是一门艺术。

如果教师在教授美国宪法，那么他可以这么进行提问：

- 分权（指政府的立法、行政和司法部门）是什么意思？
- 政府部门如何相互独立？解释“分权”的含义。
- 立法的意义是什么？法院如何制定法律？
- 讨论诸如马伯利诉麦迪逊这样的案件，其中美国最高法院给予最终权力来解释宪法。这是一个立法行为吗？如果不是，是什么样的行为呢？

> 苏格拉底法的关键在于注意学生使用的核心概念，然后通过每个特征的定义、寻找概括化的内容和未说明的假设来深入诠释概念。

要注意这种教学方法有时候可能会使学生害怕。教师要能够创造一个良好的课堂气氛（放松心理警觉），同时还要能够接受自己的错误。

学生提问

最终目标是让学生自然而然地开始提问，并回答大量的提问。这对进阶的 IA2——项目 / 问题式学习与教学法和 IA3——引导式体验教学法来说是必不可少的。学生应该学会如何向同学和教师提问。提问可以在主题即将结束的最终报告和展览的背景下进行。

教师日志

在对宪法进行评价时，学生希望以自己独特的方式分享他们的理解。在课堂里学生充满对活动、研究、制作的热情。在活动进行期间，我与每个小组分别进行讨论，提出问题，检查是否按照要求进行，并适时地提供资源支持。许多学生还利用了自己课余的时间开展这个项目，有的用在家的时间，有的用午餐时间，有的用课前课后的时间。展示的当天，班级分为了三组，每组都发表了对这部宪法的观点：三分之一支持，三分之一反对，三分之一决定根据现实生活辩论再选择立场。课堂里挂着学生制作的横幅，从美国国旗拼贴画到美国印章。桌子重新进行了布置，以便全班可以充分参与。在各小组呈现他们的文章、诗歌和图表等的时候，还可以播放背景音乐。一个小组使用投影仪展示并搭配了音乐，而另一组制作了个人视频，包括采访当地公民认为宪法重要性的原因。整个班级对每个小组进行了表扬和批评。学生提出了许多问题，如“你为什么这样做？这是谁说的？当……时，会发生什么事？如果……时，你会怎么说？”你可以发现每个人都对自己能够为这个课堂做出贡献而感到自豪。显然他们对宪法中的政府概念有了深入的了解。我并不需要强迫他们的学习，但我已经通过持续性的支持和指导性的提问大大地激发了他们对于学习的兴趣。当学生开始对自己的学习负责的时候，他们会有更深刻的理解。

反思

你在生活中有没有这样的经历：（在任何生活领域）导师或同事的提问让你强化了对一些事情或者过程的记忆和理解？你也是否通过问题启发过别人？

应用原理：进阶提问

主动加工本质上是倾听和提问的能力。

在这里，我们想要说明的事实是，深入理解的程度很可能是没有极限的。让学生产生兴趣的关键是要增加他们的选择，同时认真地倾听以及进行有技巧地提问。

这是一种扩大提问范围和提高问题深度的方法。

选择一个更广泛的主题

每个概念都可以被看作是更大概念的一部分。这就是为什么一些课程框架现在使用“模式”之类的伞状概念作为整个学科的基础。大的想法和主题往往超越了个人主题，成为了联系材料和整合课程的自然方式。“秩序”和“混乱”的概念可以应用于小说和戏剧、任何国家历史性时刻、力量在物理世界中相互作用的方式、艺术形式的变化以及其他学科的变化，等等。

使用这些大想法的好处是，他们自然地引入了所有不同的学习风格，整合多个方面的内容以及人们在感知和加工不同内容时的多种不同的方式。

> 我们发现了一种非常有效的方法，即使用一组可以在任何地方引入的，具有复杂性的通用主题。我们称之为“连通性原理”（Principles of Connectedness）。

凯恩等人在《心智转换》（*Mind Shifts*）（Caine & Crowell, 1999）一书中将“连通性原理”作为“有序分享”的基础：

- 整体大于部分的总和。
- 现实是线性的，也是非线性的。
- 内部和外部相互映照。
- 秩序源于混乱。
- 现实包括物质、能量和意义。
- 一切事物同时包括了部分和全部。
- 对于“是什么”的追问一直都在持续中。
- 一切事物都处在层级中。
- 稳定的系统反对变化，而动态系统通过改变而存在。
- 节奏和周期存在于各处。
- 所有事物既是分散的，也是有联系的。

出于教学的目的，你可以将这些列出来。将它们制成图表，贴在墙上。选择其中任何一个，并使用它来构思问题。或者用这些问题来进行“有序分享”。

运用连通性原理提问

选择连通性原理的其中一条，在课堂上提出一些问题，引发关于材料和更大主题之间的联系的讨论：

- 这部小说、这一历史事件或科学过程等有着什么样的节奏与循环？
- 在（这个科学发现或政治事件）中，你是如何从混乱中看到秩序的？

尽管很多分析都是通过语言进行的，但是探索或者引入的方式还有很多。因而，对话也可以通过艺术创作或者音乐作品来阐释。这便是在为电影配乐者所需要做的事情之一。同样的途径也可以被运用于课堂设计上。

大主题的使用能够自然地引入课程中的主题和概念，是一个整合课程的强大工具。此外，当不同风格和有不同体验的人表达自己的意见时，其他人也可以接触到各种各样的观点和看待事情的不同方式。

> 还要注意的是，奇妙的主题可以激发学生的兴趣和爱好，并将这些兴趣与标准相联系。

赋权领导者：记忆和洞察

我们邀请你和教职员工可以在学习本章内容的同时，在生活和工作中探索记忆的本质。这是教育者了解学生如何记忆的最佳方式。以下是一些建议使用的问题：

- 在什么情况下和什么目的的驱使下，你会使用死记硬背的方法记忆？
- 你的日常生活的哪些方面是你不需要刻意记忆，但是却总是能够轻易记住的？
- 相比新学科领域内的新知识来说，你是否更容易记住自己专业学科领域内的新信息？如果是，是什么使它更容易被记住？
- 在什么情况下，你会发现很难记住新的信息？

> 帮助人们改变教学的有力的大杠杆之一是让他们意识到：记忆通过洞察而增强，深入理解概念能让学生更容易记住相关内容。

第二步是在各种各样的情况下锻炼提问能力。在某种程度上，这也是在锻炼主动倾听能力。然而，要在课堂上更有效地使用提问，必须能够很好地设计问题，并能够在日常生活中通过提问深入了解问题。

在本书的前面，我们探讨了项目学习的意义。检测你学校所用教学的一个好方法是计算学校里正在进行的、能够激发学习的项目数量与已经完成的活页练习题 / 作业本的数量。通过项目，学生逐渐成为优秀的提问者。如果他们在学校的经历紧跟练习题提供的内容，他们将发展成一个优秀的提问者，最终称为杰出的问题解决者。

此外，教职人员可能会发现，提问时关注提问的语气和帮助是有助于双方相互合作的。教学的目标是发展一种高级的技能，而不是让被提问的人感到受威胁。回顾本书的第一部分，再与同事一起温习放松心理警觉的内容。从我们的经验来看，使用提问也能帮助工作人员阐明问题、与社区合作，并总体上改善学校或地区间的沟通。

与国家教学标准一致

当教师需要倾听、剖析和评估学生的反应时，他们给学生设计班级活动或进行独立学习的机会，在这些过程中他们探索自己的问题和兴趣，并将注意力集中在确定自己目的和对象上。

——标准 V：意义学习

教师对学生、学科和资源的了解有助于他们选择最充分利用自己和学生的时间的重要的主题和材料。

教师根据主要题材、主题和技能使用不同教学方法的能力，使教师可以根据学生的表现，调整教学进度，改变讨论的焦点。

——标准 VII：获取知识的多种途径

教师的一个任务是根据学生的表现做出反应，改变讨论的焦点。为实现这一目标，锻炼本章中介绍的提问技巧是非常重要的。

第 15 章 脑智学习原理
——学习需要集中注意力和周边知觉

脑智学习原理 7：学习需要集中注意力和周边知觉。

▶ 核心观点

众所周知，在人学习或做出有效决定之前，必须十分专注。注意力是一个由兴趣、好奇、情感和意义引导的自然现象。注意力对记忆至关重要。但少有人知道的是，人也会在他们很少有意加工的环境中学习。这就是我们的文化差异被教授的方式以及在孩子们没有注意到他们是如何学习的情况下“获得”特定的行为、信念以及喜恶的方式（Schacter, 1996）。盖•柯雷克斯顿（Guy Claxton）称之为“渗透学习”（1997）。教育者需要让学生参与到需要使用执行功能的情境中，诱发学生的自然需求去参与并做出决策。教育者还需要了解环境如何教育他人以及如何使用该环境来帮助所有学生进行更明确的学习。

学习能力：当学生加强注意力集中并使用多层环境学习时，他们的学习效果会更好。

支撑性研究：注意力是生存的关键

首先需要注意的是，注意力是生存的关键。对于在丛林中寻路的人、在新城市中徘徊的人和坐在课堂里的人来说，确实如此。

这是因为大脑与心智一直沉浸在感觉、图像和输入之中，并不断选择哪些应该关注而哪些应该忽视。注意力本身是自然存在的，往往受最感兴趣的内容或与满足需求相关的内容驱使。

新奇

大脑与心智会对新奇的东西做出立即反应，这是大脑的网状激活系统（reticular activating system, RAS）所发挥的作用，它会对输入信息进行监测。因此，在个体已经注意的事情和其他需要注意的事情之间，不可避免地存在紧张的关系。传入信息在某种程度上越是新奇或不同，学生就越有可能注意到它。例如，新的人（学生、教师、助手或嘉宾）进入课堂就可能让学生转移注意力。无聊是新奇的对立面，它会导致学生为自己或班级同学创造新奇，传统课堂的教师会认为学生这时候出现了纪律问题。

情绪

注意力会被情感所吸引或得以维持（Sylwester, 2002）。例如，当人们在商场购物时，他们会关注什么取决于其喜欢购物的程度、谁在身边以及这次购物的重要性等。同样的影响因素也适用于任何课堂和课程中的任何项目。无论对于一门学科是喜欢还是不喜欢，考试的急迫性、对项目的期待、冥想和思考时听听音乐、竞争奖项或见名人，这些活动引发的情绪反应将会增强注意力。

人们往往更加关注让他们产生强烈感觉的事情。对于需要解决问题或理解事实的科学家、艺术家和专业人士来说确实如此。政治、宗教讨论所激发的激情也常常会有类似的效果。但仅仅增强注意力并不会使得人们展开新事物的学习。

当人们开展活动时，会有一些因素与注意力相关，其中有一些我们已经通过脑智学习原理作了介绍。

意义

> 因为每个人的世界观不同，所以不能总是预测学生的搜索模式或他们感兴趣的事件。

因为寻找意义是与生俱来的，个人倾向于关注对自己有意义的内容，而且意义越大，参与积极性越高。关系导向的人可能会更加努力地与同事处好关系，而不是关注任务本身。目的和意义影响了人们注意的内容。这就是为什么许多教育者希望课程与学生自身有关的原因，也是为什么学习者驱动的适应性决策对于动力和学习如此重要的原因。

模式

对于一些人来说走在陌生的城市里比走在自己社区里更容易迷路，因为他们更喜欢熟悉的模式。但对其他人来说，满足兴奋感和新奇体验的需要是至关重要的。这些人往往喜欢远足游学，了解异域风情，学会新的语言，掌握异域文化与自身文化的细微差别。在学生转到新学校、遇到新教师、遇到新奇主题的时候亦是如此。

无助

我们发现，与无助和 / 或疲惫相关的威胁会抑制复杂的学习。因此，当人们感到无奈时，他们会更多地注意威胁他们的事情，这意味着他们失去了观察环境中其他重要线索的能力。心理学家称之为“知觉窄化”（Combs, 1999; Sapolsky, 1998），即人们看不到面前的事物或听不到正在说的内容。

控制注意力是执行功能的关键特征。随着学生逐渐成熟，学习更多地需要学习者驱动时，学生开始负责决定关注的内容，调整问题解决所需的努力程度以及持续时长，评估事件的重要性，将注意力当作有效决策的基础。

周边知觉

周围环境虽然是人们没有直接关注的环境的一部分，但依旧会有一定的影响。

周边知觉在视觉中得到了很好的证明：

> 我们的视力在视野中心（“中央凹视觉”）的敏锐度最高，这并不意味着在视野的其余部分的视力较差——它们仅仅是用于注视不同的事物。中央凹视觉用于观察高度精细的事物，而周边视觉用于形成广阔的空间场景和用于查看较大对象。中央凹视觉使得细节得到优化，而周边视觉则使粗糙信息得到优化。（Color Vision & Art, n.d.）

一些未让人察觉而产生的影响来源往往是隐性记忆形式（Schacter, 1996）。如当你离开一个摆放了很多东西的房间后，有人要求你尽可能多地回忆房间里的物品，你可能只记得一两个。但研究表明，如果让你从含有不同项目的列表中识别，你更可能选择那些在房间里的物品，即使你不记得它们！

商业广告的原理与此相同。即使你只看到一次或只是瞥了一下，而且坚定地认为你没有看到产品的名称，但当给你一些产品进行选择时，你更可能选择或更喜欢那些你接触过的产品。这就是为什么广告商将广告植入到能够激发特定观众欲望或产生恐惧的节目中。

> 黛安娜•哈尔彭（Diane Halpern）（1989）描述了她和一位出租车司机的谈话。她和司机一直在讨论电视上洗衣产品的广告模式。出租车司机坚信自己从来没有注意到这样的广告，认为自己只是总是买那款能将衣领周围污渍去除的蓝色洗涤剂。哈尔彭说："虽然他相信自己未受到广告的影响，事实上这些广告直接决定了他的购买习惯。"

这对教育意义重大，实际上学校中的孩子正受到整个环境的影响。"颜色对他们意味着什么？""工厂和监狱等建筑传递了什么信息？""他们如何对钟声做出反应？""携带枪和金属探测器的警察形象对他们有怎样的影响？"这些关键信息都来自环境。学生从彼此间、与成人的互动、成人的价值观中学习到很多东西。

学生听到的对话内容和情感色彩对他们的影响是什么？举个例子，那些表现出尊重或蔑视、耐心或不耐烦、自信或不安的身体语言和面部表情都会对学习者产生明显的影响。这就是为什么外围环境的设计以及教师、学校员工的心态和行为会影响学生重视的东西及采用的方法。

整合注意力和情境

我们需要利用和设置学习所发生的情境，以引导学习者的注意力，支持学习和教学。教师试图吸引并保持学习者的注意，来让学生有效地使用注意力。

运用原理：感觉输入和保持注意力

我们想请你花一点时间来研究自己注意力的工作方式，并探索周边环境对你的影响。

感觉输入

找到或回忆一个场景，如坐在最喜欢的餐馆里或在湖上航行。这有利于你观察或回忆一些事件或场景。

- 注意直接感觉输入——颜色、亮度、运动、风的沙沙声和/或交通的噪声等。注意你的其他感官是如何反应的。
- 注意你所观察的事物是如何让你意识到所处的环境的。注意这个环境的独特性，并注意它是如何增加你的快乐和体验的。

这个活动的第一个目标是让你更多地意识到自己的体验离不开感知基础，第二个目标是让你明白所有人都自动地将感觉输入到已获得的熟悉模式中。

教学得不到反馈或者无法吸引学生注意力的主要原因之一是教育者经常提供单词和符号——干巴巴的语言说教，而未让感官参与到学习中。

选择和保持注意

为了探索人决定关注点的方式以及程度，你可以尝试每个工作日花上一两个小时记笔记。尽可能记下吸引你注意力的事件。尽全力记住最能引起你注意的事物，并记住让你保持或转移注意力的事物。问自己这样的问题：

- 我真正关心的是什么？
- 我花了多少精力集中注意力？
- 当时我还在想其他什么事？
- 我的注意力转移到了哪里？
- 新的关注点有多重要？
- 我的注意力在多大程度上，受压力、兴奋、健康或疲劳的影响？

你还可以思考，为了了解周围情况，你是如何观察周围环境：

- 你是否在寻找什么东西？
- 你是否忽略了正在发生的事件？
- 这与你的教学有什么关系？与你的学生有什么关系？

> 反思最后一个问题。你可以与他人进行讨论。你会看到环境和注意力之间的关系是动态的。两者是密切相关的，学生肯定和你一起参与到了这种关系的构建中。

联系课堂：束缚注意力和周边环境

与脑智学习原理的其他方面一样，如何吸引和利用注意力，以及其与周边环境的交互和支持都取决于所使用的教学方法。接下来我们探讨教学方法将如何既吸引注意力，又利用学习环境。只有通过 IA3——引导式体验教学法，才能完全整合环境和注意力。

吸引注意力

IA1——直接教学法倾向于通过控制来让学生保持专注。通过课堂管理技能确保学生关注教师或黑板上的内容。当需要学生集中注意力时，教师只是敦促学生“大家注意了”。

IA2——项目 / 问题式学习与教学法使用活动来激发学生的欲望，包括他们的新奇和兴趣。通常使用的方法是幽默的表达和简短的多媒体演示。此外，教师可以通过提出诸如“仔细看，你会看到奇怪的东西，它是什么？”等问题引起学生的好奇。这样的教学也可以将内容与学生的个人背景结合在一起，并促使学生发言或讨论。

一些教师也通过使用新奇或刺激感来引起学生注意。他们会在课堂中创造一个突然的、意想不到的事件（如装扮成乔治•华盛顿或外星人进入教室，或设计一个独特的实验来证明一些物理原理）。

教师日志

我们刚刚开始了我们在新网站上的课（七年级）。一天早上，我开始上有关中世纪历史的课。从滑动白板的后面出来了一条一米多长的蛇。在保证学生安全后，我打开了教室的后门，并让蛇迅速地离开了。我们没有马上回到历史课的内容上，而是讨论了刚才发生的事情。学生们一起问了一些问题："为什么蛇在那里？""它的生存环境发生了什么变化？""它可能在寻找什么？""我们建设新学校对这条蛇的栖息地有什么影响？"然后，我们使用中世纪时期的艺术来了解当时的人们对他们的环境的感受。蛇成了我们原来话题的一部分。后来我们将这次经历运用到我们的写作项目中。我们将蛇引入到我们的课堂中，这对学生的心理和注意力来说是一个好机会，可以利用他们的兴奋感使他们集中注意在话题上。

IA3——引导式体验教学法通过对学生进行提问，激发学生的兴趣。换句话说，教师对全面体验的认识和使用越多，他早期引入问题——主动加工的关键——就越容易。这就是为什么本书第 8 章中介绍的全面体验是半开放式的，这样教师就可以按如下提问：

- "你对什么感兴趣？"
- "你有什么问题？"
- "这个提醒了你什么？"

设计环境

环境是非常有用的。第一，因为注意力是会转移的，所以教师和管理员可以设计环境，让学生的注意力可以落在那些与所教内容相关的事情上。第二，因为人们会自然地从环境中学习新东西，所以环境可以以"加速学习"的目标进行设计。

IA1——直接教学法

多数 IA1——直接教学法会使用公告牌，并偶尔使用图表。电脑技术主要用于加速和优化表达和操作，使过程以一种热烈、活泼的方式呈现。

对于使用 IA1——直接教学法的教师来说，他们的主要挑战是要通过使用视觉支持和技术支持，使教授内容变得多彩和有趣（保证其不会让人感到压抑或无趣）。

IA2——项目 / 问题式学习与教学法

IA2——项目 / 问题式学习与教学法通常大量使用课堂内的图表和具体指南，十分有用。使用项目 / 问题式学习与教学法的教师会通过改变他们的课堂设置，突显不同区域的不同功能。计算机不再是练习或者复诵的设备，而是同课堂环境一体化，用于本地使用和远程操作，充分发挥技术的作用。

以下方法有助于提高环境设置的作用和价值：

- 使用能传达基本信息的图表和海报，让课堂上不同位置的学生都能看到。可以移动海报且定期更改内容。
- 在墙上张贴引人关注的作品、海报和问题单。换句话说，引入和放置材料会激发兴趣，促使问题的产生，注意不必马上提供答案或信息。材料内容可以是骨骼标本、照片、新技术或者是其他有用的但没有具体答案的谜题和句子，例如“一切都是相互分离与相互联系的”。
- 使用有影响力的艺术作品来传达或暗示正在探索的主题。例如，梵高的《星夜》（*Starry Night*）可以在天文学课程中使用，所有埃舍尔（Escher）的绘画都可以与人类的感知相联系。

网络和技术对于教师而言极富运用价值。大量的在线视频就是一个例子，这些视频几乎是所有学生所需要研究的主题。另一个例子就是，人们可以单独或一起进行模型构建，并进行模拟。

这个方法的挑战首先是如何使课堂具有设计感的同时也可以有均衡感。不能让学生被淹没在大量的信息中，以致注意力无法集中。其次，材料应该相互关联。用设计自己的生活空间的角度来审视课堂和进行技术展示。通过改变环境以创造新鲜感从和持续地激发兴趣。

IA3——引导式体验教学法

IA3——引导式体验教学法是以学习者为中心的。学生参与到自己的学习环境设计中，并设计自己的环境。除了能让学生自主参与外，这种方法还能使环境变得更加生动。例如，在一个高级西班牙语课程中，学生和教师会在每个星期五组织活动。班级学生被分为“居民”和“游客”（他们将使用本周和迄今为止所学习的词汇和材料）。“居民”可以自由地以他们喜欢的方式设计课堂，使它像一个讲西班牙语的城镇，而且要与课程中的材料相联系。

一些教师，特别是较低年级的教师，喜欢把他们的课堂变成学生可以进行探索的场所，比如说区域性栖息地或附近的城市。“剧场方法”对于中年级学生来说也非常有效。当教师和学生习惯于设计这些“环境”时，设计本身就可以成为教学和评估的一部分。教师只需要简单地进行提问：“为什么要用这个项目？”“它告诉我们什么？”“为什么不是别的东西？”“为什么要放在爱因斯坦图片边上而不是牛顿图片的边上？”很多电影或电视节目中的好想法都可以被应用于课堂环境的设计。

应用原理：通过有效观察来集中注意力

> 很多时候，学生在找到“正确的”词语或绘制有趣的图片时，并没有深入思考主题、想法或技能。

学习者可能看了内容但并没有真正进行思考。看懂对真正有效学习来说是不可或缺的。引发学生做研究或项目的任务的兴趣是前提，而重要的是他们研究的有效程度以及他们在工作时学到的内容。伟大的艺术家和科学家最重要的技能之一就是他们能够详细观察现象并感知其中的模式。获得诺贝尔奖的科学家比那些没有获得诺贝尔奖的科学家具有更多的艺术爱好（Cole, 1998）。

观察能力

以下是教授观察技能的方法。它有助于完善所有教学方法。

1. 要求学生描述他们看到的对象。第一步是帮助学生提高他们的感官敏锐度，从而提高信息收集的质量和数量。学生可以两人一组或三人一组开展工作。有时他们可以汇总观察结果，而在其他时候可能需要独立地描述事物。

你可以从一个非常简单的东西开始，如岩石或叶子。一定要给出具体的指示或提出具体的问题，像这样："它是什么颜色？""有多大？""它的触感怎么样？""有多重？""它让你想起了什么？""它是否有哪些方面是你不熟悉的？""能描述一些细节吗？"

> 注意：学生思考灵活度是不同的，最终他们看到的东西可能不同。教师如果越能运用这个流程，他们就越容易了解学生。

2. 情境理解。尽管一些项目可以进行独立检查，然而，许多关键特征取决于项目被发现或过程发生时的情境。因而帮助学生学习观察情境中的事物的方法在于使用视频。你可以选择任何主题的视频，从撰写历史小说[如《傲慢与偏见》(*Pride and Prejudice*)]到组织户外活动（如动物星球频道）再到有趣的科学研究（如对大脑的探索等）。

学生的观察需要由问题和指令进行引导，包括：

- 有谁参与了？
- 他们看起来 / 听起来像什么？
- 他们穿着什么？
- 请描述物理环境。
- 这处于什么历史时期？
- 环境的哪些特点支持你的观点？

> 虽然你希望学生注意具体的细节，你也引导他们以新的方式去观察那些可能需要时间才能显现的模式。这是创造性的洞察力和思维开始发展的时候。

这个过程可用于任何具体的课程或主题。例如，目前这个过程被用于计算、戏剧、生物学、化学和社会研究等课程中。

这里有一些关于学生观察的重要提示：第一，不要让学生轻易放弃。他们可能会抱怨，可能需要帮助，但应该耐心地等待一些时间。第二，教师要帮助他们以更放松的方式去观察。一直盯着往往会干扰学生，使观察变得刻意。

3. 观察概念和隐藏议题。一种方法是使用媒体素养的若干练习。你可以选择一部纪录片或一两个流行的商业广告，通常使用不含酒精的饮料广告。

a. 通过广告如何潜移默化地对人们产生影响可以引入话题。告诉他们你会演示一个商业广告，然后所有人合作，看看广告商试图做什么（Healy, 1998）。
b. 给全班播放广告。
c. 使用主动加工，让学生在大组或小组中讨论发生了什么。使用以下的问题和说明：

- 描述场景。
- 谁是主要角色（其年龄、性别、种族或其他特征）？
- 主要活动是什么？
- 销售什么产品？

d. 再次播放广告，让学生评估他们描述得是否准确。
e. 接下来，分析那些间接对观众产生影响的商业广告或视频的特征。通过以下问题完成：

- 你认为使用这种类型的音乐的原因是什么？它是如何影响你的？
- 为什么那个年龄段的人们穿那些衣服？为什么不是别的？不同的服装对观众有什么影响？
- 推广的概念和主题是什么？（这是你真正开始挖掘你所描述的标准的时候，标准指的是从媒体素养到经济，到交流，到你正在准备教授的任何其他话题。）
- 在广告中是否有其他的或隐藏的消息？这些消息可能是什么？你的依据是什么？

注意：你还有其他的选择，包括新闻节目、纪录片以及电视剧、电影或视频片段。根据你使用的材料来调整你的问题。如果是新闻节目，你可以提出这样的问题：

- 你选择了哪些类型的主题？
- 你表达了什么关键概念和想法？
- 你想要传递什么观点？如何传递的？
- 描述关键人物的风格和方式（例如，未经审视就信以为真）。
- 戏剧是如何演出的（例如，政客们在发言时背后有旗帜）？

4. 深入理解概念和想法。我们在本书第 8 章中提到，有些人使用了许多优秀的纪录片如《盖兹堡战役》等，为引导班级学生探索南北战争创造了全面体验。在上一份问题清单中介绍的战略和问题使教师能够利用同一部纪录片将学生带入更深层次的学习，并探讨宪法历史的复杂内容。例如，教师可以选择纪录片中的几个主要主题，比如奴隶制、联盟的保护如何得到宪法支持、自由的概念等问题，让学生以大组或小组的形式合作，去描述事件发生的过程并进行理解。可以使用以下问题和指导：

- 描述背景。
- 主要角色都有谁（年龄、性别、种族、阶层、职业和其他特征）？
- 主要活动有哪些？
- 相关的事件（例如，联盟或自由）是什么？
- 谁参与了？他们说了什么？具体描述情境。它对你有什么影响？

当你确定主要想法和关键人物以后，你可以提出关于纪录片本身更复杂的问题。

- 是否存在矛盾的观点？
- 他们的观点分别是什么？

- 描述其中的差异。
- 你在哪些方面受到了影响？

一旦学生开始更多地进行观察，他们的参与会更积极，动力更足，自信心也会增强。这意味着注意力有利于学习者树立良好的心态，促进放松心理警觉，并让执行功能得到发挥，也能达到更高的学习标准。

反思

本章讨论了脑智学习原理 7：学习需要集中注意力和周边知觉。让我们回到教学中，选择一个学习主题，并通过提高注意力的初始问题来观察它：

- 你是如何吸引学生注意力的？
- 你是如何帮助学生更清楚地看到基本模式的？
- 你是如何帮助学生看到观察结果以外的内容的？

再看一下你的课堂：

- 你是如何通过空间和外部设施让学生沉浸在学习中的？
- 这些外部设施能发挥这样的作用吗？
- 同事会与你分享一些材料吗？

赋权领导者：学校的外观和感觉

环境持续地影响着我们。这就是为什么百货公司、餐馆、旅馆等都十分注重设计和外观。教学中一个常被忽略但非常有效的方法是改善氛围，使学校的整体环境和建筑都给人一种秩序感。

例如，在我们合作的一所学校中，我们（雷娜特和杰弗里）持续地鼓励教师将一些十分有影响力的艺术作品海报放入课堂。这得到了学校的响应，甚至校长和助理校长在学校的其他地方，包括他们的办公室和前台都放置了这些海报。在这所学校还有一位管理者非常受学生欢迎。因为他也参与了整个学校教学的变革，他与学生团队一起清洗涂鸦、清理学校。这两个行为对学校的氛围有积极正面影响，对学生父母和来学校的其他人来说亦是如此。

此外，因为学生不断从环境中学习，领导者和过程学习小组的目标之一就是提高学校的学习氛围。这样，学生就会发现，反思、严谨提问、对重要思想的讨论等都是自然而然的事情。

因此，我们请你与员工一起改善整个学校的外观和感觉。过程学习小组参与者可以通过提出诸如以下问题来评估学校的环境：

- 在教学楼内外，植被与混凝土的比例是多少？
- 是否有优秀的艺术品展出？
- 你可以在任何地方（除音乐教室或合唱教室外）听到唱歌的声音吗？
- 学校时间是如何安排的？时间段之间是如何衔接的？
- 环境是否让人感到快乐？
- 在多大程度上，课堂上教授的主题是用成年人的语言表述的？
- 成年人的语言和行为表明反思、批判性思维、高标准和开放心态多大程度上是自然存在的？

类似的分析可以成为创造一个更有活力的学校环境的基础。再通过简单的问题便能实现过程学习小组的第三阶段。这个问题可以是："为了实现我们发现的内容，我 / 我们应该做到什么？"

教师可以使用这种方法来增强他们课堂的氛围，给人建立良好的感觉，同时给人以影响。

之前有一位校长对他学校的一个教师赞不绝口。"这个教师真的很棒。你应该看一下他的教室！"我们（他和卡尔）参观了教室。"这是不是很神奇吗？"他问。但我一看，脑子顿时懵了。墙上、灯上、布告栏上、桌子上和窗户上的东西都很不协调，我们甚至看不到教室的背面！在这个教室里，学生很难集中注意力。

如果这个教师在你的学校里，你若是想帮助他改善课堂设计，也许你可以参考脑智学习原理 4：通过模式寻找意义。他可以为房间设置主题，同时引入跨学科的内容。你还可以帮助他改进信息的呈现方式。使得最终效果质量更高。

与国家教学标准一致

教师不断寻求机会，通过理论、研究、技术、已有的实践结果和非传统资源来拓展教学资源来源。这些资源给学生带来挑战的同时，也让他们意识到所处的社会、文化、伦理和物理世界的复杂性。这会帮助学生提高注意力，使他们变成更有能力和更为独立的学习者。

——标准 III：教学资源

这里的重点是教师如何为学生的注意力找到广泛的资源。“告诉”学生什么东西可用是很容易的方法，但这种方法效果并不好。更好的方法是利用环境和注意力，使学生真正地意识到并注意到他们可以使用多种资源。

第 16 章 脑智学习原理
——学习既是有意识的，也是无意识的

脑智学习原理 8：学习既是有意识的，也是无意识的。

▶ 核心观点

学习涉及不同层次的意识。一些学习需要有意识地解决或分析问题，一些更深层次的学习需要无意识的参与。艺术家和科学家的创造性思维常常发生在一些无意识加工之后。除此之外，真正成功的学习者也能够进行自我监测——这是执行功能的核心特征，以了解自己的优势和弱点，并决定自己的学习方式。为了让学生达到更高的标准，教育工作者必须用这些深层次的学习目标鼓励学生。

学习能力：在发展了自己的无意识功能后，所有学生都能更有效地学习。

支撑性研究：无意识心理的力量

觉知、心理状态和意识等是非常复杂的。我们在本书第一部分中介绍了一些放松心理警觉的核心思想。为了达到本书的目的，这些问题需要解决，而且要让教师从中受益。我们会在三个层次上进行努力。

- 有些加工是要无意识进行的。
- 有些加工是要有意识进行的。
- 有更高层次的能力，负责元认知和高阶思维 / 执行功能的发展。

自19世纪弗洛伊德时代以来，人们都知道，每个人都以有意识和无意识两种方式思考。无意识的思维过程可以对一个人的想法、感觉、反应和行为产生非常强大的影响（Neville, 1989）。

近年来，人们更加清楚地认识到许多思考是无意识的，它在“认知水平之下”运作（Lakoff & Johnson, 1999）。这说明个体进行的许多思考或者加工最后都促成理解，包括感知、记忆、学习和重组（Kuldas, Ismail, Hashim, & Bakar, 2013），而往往都在无意识觉知状态下发生。

神经科学采取了生理的方法研究无意识，也同意意识是多层次的观点（LeDoux, 1996, 1998; Sapolsky, 1998; Siegel, 1999）。那些研究、撰写创造性论文和书籍的人（例如，Perkins, 2001）和无意识在决策中作用的人亦是如此（Creswell, Bursley, & Satpute, 2013）。

创造性洞察例子

那些寻求问题解决或创造性洞察力的人需要进行混合过程。一方面，他们需要非常清楚自己想要回答的问题，然后努力寻找尽可能多的信息。另一方面，他们需要保持轻松状态，以激发大脑的创造力。很多时候，他们会在无意中找到解决方案。“孵化”（incubation）只是无意识加工的另一个说法。

缝纫机针的发明就是一个例子。伊莱亚斯•豪（Elias Howe）一直在思考如何将针头连接到机器上，穿过织物，再穿回来。这似乎不可能做到。一天晚上，他梦见他在丛林中，矮人向他身上投掷矛。所有的矛的尖端上都有孔。他醒来后意识到应该把线的孔设计在针的尖端，而不是针的顶部。缝纫机就这样发明出来了！

另一个例子是凯库勒（Kekule）发现苯的结构的故事。之前很长时间他都一直在研究苯的结构。一天晚上，他梦见蛇缠绕在一起。醒来后，他知道自己梦见了一些重要的东西，但不记得它是什么。第二天晚上，他做了相同的梦，醒来后记住梦的内容，并认为他梦到的模型就是想要的答案[有一本关于梦的能力的书可供参考，见《我们的梦境心智》（*Our Dreaming Mind*）, 1995]。

无意识加工是相当惊人的。接下来我们从概念开始探索，当一个人了解一个新的概念时，会产生顿悟（虽然这通常是非常微妙的）。这说明，形成新认识的加工过程与产生顿悟的加工过程在许多方面是相同的。创造力和学习理解就如同姐妹一样。两者都需要有意识加工和无意识加工的结合，以及将新的信息、体验与先前的理解相结合。

如果教育者希望学生更多地使用大脑，他们必须帮助学生进行有意识加工和无意识加工。一方面，教育者需要帮助学生抓准需要研究的问题，了解观点的意义，并收集、整理、排序和对比事实、数字和过程等。其中许多加工都基于有效的发展和执行功能的使用。另一方面，学生在启动思维上需要教师的帮助，使更多的无意识加工和组织能够产生。主动加工参与了在两个水平的工作，因此是非常有用的。

元认知：控制自己的意识加工和无意识加工

在任何领域中，提高表现和改进学习的关键在于了解一个人如何工作，然后有意识地发展其他的能力。这是因为所有学习的核心都是一个非常基本的反馈循环。

一个人在完成一些事情后得到发生了什么或如何工作的反馈，这种反馈为他或她进行调整或适当修改提供了机会。除此之外，我们有能力观察自己的表现，评估正在发生的事件，并在中途做出改变。唐纳德 • 舍恩（Donald Schon）（1983）称其为在“行动中反思”（reflection in action）。

这里的关键词是反思。心理学家戴维 • 珀金斯（David Perkins）（1995）提供了另一种解决这个问题的方法。他认为，大多数人可以发展出“反思智能”（reflective intelligence）。

反思

“反思智能”是“了解你如何进行决策制定、问题解决、理解学习和其他重要思维……你得到的东西是非常多样化的，有策略、习惯、信念、价值观等，但它们都可以帮助你了解自己的思维方式”（Perkins, 1995）。

当人们花时间观察自己时，他们常常会知道自己是会拖延还是容易冲动。这里的关键是能意识到自己行为的能力。

思考自己想法的概念被称为“元认知”，这个概念现在已经被广泛研究（参见，例如，Perfect & Schwartz，2002）。事实上，使用元认知是提升执行功能的必要条件，这一能力随着人们意识到自己的行为、能力和素质的提升而都得到加强。

例如，在多罗西·法迪曼（Dorothy Fadiman）（1988）的一部精彩视频《为什么这些孩子喜欢学校？》（*Why Do These Kids Love School?*）中，一位七年级的学生说道：

> 到了10:15，数学课开始了，我就会出现一种“天哪，又是数学课。我不想上数学课”的反应，但接着我会说，“放轻松……数学课没问题的。所以，去吧，上你的数学课。”

他掌握了审视并改变自己态度的方法。他因此有了更好的表现，提升了自己体验和学习的质量，甚至增强了大脑的能力。

反思相关的理论和实践方面现已有大量的研究，包括艺术教育等特定领域和其他一般领域（Larrivee, 2009, 2012; Larrivee & Cooper, 2006; Luckner & Nadler, 1997; Perfect & Schwartz, 2002）。

这对教育工作者有极大的实际意义：我们越多地帮助学生反思和了解自己的学习方式，就越能够帮助他们掌握自己的学习和加工方式，包括做事情来激发自己的思维，以加深对内容和自身的理解。

有意识和无意识训练

教育者可以通过各种层次的意识有效地帮助学生。在第15章中我们关注的是与手头上的任务直接相关的注意力。在本章中，我们将探讨教育工作者如何通过其他方法来帮助学生提高创造力和掌握自己的思维、感觉和功能。

运用原理：寻找顿悟的瞬间

请你通过使用创造性问题解决的基本策略，简要地审视你自己的生活和学习中的两种意识。这是一个元认知活动：你需要负责并观察你自己的一些功能。它需要你保持放松状态，让你无意识地做大部分的工作。这个活动的假设是，你已经了解了跟问题相关的一些情况。

步骤1：确定一个需要用独到解决方案的问题。通过讨论、记录等方式进行表达。比如说你可以选取你想写的一篇文章，也可以是根据一些严格的参数设计的建筑或你的花园。

步骤 2：尽可能收集所有的信息。提问题，与人交谈，阅读有关的书籍或文章，看视频，观察相关活动、地点和事件等。

步骤 3：趣味性思考。找到多种方式来思考问题和信息。可以去一个高楼的顶部思考，也可以看世界地图，思考关联性。把自己想成不同的人，从不同的角度思考问题。

步骤 4：孵化。先将这个问题放着不管，即使这样做可能非常困难。因为到了这个时候你可能已经经历了一些混乱和沮丧的时刻。尽管你的时间和精力都是有限的，但是你仍然需要做些其他事情。可能只是进行简单的休息、运动、放松、看电影或者做一些园艺。有时，你需要暂时从这个问题中跳脱出来，有意识地给自己留出一个小时、一个星期或更长时间去思考其他事情。

步骤 5：顿悟出现。时时保持警觉。你做了一个能够启发你的梦。你可能在交流中听到一些你不是非常理解但给你指明方向的话语。你可能会有一种冲动——开始写作、绘图或（在你的花园）移动东西。当顿悟出现时，记下它或者酌情开始行动。

步骤 6：检验顿悟。这个检验可能非常难，因为你的想法可能与传统的方法或你自己以前的信念相悖。找一些方法进行实践。也许你还可以与那些有开放性思维和批判性思维的人讨论一下。

步骤 7：对体验进行反思。理想的情况下，学习圈的所有成员也会进行尝试，以便你们一起交流和反思。

◆ 这个过程花了多少时间？
◆ 哪些步骤是容易的，哪些步骤是困难的？
◆ 从事后的角度看，在制定问题和准备的哪些方面是最有用的？
◆ 如果你要改进，会在哪些地方做出改变？

评论

虽然上文描述的过程已经使用了很多年，但大多数人并未将它与学校里的学习联系起来。正如我们前面所说的那样，其实学习者驱动问题引导的意义学习与创新的问题解决方式涉及的过程在许多时候是相通的。如果处理得当的话，混乱状态也可能是契机。我们需要体会学生心理活动的过程，并探索如何才能最好地帮助学生进行思考。

联系课堂：与艺术融合

学生能够在多大程度上受益于无意识状态取决于所采用的教学方法。原因在于，教学策略需要结合系统性和自由性，用不同的教学方法激发学生的灵感，让学生能够创造性地回答问题，而教师必须对其中的优点做出反应。

正如我们在前面的章节中所写的那样，在进阶的IA2——项目 / 问题式学习与教学法以及IA3——引导式体验教学法中，学习者的主动加工和全情投入并不是分开的，它们相互联系着。我们在本章中使用了跳舞活动进行说明，来体现一种丰富教学的策略及新的加工方式的基础。

IA1——直接教学法

在结构紧凑的课堂中，有效学习和教学的主要指标是“完成任务的时间”。在这种方法中我们很难直接引入本章中介绍的策略。我们的建议是回到第14章，使用一些需要创造性练习和复诵的记忆策略。现在，有各种各样的应用程序和技术工具使学生能够在教师的监督下进行独立学习。

IA2——项目 / 问题式学习与教学法以及IA3——引导式体验教学法：融入艺术

艺术本身是有价值的。此外艺术也可以作为工具，帮助学生在课堂上思考和启动无意识加工。

为全情投入增加深度

扩展融入艺术的方式就是在整个教学过程中更具艺术性。方式是多种多样的。对于许多学科教师来说，与教艺术的教师合作是一个好方法。例如，我们看到过一位历史教师和一位视觉艺术教师合作，一起讲解历史上的一个时期，让学生更好地了解历史和艺术。我们还看到过一个物理教师与计算机教师合作，通过建立视觉模型带领学生探索复杂内容。

主动加工：学生可以寻找自己的方式，使所学内容以各种艺术形式表现出来，以此来探索任何主题领域的内容。他们可以以单人和分组的形式做这项工作。一个经典的例子是通过音乐和自然的更替来检查新的主题（例如，生物学方面的内容）；另一个例子是通过寻找不同时期的音乐来探索历史；第三个例子是通过上网，从一个不同的角度来看待世界，并在家里、班级里进行分享。

使用不同的艺术形式来加工体验和见解

这里的策略是给予学生一个通过艺术形式表达他们想法的机会。如果学生不熟悉艺术，或者需要使用必要的软件进行计算机操作，他们可能需要进行一些实践。

瑞吉欧·艾米里亚幼儿园的课程（在本书第 7 章介绍）之所以让人赞不绝口，是在于教育者知道孩子在很小的时候就可以通过大量的艺术形式学习和表达非常复杂的概念和想法。学生可以使用绘画、模型、雕塑和运动等不同的表达方式传达他们的理解。

从低年级课程到大学课程，我们都可以使用以下过程：

- 绘制图片或图表以辅助关键概念或过程的阐述。
- 写一首诗或一篇短文，来表达理解……
- 制作多媒体演示文稿，来展示核心思想和过程。

各级教育工作者可以使用完全相同的过程。无论一个话题是社会研究、数学、人文还是地球科学，学生都可以有机会使用艺术来表达他们的理解。如今有许多学生喜欢使用多媒体来达到这个目的。比如说，有些人愿意花几天时间制作幻灯片、网站或视频，但却不愿意花几个小时写一篇文章。

艺术与有力提问的结合

教育者的主要任务是加工艺术形式，坚信并帮助学生通过艺术形式来真正理解他们正在学习的内容。这个过程可以通过提问和观察共同来完成的。例如，采用这些问题：

- 你打算描述和解释什么？
- 哪些图片能解释得清楚一点？怎么做到的？
- 你还有哪些替代方案？如何说明这些方案？
- 你选择方法和形式的标准是什么？
- 这部分似乎存在两种可能性（解释）。我如何知道你想强调哪一个？
- 这个概念中包含几个不同的元素（提及一个或两个）。它们都被提到了吗？有没有什么被遗漏的？你是怎么逻辑推理的？如果你再做一次，你将如何加入其他的那些元素？

根据学生与课堂氛围之间的关系，教师可以通过比较学生的成果和展示，进一步增强学生的理解和学习。关键是要持续找到机会去介绍、研究和探索需要掌握的潜在想法和概念。例如，这里介绍的是如何指导两个小组在一起工作和更深入地学习。

- 还有谁在研究这个概念和材料？
- 让我们看看 A 组和 B 组有什么相同和不同之处。
- 你使用了什么艺术形式？
- 它们在哪些方面相似？在哪些方面不同？
- 每种形式如何引出核心思想？
- 每种形式是否都会留下一些东西？这是怎么发生的？哪种形式更深入？以怎样的方式？
- 如果没有一种方法都能表达这个想法，你会如何引出它？

高级应用：自我调节

自我调节是出生在信息时代的学生必须掌握的重要技能。例如，如果沉迷于网络无限的诱惑中，就无法深入地学习。

> 自我调节的核心是学生能够识别和监控正在做的事情。关键是让学生知道他们正在经历什么，遇到了什么困境，有没有什么其他备选方案。

了解情境和做出选择

在之前提到的多罗茜•法迪曼的视频《为什么这些学生喜欢学校？》中，可以找到一个很好的例子。一组 3—4 岁的孩子在户外画画，他们挥舞着画笔，享受着他们的时光。一个教师看到有一个孩子很不开心。男孩告诉她：“吉姆（Jim）把颜料溅我的耳朵里了。”教师问他希不希望被溅到。他说不希望时，教师问他是否可以直接告诉吉姆不要这样做。那个孩子恍然大悟，他转身走向吉姆，告诉他：“吉姆，不要再把颜料溅到我耳朵里了。”教师接着跟所有的孩子说：“吉姆把颜料洒出去了。你们也想要洒颜料吗？”一些人点头，一些人说“不”。然后教师说：“如果你不想被溅到，那你就走远一点。”

这位教师指导孩子们的首要目标是让他们意识到他们自己的感觉。一旦他们知道了自己的感觉，他们就可以看到不同的选择，进而决策。这是自我监测和自我调节的第一步。

教师可以帮助每个年龄的学生更加了解自己的情况、感觉、困境和可能性。在这种情况下，教师也可以帮助学生有意识地制定和应对成功的新策略。这种教学方法标志着以学习者为中心的决策的开始。

> 我们建议教育者在他们的过程学习小组中进行实践。建议他们使用一些高质量的同伴辅导，因为这能扩大他们与学生的沟通范围（见 Caine & Caine, 2010）。

这里有一个提醒：技能和与他人的互动都是被正在使用的教学方法塑造的。对 IA3——引导式体验教学法有用且强大的建议可能在使用 IA1——直接教学法的情况下对学生是不利的。例如，当学生出现不当行为时，他们需要被提醒。但是，在习惯于使用威胁和权威面对学生和允许学生充分参与一个加深理解和加强责任的过程是非常不同的。

掌握这一过程需要时间，在这个过程中教师也需要提高自己的个人素质，包括耐心、智慧、同情和不带敌意直接表达的能力。

核心问题：教师常问的核心问题是："这里发生了什么？"艺术能让学生逐渐开始自己提出这个问题，无论是在教师的面前还是独自一人的时候。教师可以先问一个学生："你认为发生了什么？"无论之前有没有进行过有序分享，这都可以成为之后讨论的基础。

把日记当作让学生自我了解的工具

一个常常用来检查自己和评估他人优弱点的方式是使用日志或打草稿。

可以让每个学生拥有一本笔记本或类似的计算机产品，并将页面分成两半（有时称为双栏式日记）。左侧用来写具体问题，右边用来写开放式意见和打草稿。在页面顶部，学生可以选择一些事件或项目，并用两三句话简要描述它。在左边，学生可以适当地回答以下问题：

- 我想做什么？
- 我做了什么？
- 结果如何？
- 这与我的结果有哪些不同？
- 我的感受和印象告诉我什么？
- 是我的什么特征让我这样理解它？我是如何过滤的？

右边也可以用于写任何想到的想法、感觉或观点或个人观察。

注意：

1. 要注意这个过程。一方面，因为学生可能会感到模糊和不确定，教师需要帮助他们进行具体化和清晰化。另一方面，许多学生的想法应该是很私密的。虽然教师可能希望帮助学生一起学习，但是教师也需要小心谨慎，不要让学生尴尬。特别是，不要以一种"治疗"的方式来帮助学生解决生活问题！教师还要时刻关注课程问题和标准。

2. 学生观察能力和自我理解能力的提高，为有效且真实的评估奠定了基础。教师的目标是让学生能够准确地评估自己的学习，关注自己的优势和弱点，并开始掌握他们需要学习的内容。教师可以通过提供一些初始问题帮助学生使用他们的日记。以下是一些例子：

- 我可以有效地使用（这个技能或概念）的哪个方面？给出一个理由和例子。
- 我需要在（这个技能或概念的）哪个方面继续努力？
- 谁已经很好地掌握了（这个技能或概念）？为什么？
- 他们在什么地方和我做的有什么不一样？

3. 想要使这个过程成功，放松心理警觉的状态是必要的。学生越感到恐惧和无奈，他们对自己的能力认识就越差，而且他们中的大多数人就更不愿意与他人进行分享。

教师日志

阿什莉（Ashley）是个自信但很安静的女孩。她不论是独立做事还是分组合作都很自在，但她总是选择与她喜欢的人合作，并倾向于坐在后面。有一次，我们使用过程会议来讨论“每个人都有优势和弱点”这个话题，所有人都参与进来并且都各有所获。讨论过后，我们决定我们的下一个项目应该以想要研究的角度（主题）进行分组，而不是以喜好分组。然后，班级学生讨论了他们在地球科学方面感兴趣的内容，并根据这些兴趣组成了小组。阿什莉想要学习关于冰川的知识，发现自己与从未合作过的人一组。当她完成项目的那一天，她走出课堂时对我说：“这是我第一次组织小组活动，我喜欢它！我想再试一次。”在这次的活动中，阿什莉得到了成长。

使学习生活化

> 当学生开始对自己有了解时，教师需要给他们提供机会在新的情况下进行练习，进行反思，以此反复循环。

学生就像我们其他人一样。他们并不只是在新的情况和新的环境中学习，在一般的生活状态下他们也可以学习，并得到提升。

教师还需要留意学生正在努力发展的技能和素质。这需要教师真正对学生十分关注，并帮助他们发展进行互动和建立真实联系的能力。这就是为什么我们在本书的第一部分就介绍了放松心理警觉和课堂的氛围。

我们所描述的交互几乎不可能在IA1——直接教学法中显现，在IA2——项目/问题式学习与教学法中使用也比较困难和耗时。如果教师采用基于复杂项目的学习和IA3——引导式体验教学法，所有这一切都会变得很容易。一个原因是，当更多的学生能在没有监督的情况下，独自进行有效学习，教师将有更多的时间进行一对一对话。当学生开始掌握主动加工时，他们可以开始互相帮助。阿什莉的加工也可能作为集体反思的一部分或作为她日记中的内容。

为了能够达成目标，教师需要有很多的备选项，这样，如果学生不选择那些锻炼他们新技能的场景，教师仍有很多的选择可以提供。例如，在之前的那个教师日志中，阿什莉表示她想要更多的机会来组织一个小组。她刚刚当了一次领导者。一个好的教师就会寻找更多当领导者的机会，让阿什莉继续尝试。这些合适的机会也可以有所不同，其范围可以从进行讨论和评估班级意见，到负责实地考察的某些方面。

请注意，适用于阿什莉的方法适用于每个学生。几乎所有人都需要某种类型的领导机会，以便拥有更多的机会去反思和进行加工。一个很实用的方法就是进行轮流领导，从而给所有学生提供机会来领导小组或其他活动。轮流领导中加深理解的最好方法之一是让学生反思如何听从和支持领导者。这能让学生同时学会如何做被领导者和领导者。

关键：教师需要花一点时间与阿什莉一起对这次领导者的体验进行加工。可以采取以下问题：

- 你做了什么？
- 哪些比较容易？哪些比较困难？
- 进展顺利吗？
- 你会在哪些地方做出改变？
- 你在领导方面学到了什么？

学生主导

当学生得到了更多的自主权，他们的理解能力和表现会有更大发展，许多人想要更多地参与到课堂里的工作中。我们的一名助理曾在加利福尼亚州教由来自低收入家庭的学生组成的二、三年级混合班。她定期所做的事情之一就是管理日历和月历。有一天，一个学生建议她（异口同声）让学生们自行接管日历，他们一定可以做得很好！我们的同事对这个建议很满意并且答应了，最终的结果也让她非常满意。

为了让学生开始主导，并以非常高的标准做事，教师需要一种不同类型的倾听和提问方式。教师需要非常清楚他们的材料，并拥有很大的自我效能。此外，还需要建立一个促进放松心理警觉的良好氛围。教师需要能够听到课堂中正在发生的事情，并根据所听到的内容提出问题或提出建议。在这一点上，教师主要提出以下问题：

- 发生了什么事？（我们之前已经介绍了同样的问题）
- 学生觉得它有趣吗？
- 有没有办法进行联系？
- 为了进一步激励他们，我可以做些什么？
- 甲或乙需要机会吗？
- 甲或乙会在什么时候得到发展？

反思

当我们在思考本章提及的内容：有意识、无意识思考以及章节里提到的所有建议时，我们要切记一步一个脚印地进行实施。你需要思考，第一步要做些什么来启动学生的思维？你将如何参与到主动加工中来帮助学生进行无意识学习？你会做些什么来帮助学生主导他们自己的学习？

赋权领导者：提高学生和教师的元认知

好教师要有好创意。他们必须能够适应学生的需要和当下发生的紧急情况，并能在课程的背景下找到解决学生问题和激发学生兴趣的方法。

领导者的第一个挑战是要创造使创造力蓬勃发展的情境——从创设放松心理警觉的学校氛围开始，然后再培养创造性问题解决的过程。本章介绍的所有课堂中使用的元素都可被成人在过程学习小组和其他时间点（包括工作人员会议）中进行有效地使用。第二个挑战是教育者要创造条件，并从自己的体验中进行加工学习。我们推荐学生使用的加工过方法是十分有效的，通过不断练习，中学生也会对自己的生活越来越有掌控感。

在过去的两年里，本书所支持的大部分方法被用来开发新的STEM教师培训计划，将科学、技术与艺术融合在一起。教师还将创造力和动手能力训练都融入设计的课程之中。最近，该项目被密歇根州教育部的批准，它代表了一个新兴的模式，这样的模式也与本章（和书）大部分的内容相呼应。随着越来越多的国家采用NGSS，教师的创新能力将得到进一步的评估。

我们建议定期重组课程，教育工作者可以合作、单独加工或反思他们的体验。他们可以问这样的问题：

- 哪些看上去是有效的？对谁有效？为什么？
- 这个和那个有什么不同？
- 我能和谁商量一下？

- 我觉得哪些内容令人兴奋？
- 我还能做什么？
- 为了做得更好，我需要学习哪些东西？

提高学生元认知的秘诀是教育者提高自己的元认知和灵活调整他们所教的内容。

与国家教学标准一致

卓越的教师会要求学生面对、探索、理解重要的和具有挑战性的概念、主题和问题，并有目的地提高学生的技能。教师帮助学生获得元认知技能，让学生开始自己指导自己的学习，并能够成为终身学习者。这样的教师精心设计任务和问题，以拓展学生的能力和对他们的世界和环境进行深入的、创造性的、敏锐的思考的习惯。

——标准 V：意义学习

成功的教师认为对实践的反思是教师职责的体现，通过反思他们可以扩展自己的知识，提高自己的教学水平，完善自己不断发展的教学理念。他们审视自己的长处和短处，并在分析和规划中利用这些知识。最终，自我反思将会深化教师的知识和技能，完善他们的实践。

——标准 X：反思实践

元认知是连接高级功能的桥梁。本章的流程和原理将能帮助你达到国家教学标准，进而让教师和学生提高自己的标准。

第 17 章 脑与心智和教学的联系

通过学习本书，你可能已经发现自己的教学已经有了更多的技巧。我们以前曾将 12 条脑智学习原理和教学的三个关键要素视为分离的部分。这是不完全正确的。阅读本书需要分别学习各部分的内容，同时也要有整体的观念。事实上，抓住深层的相互联系是 IA3——引导式体验教学法的特点。

在本章我们对核心的主题进行一个回顾，以便你能更好地整合所有不同的问题和元素。

学习

在之前的章节我们不断地在使用“学习”这个词，现在让我们更具体地对这个词进行理解。人是一个活的系统，自然状态下的学习是每个人生存和发展的一部分，但是它并没有出现在学校教育和正式教育中。然而，自然状态下的学习与如何更有效地生活有关。这是我们每个人处理体验和把握自己未来的方式。12 条脑智学习原理表达了在加工体验的整个过程中所发生的一切。这就引出了我们对“学习”的定义，它有两个部分：

◆ **第一部分，学习意味着理解经验。**当学习者在寻找和制造模式来感知情境时就是在学习。在这个过程中，学习者会收集信息、识别模式进而解决问题。

- **第二部分，学习意味着获得可以加以运用的新能力。**除了感知和理解正在发生的事情外，每一个学习者都必须发展做事的能力和技巧。也就是说，学习者必须采取行动，控制自己的状态和身处的环境，这样才能成功。

自然学习的教学基础：教学的三要素

在本书中，我们认为 12 条脑智学习原理必然要求三种基本的教学要素。我们在本书中分别予以讨论，但事实上它们是以三重螺旋形式进行相互作用的。任何一个要素都是其他两个要素的一部分并促进其他两个要素：

1. 学习有一种最佳的心态。我们称之为放松心理警觉。其本质是低威胁性和高内在挑战性的结合。这种状态的形成需要身体、大脑和意识的每一个方面的参与。它包括情绪的参与，正确使用我们的身体，与他人交往的方式，等等。这意味着，教学方法和教学策略影响着学习者的心态。

2. 教学的重点应该是让学习者全情投入体验中。实现所有脑智学习原理的唯一途径就是通过复杂的体验，因为在复杂体验中所有的原理是相互协调运行的。当然，各个原理也是灵活的。比如，每个学生总是在情绪的汪洋里潜行，教育者的挑战就是找到能够激活他们情绪的方法。这是通过对体验的协调，使得学习者在这类体验中能够坚定自己的想法。由于学习者的心态影响着他们生活的方方面面，教育者面临的挑战是要形成和保持放松心理警觉，将其作为一种精神状态和教学实践。

3. 定期对经验进行主动加工。它需要被利用、被挖掘、被消化。我们提供了许多加工体验的策略，从直接记忆到多种反思方式，再到多种执行方式。此外，还有大量的流程可供学习者和教育者使用，关键在于进行有效的整合。再就是教学的其他方面——心理状态和在复杂体验中的协调式沉浸——对指导和形成加工的方式是有益的，反过来也受这种方式影响。

三种教学方法

几十年来，教育界关于什么是“最好”的教学方法的争论从未停息。在我们看来，首先要了解人们如何进行自然状态下的学习，以及掌握教学的三个关键要素。我们认为，以此为基础，关于什么是“最好”的教学模式的分歧就能够化解。每一种方式都有助于了解真理。直接教学法和记忆，使用项目以及学生沉浸在复杂的体验中都是选择之一。

虽然每种教学方法都起到了一部分作用，但它们都发生在一个连续的复杂情境中。在这个连续体中，每一种方法都包含并超越了之前的方法。这就是为什么它们能够起到不同的作用。

IA1——直接教学法。这种方法会进行传递信息和技能练习；教师需要对学生进行管理，以保证能够顺畅地进行信息交流，此外教师还会提供一些测试。这种方法的问题是，学习者和学习者之间发生的许多细节都被忽视了。这就是为什么在较为复杂的情境中，这种方法最为有效。

IA2——项目 / 问题式学习与教学法。在这种方法中，学生能够积极参与。在有意义的情境下，他们会做一些与自己相关的事情。他们会先通过某种方式，互相交流，问一些问题，再开展行动。这种方法会根据环境进行调整，保证研究和项目得以进行。在这种整体方法的过程中，教师需要经常提供信息和给予学生实践技能的机会。所以 IA1 在 IA2 中依旧扮演着重要角色。此外，如果学生兴趣十分浓厚的话，健康的心态更容易出现，而且还会有各种机会对所获知识进行加工。

IA3——引导式体验教学法。这是最复杂和最巧妙的教学方法。它包含了前两种方法，并超越了它们。它比较复杂的原因是学生在整个教学过程中拥有更多的掌控权。他们在复杂的环境中独立研究自己感兴趣的问题，并且以各种方式进行处理。

复杂情境要求教育工作者拥有一系列重要的品质。例如，他们必须能看到所有不同的项目和问题之间的互动；不管项目在什么地方开始，他们都需要帮助学生参与到标准实践中。因而教育者必须非常了解自己的领域，并且不断地与其他领域进行联系。凯恩等人称其为“广阔的认知范围”（Caine & Caine, 1997b）。教育工作者也必须有这样的过程意识，因为学习并不是以直线的形式或按照时间表的顺序发生的。教师需要放弃大量的控制权，这样学生才能在很大程度上把握自己的体验。教师需要给学生足够的信心，让学生向自己提问，并安排自己的时间表。一些教师没有或不能实现 IA3——引导式体验教学法的原因在很大程度上是他们没有注意到这些个人的要素。

生成型领导力

教学不会凭空出现，领导者也至关重要。只有通过建模和体验，领导力才能实现。克里梅克等人（Klimek et al., 2008）称这种类型的领导力为“生成型领导力”。其实，本书中出现的学习和教学理念也都需要应用于管理和领导。我们要认识到，在产生领导力的方法中，也会有一些更加复杂和巧妙的方法。在我们看来，IA3——引导式体验教学法背后的理念对领导力和教学的作用是一样重要的。

制度

我们在本书中没有提及制度的问题。制度既可以支持教学和领导力，也可以破坏教学和领导力。你们可自行选择是否采用这样的想法和实践。我们在这里建议建立“过程小组”，不仅有助于专业发展，也有利于建立制度以支持自然学习、教学和产生领导力的文化。我们已在全世界范围内使用这种方法。在我们看来，这是发展和维持专业的和社会学习的社群的基础（Caine & Caine, 2010）。

其他内容

我们在本书中也较少提到技术的影响等问题。原因是什么呢？在这里使用的哲学原理和方法适用于任何社会的任何情况。学习仍然是一个自然的过程。优秀的教学始终是不同教学方法的融合，最终成为 IA3——引导式体验教学法。生成型领导力是非常需要的。所以，虽然科技的力量会产生一定的影响，但是对于社群和领导力来说，学习和教学的普遍原理依旧存在，了解这一点有助于学生和教师适应这个一直在变化的世界。

第三部分与 CCSS、NGSS 的联系

正如我们已经看到的，CCSS 和 NGSS 都强烈呼吁教学必须基于更深入的了解，

并要求学生掌握一定程度的实际能力。

为了达到这些目标，学生必须学习。教师要拥有广泛的创造性和同理心，要重视条理性和严谨性。教师必须是内容的掌控者，是体验的开发者。此外，核心的原理、概念、理念、技能、过程以及更多内容都需要内化，融入学习者的思想和身体中。这就是主动加工的内容。

加工有时会被忽视，但它是 CCSS 的一个重点。这里有一个数学建模的例子：

> 建模将课堂数学和统计与日常生活、工作和决策相联系。建模是选择和使用恰当的数学和统计来分析体验情境的过程，让个体更好地理解这些情境，并提高决策能力。数量与物理、经济、公共政策、社会和日常情境之间的关系可以通过数学和统计方法进行建模。在制作数学模型时，技术可以用来得出不同的假设，探索结果，将预测与数据进行比较。(《共同核心州立标准倡议》)

如果不使用模型和加工过程，测试、处理反馈、加深理解、更有决策力等都不可能实现。

同样，NGSS 要求学生进行理解和行动，这些被认为是有效的主动加工。这里是一个使用科学建模演示的例子：

> 这里介绍了高中物理科学中使用模型建模的两个例子。使用模型的用处基本上有三个：①呈现或描述；②收集数据；③作出预测。第一个一般被用于学校中，因为模型和描述通常是同义词。然而，使用模型来收集数据或预测现象是新的，例如：
>
> 建构模型来解释决定了核稳定性的裂变、聚变和放射性衰变过程中核能量的变化。
>
> 使用系统模型（计算机或绘图）建构分子水平解释来预测系统的行为。预测在这个系统中，反应和反应之间的动态的、情境依赖的平衡决定着系统中是如何决定出现的各类分子的数量。
>
> 在第一个性能预测中，模型与核反应过程一起被用来解释变化。一个科学的解释需要证据来支持解释，所以学生将用收集的证据来解释这些变

化，为目的建立模型。此外，他们还需要使用模型来解释和预测平衡系统中的行为。另外，模型也将被用来收集数据，当然还需要对其预测系统状态的能力做进一步验证。在这两种情况中，学生需要深刻理解内容，还需要熟练建构和使用模型。(《下一代科学教育标准》)

主动加工对发展高阶技能和进行更深层次理解来说是必不可少的，在两套标准中都有所提及。它绝不仅仅是解决一个问题。相反，它需要一个设计情境、提出问题、收集数据、主动加工和分析反馈的恒定过程，也需要更多内容以达到既定目标。

现在回想一下本书的前两部分。学生必须在适当的心理状态中加工复杂的材料。而可以说一切事物都是复杂的。因此，放松心理警觉是不可或缺的。此外，问题和材料必须嵌入有意义的情境中，这就是我们所说的全情投入。在这个过程中要进行恰当的体验，最终使之达到主动加工可以进行评估的深度。

在 IA1——直接教学法中，在一些方面中存在所有三个教学要素，但它主要还是强调基本的记忆和流程式教学。

在 IA2——项目 / 问题式学习与教学法中，三个要素均存在，但这种方法往往更偏向线性，因此对复杂体验的设计和真实世界的应用还有待提高。

在 IA3——引导式体验教学法中，这三个要素如三螺旋一样相互作用。

掌握 IA3——引导式体验教学法是我们的教育目标。但是和所有事情一样，要达到目的需要一个过程。

资源A 脑智学习能力之轮

脑智学习能力可以创造一个丰富的学习环境。

根据脑智学习原理，所有学习过程都涉及以下内容。

教师的工作是协调各个环节，并让其尽可能融入学习的过程。

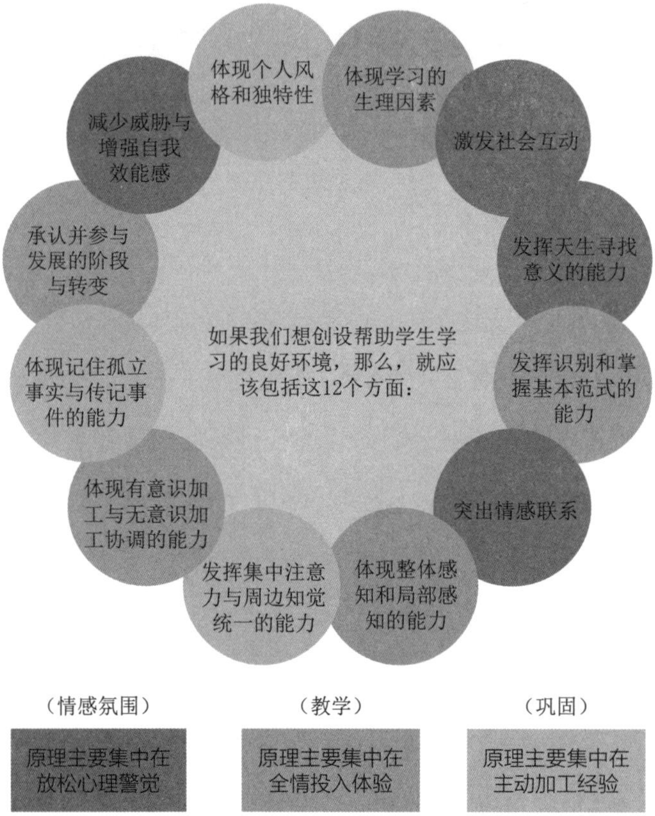

资源B 脑智学习原理之轮

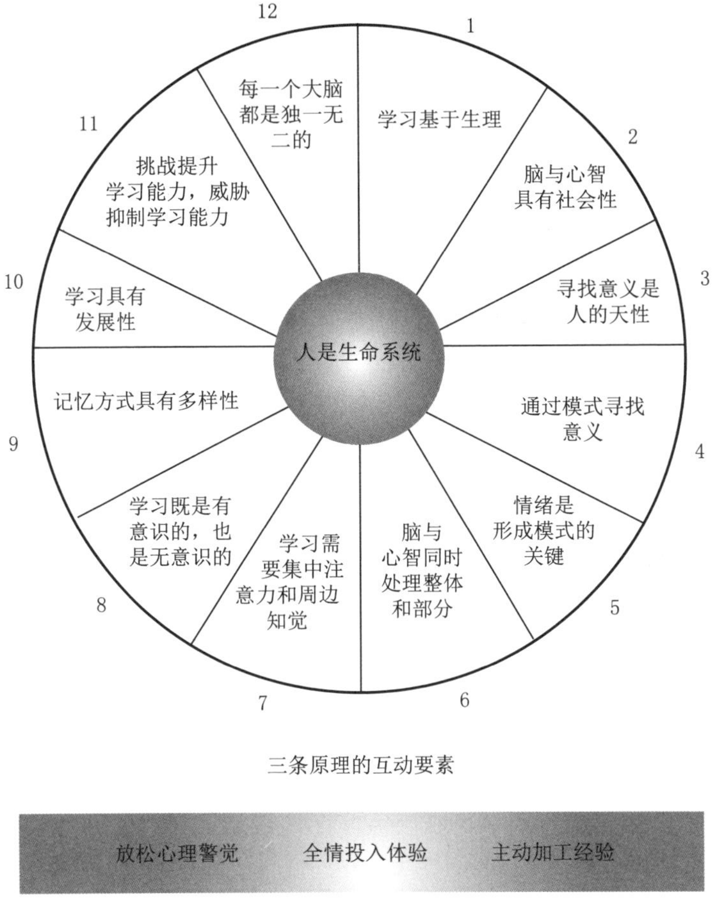

资源 C 如何构建过程学习圈

首要步骤

1. 成功的职业发展

专业发展计划只有在对参与者有意义、有实用价值、有趣、有可持续性、被参与者支持并符合参与者水平的情况下才能发挥作用。

教育工作者需要知道，当学生意识到一个概念或技能在现实世界中是如何发挥作用时，他们才能掌握最有效的学习方式。

教育工作者需要知道，建构主义的学习和教学可以让学生真正了解其学习的科目，并能在考试中取得好成绩。

我们需要使用一个令人感到愉快和感兴趣，且能够提供一定帮助的过程。

2. 过程学习圈

在学生学习的整个过程中划分小组可以支持同脑智学习原理相容的职业发展。我们称这些小组为过程学习圈。

过程学习圈适合任何在学校抑或是在更大的教务部门工作的成年人。参与者通常是教师和行政人员，但你也可以邀请特殊的人员、图书馆工作人员、心理学家、秘书、辅导员和助教。

为什么过程学习圈要包括所有成年人呢？因为每个成年人都是学生学习环境的组成者，学生正是在这样的环境中学习的。在理想情况下，所有成年人都有一个如何学习的共同心理模型。此外，他们在学生学习中扮演的角色和产生的功能应该相辅相成。例如，在学校办公室和操场上营造的积极愉快的氛围可以间接帮助所有教师维持秩序并在课堂中营造良好的学习环境。

过程学习圈应定期开会。这有助于团结，并持续关注职业发展。我们建议，要制定年度规划，每月至少举行一次，最好是两次小组会议。

过程学习圈使用的内容可能有所不同。过程学习圈方法适用于任何想法、信息、策略和技能，其目的是帮助教育工作者从 IA1 迁移到 IA2。

我们的教育要切合自然学习状态下的脑智学习原理，并邀请参与者每月运用不同的原理工作。此外，应当由主讲人和领导者决定在每一段特定的时间涵盖多少内容。

3. 过程学习圈的具体方式

过程学习圈应该适应教育者自身情况。在初始阶段，我们建议，在理想情况下，每一次小组会议应当包含以下所有四个要素和阶段。当然，每个要素不仅可以对单独存在的过程起作用，也可以用于其他各种情况。

第 1 阶段: 有序分享

这一阶段目的是让人们更容易地倾听他人并敢于表达自己。

第 2 阶段: 反思研究

分析新的内容，并通过对个人经历的反思来消化这些新的内容，帮助深入理解。

第 3 阶段: 联系实际

实践见真假。只有通过试验、反馈、联系和反思，我们才能掌握新的技能。

第 4 阶段: 重新组合

在充分反思正在发生的事情和学到的东西之后，我们应该重新分组，这样才可以充分利用小组会议（和任何其他经验）的优点。

第 1 阶段：有序分享

1. 所有人围成一个圆圈。

2. 对内容或是问题进行反思。例如，如果这场小组会议是关于"学习基于生理"原理，那么这次的分享应该让参与者把自己的个人经历和这个原理联系起来。我们可以这样问："你有学过一些没有生理机能参与的内容吗？"

3. 每个人都应该对这个问题进行解答。我们也可以设定一个时间限制，一到两分钟即可。参与者可以分享个人经验或把这个问题提高至哲学高度。分享可以从左边的任何一个人开始，并逆时针传递。

4. 任何人都不可以对其他人说的内容进行任何评价，不管是反对还是支持。但不评价不代表不专心听讲。所有人都应该注意所提到的内容。

5. 组长（组长也应当时常更换）负责计时和监督成员的参与情况。参与者不必非得卡到时间结束，但也尽可能不要超时。每个人都应该说有意义的东西，而不只是敷衍了事。

6. 如果有人心不在焉，则其他人继续分享，所有人分享结束之后再回到他，让他说点有意义的东西。

7. 当所有人都分享完之后，我们应该花一些时间来一场公开的讨论，并对这次分享活动进行评论，这样结束之后才算完成这个阶段。

关键：深度倾听

从心理模型和隐藏的假设的层面上来看，这是倾听自我和倾听他人的艺术。这里关键是，我们应当认识到，当一个人对一个想法或行为有强烈的情绪反应时，其可能会注意到他自己的反应，并私下处理或在将来处理好个人的想法。

技能

◆ 对他人和自己的阐述不作任何评判

◆ 耐心

◆ 初学者的思维（开放）

第 2 阶段：反思研究

参与者应该提前选择好核心内容并学习。那些正在成为脑与心智建构者的人将首先从脑智学习原理开始，在每次小组会议上检验一个原理。如果可以的话，小组成员会需要在会议前阅读一些内容。由于事先可能没有多少时间阅读，组长应当在小组讨论阶段提供一些重要材料供学员阅读。阅读完材料后，参与者应当讨论并消化这些内容。参与者应当在某种程度上分析并思考这些内容的意义。在讨论的过程中，参与者可以询问一些需要澄清的问题，并且更加关注被分享的东西。此外，每个参与者都应该继续思考和谈论与材料相关的一些经历。举个例子，如果你们正在讨论脑与心智具有社会性，你可以提及在小组中工作还是单独工作时效率更高，指出这两者有什么区别，等等。讨论的目标是了解该原理在自己的生活和学习中是如何发挥作用的。

此外，我们也可以改变这种讨论的方式，使得学习更进一步。我们可以使用活动来讨论，比如角色扮演。我们可以演一个小舞台剧，展示讨论的想法或是技能。在活动结束后，参演者应该反思个人经历和反应，并将其分享给大家。

关键：主动倾听

这是全神贯注，积极提问的艺术。这些问题可以让叙述者更加清晰地阐明自己的观点。

技能

- 提出需要澄清的问题
- 反思自己的经历
- 对混乱和歧义的容忍

第 3 阶段：联系实际

此阶段分为 A、B 两个部分。

A 部分：参与者应思考材料中可以直接应用于其工作的某些方面。这是决定下次会议讨论内容的基础。这个过程可以以不同的方式进行，可以是单独工作，或成对或小组工作。参与者可以根据他们的喜好决定尝试不同的方式。

B 部分： 需要对实践内容作出一定的承诺。参与者需要相互提问，问清楚他们在两次小组会议之间的实践任务的重点。参与者应该提出一件在教学过程中需要改变的事。下面是一些示例：

- 所学习的材料是否能够直接适用于教学？
- 在下次会议之前，什么事情是大家都愿意去做的？
- 他们会怎么做？
- 他们期望会发生什么？
- 什么样的回应和结果是大家都期待的？
- 他们将如何记录结果？

在与组员们口头分享的同时，我们也要把它写下来，支持所有人的个人努力。在下一个新的过程学习圈中，我们应当分享这些计划的结果。

关键：使材料实用

这是将抽象的概念和建议转化为现实世界应用的艺术。

技能

- 制定系统的实践方法
- 行动研究
- 同伴辅导

第 4 阶段：重新组合

每个小组会议都应当涉及两个层次。第一个层次是参与者工作的主题内容，如脑智学习原理。另一个层次是团队研究过程所学到的技能，如不评判式倾听和问问题的艺术。该过程本身旨在帮助参与者掌握内容。最后阶段（重新组合）可以帮助参与者掌握技能。在此阶段，组长应提出至少一到两个参与者可以私下考虑或与他人讨论的问题。这些问题可以是一般性的，也可以是具体的，可以针对许多主题，例如：

- 在这个小组会议中，我们每个人都学到了什么？
- 关于倾听，我们学到了什么？
- 你是否想要重新审视之前你存在的对学习或教学的假设？
- 对你来说，提出问题的哪一方面是最容易的，哪些是最困难的？

我们建议参与者使用“有序分享”流程来回答这些问题。这样，大家可以分享他们所学到的东西，每个人都听到别人在学习什么，也能够使得充分听取大家的意见的实践得到加强。

关键：学习如何学习

这是利用经验来培养洞察力和技能的艺术。

技能

- 积极处理经验
- 与他人分享
- 与他人一起学习

4. 辅助过程学习圈的具体方式

当我们使用过程学习圈，开展基于脑智学习原理的专业发展时，每月开会两次，至少持续一年。在第一次会议上，我们需要介绍新内容，并宣布会议形式。第二次会议会有点不同，因为参与者已经看过新的内容了，所以这次会议应该帮助他们从实践中学到新的东西。这意味着，在第二次会议上，对实践和反馈的关注将远远高于第一次会议。

会议的总体方式保持不变：四个阶段保持不变。唯一关键的转变是，这个新的过程学习圈的每个阶段将更加注重实践，而不是理论。

第 1 阶段：有序分享

这次的“有序分享”将关注于参与者在第一次过程学习圈中提及的承诺。这次分享应该简短，这样可以让人们更容易地倾听和表达自己。

第 2 阶段：反思研究

参与者分享他们的经历和他们收集的任何论据或数据。他们应该继续讨论上次会议中讨论的原理，并完善他们的理解。理解新材料的最好方法是分析新材料，通过反思个人经验来分析并吸收它。

第 3 阶段：联系实际

参与者应该回顾自己的经历，并决定如何改进、巩固或扩展他们所做的事情。

实践见真假。只有通过试验、反馈、联系和反思，我们才能掌握新的技能。

第 4 阶段：重新组合

参与者应该回顾教学情况和过程学习圈的情况。在充分反思正在发生的事情和学到的东西之后，我们应该重新分组，这样才可以充分利用小组会议（和任何其他经验）的优点。

准备工作

志愿者

招募志愿者来担任参与者是绝对有必要的，因为这是安全的首要要素，并且可以挖掘参与者的内在动力。

小组规模

理想的参与者人数在 7—12 人。

分组

按照自身情况分组。

位置

尽量远离你日常工作的地方。

时间

最好是每月见面两次，每次一个半小时到两个小时左右。

组长

每个人都是组长，也都是组员。

过程学习圈原理

1. 在会议的开始和结束都应当有仪式化的环节。
2. 注意团队成员的状态和会议的重点。
3. 团队成员可以离开，但不能随心所欲。
4. 会议上讨论的所有内容都必须保密。
5. 欲速则不达。
6. 没有规定的结果。
7. 尊重个人差异，同时也要重视集体精神。
8. 不要互相提建议。
9. 所有成员都应维护流程。

注意

过程学习圈是了解自己和他人的一种方式，它可能会变得相当个性化。因此，不要陷入人格冲突或被个人问题所困扰。你应该继续关注这个话题，专注于掌握专业知识。

1. 解决冲突

尽管这一过程只针对志愿人员，但人们有时会发现自己处于冲突之中。我们的主要建议是，那些不赞同过程学习圈原理的人不要参加。此外，我们还建议，如果需要，你需要投入一些时间（包括小组时间）来掌握解决冲突的技能和开发解决冲突程序（参见本书第 6 章）。

2. 与儿童和学生的相关性

虽然这里开发的过程主体是成人志愿者，但它也可以非常有效地为与学生的合作奠定基础。但这需要基于你的专业技能和判断力进行调整。尤其需要注意的是，学生不是志愿者，他们自我保护的能力有限，所以应该小心避免个人隐私泄露。一旦泄露，学生会感到尴尬，甚至受到伤害。因此，在第 3 章，我们介绍了一种与学生有序分享的调整后的方法。

最后的话

我们这本书中提到的只是现实中的冰山一角。专业发展和团队建设是复杂的过程，在此过程中会出现许多问题：

- 团队要持续多长时间？
- 团队何时更换成员和研究重点？
- 如何重新分组？
- 在团队发展中，哪些模式往往会发生？
- 在我们的大团队中，会不会出现小团体？
- 结合单个团队流程与整个组织中正在形成的较大社群的最佳方式是什么？

这些问题的答案和其他问题的答案有一部分可以在实践中或是共同学习中找到。领导者可能还需要发展其他促进和处理技能，例如：

- 帮助学员识别他们的学习和感知风格。
- 建立融洽关系，并适应参与者的实际能力和信念。
- 通过提问和反馈帮助人们处理自己的学习情况，并指导他们的学习。
- 创造安全、有序、支持的学习环境。

资源 D 引导式体验教学周期

引导式体验教学模型是更加巧妙复杂的脑与心智教学方法。这种模型以引导式体验教学为中心，尽管具体引导式体验教学在各方面截然不同，但是其阶段性教学并不受主题、焦点或者学科的影响。在开始之前，有以下注意点：

- 需要强调的是，只有老师和学生建立一个享有相同步调和期待的真正社群，这个模型才能行之有效。
- 作为教师，确保将必要的标准内化并充分掌握剩余所需知识。
- 收集并展示你所关注的优秀教学学科案例，并确保在阶段 4 中可使用这些案例，你也可以借鉴或使用这些案例以鼓励学生深入研究和提出相关问题。
- 官方指南也许只建议研究一个主要课题，但是你可拓展相关课题深入研究，形成一个完整的概念。此外，课题的选择权应交由学生，让他们进行选择。
- 对你希望学生掌握的基本技能和知识保持清晰的认识，这有利于教师在学生自主探索课题时，仍掌控必要知识框架。同时，谨记标准、核心技能和知识，以此教师可积极处理学生工作并且设计准则和真正的纸笔测验。

阶段 1：创造最初的“感知意义”

目的：

帮助引入基本未被学生询问的全新的主题或材料的主要内容。

如何实施：

提供学生全方面沉浸式体验，激发学生对课题情感和理性的思考和理解。

阶段 2：与新问题形成初步连接

目的：

鼓励学生自发探索和判断，让学生决定自己想要学习这一概念或主题的方式。

如何实施：

在全方面沉浸式体验中允许学生提出开放式问题，发表意见或作出相关反应，处理细节，现有知识和连接。

一旦学生在探索中对主题的任意方面产生兴趣，老师应立即帮助学习者对关注的问题形成统一意见并写出希望研究探索的具体问题。

阶段 3：通过研究和项目进行深入探索

目的：

该阶段学生需通过搜索大量的资源获得知识和信息，包括书籍、网络、教师指导和专家意见。在这个过程中，学生持续地改进、细化，处理自身的学习问题。

如何实施：

为学习者提供多种多样的学习资源，让学习者定义、描述自己的课题。与此同时，教师需要不断跟踪小组和个人的进程准则并及时阐释学生所关心的问题。

在各个阶段主动加工学生工作，尤其在阶段 3

目的：

在阶段 3，教师的角色是以持续的方式积极地处理学生的工作，同时谨记高标准、核心技能、学科知识和准则。教师的责任是让从事不同研究和 / 或项目的学生都能掌握这个领域的基本知识。最终要达到的目的是让学生有独特的产出以促进新的理解。

如何实施：

为帮助学生巩固基本知识和提高技能，教师要使用开放式问题、给予评价、提供辅导或直接指导（见本书第三部分）。

阶段 4：创作产出、展示或事件

目的：

用项目展示的方式阐述研究主题的独特之处。

如何实施：

由学生来选择在学习中构建呈现某事物的最佳方式。项目可以通过制作视频或其他形式的文件来展示，比如细节绘画，绘制时间线或者表格，写研究报告或做初始研究等需要高度应用新知识的方式。

阶段 5：巩固

目的：

在这一阶段教师的工作是让学习具象化。同时，产品、展示或者项目在这个阶段完成，学习者所学习的知识得以巩固并可以通过丰富的方式呈现关键知识。

如何实施：

虽然评估贯穿于主动加工经验这一过程，但是在阶段 4 的各种评估模式可为最后的评估提供参考。例如，学生通过各种各样的真正测试展现自身理解水平。学生可以设计和参加涉及关键要素的考试。教师可以给学生提供口语和书面考试，帮助学生进一步掌握内容和材料，同时证明他们可以学以致用的能力。

在这一阶段，教师决定教学步调和如何使学生的兴趣与学习紧密结合，同时设计新的全方面体验。

资源E 引导式体验教学模型指南

教师准备	学习周期	主动加工
了解标准	建立一个真正的社群	持续标准化
判别学习者需要掌握的概念	设计全方面体验	关键概念
了解需要掌握的核心技能和知识	组织初始研究小组	关键因素和技能
	为研究制定班级准则	
	学生自行开展研究	
	支持深入研究和优化技能	
	帮助学生规划研究展示	
	制定展示细则	
	制定文件评估准则	

资源 F　全面体验设计之轮

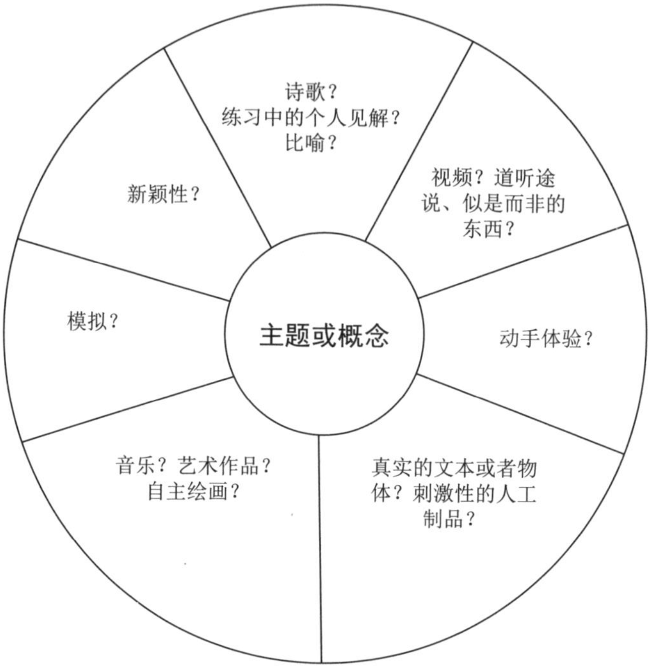

引导问题	建议
现实生活中哪里能发现问题？ 内涵主题是什么？ 如何与学生协作体验它？	问题主要出现在头脑风暴中。 从小方面着手。 从你专业方面入手。 利用你身边的艺术家资源。 找寻表达比喻的诗歌或者音乐。 不要过于感性。

资源 G 感性诗歌

感性诗歌根据以下模式创作。它可以进行一定程度的修改，类似于在每行文字末尾加入单词“因为”来拓展思想的深度。

这种模式一般由一个正在学习的简单的单词、想法或者概念开始。作者可以使用自己的感官体验来创作诗歌。

____________________看起来像……颜色____________________

____________________闻起来像____________________

____________________尝起来像____________________

____________________听起来像____________________

____________________摸起来像____________________

例子：

乔伊（Joy）看起来像黄色，唤醒了他所存在的任何空间。

乔伊闻起来像新鲜的玫瑰，散发着令人陶醉的芬芳。

乔伊尝起来像入口即化的巧克力，留有美妙的味道。

乔伊听起来像微风中发出鸣响的风，让人心旷神怡。

乔伊摸起来像寒冷日子里让人窝着的温暖毯子，令人感觉到被呵护。

参考文献

Alcoholrehab. com. (n.d.). *Age and substance abuse*. Retrieved from alcoholrehab. com/ drug-addiction/age-and-substance-abuse/

America's Children: Key National Indicators of Well-Being. (2012). *Population and family characteristics*. Retrieved from http://www. childstats. gov/pdf/ac2012/ ac-_12. pdf

Ariely, D. (2010). *Predictably irrational: The hidden forces that shape our decisions* (Rev. and exp. ed.). New York, NY: HarperCollins.

Ashby, F., Isen, A., & Turken, U. (1999). A neuropsychological theory of positive affect and its influence on cognition. *Psychological Review*, *106*(3), 529–550.

Austin, J. (1998). *Zen and the brain*. Cambridge, MA: MIT Press.

Austin, S. (2012). *A TEDxWomen talk on deep sea diving ... in a wheelchair*. Retrieved from http://www. ted. com/talks/sue_austin_deep_sea_diving_in_a_wheel chair

Azar, B. (2002). At the frontier of science: Social cognitive neuroscience merges three distinct disciplines in hopes of deciphering the process behind social behavior. *APA Monitor*, *33*(1), 40–43.

Bandler, R., & Grinder, J. (1979). *Frogs into princes: Neuro linguistic programming*. Boulder, CO: Real People Press.

Bandura, A. (1973). *Aggression: A social learning analysis*. Englewood Cliffs, NJ: Prentice Hall.

Bandura, A. (2000). Self-efficacy: The foundation of agency. In W. J. Perrig (Ed.), *Control of human behavior, mental processes, and consciousness* (pp. 17–33). Mahwah, NJ: Lawrence Erlbaum.

Barratier, C., Mallet, Y., & Perrin, J. (Producers). Nuridsany, C., & Perennou, M. (Directors). (1996). *Microcosmos* [Motion picture]. Burbank, CA: Miramax Films.

Barzakov, I. (1986, July 14). Optimalearning Workshop. Unpublished workshop notes.

Begley, S. (2007). *Train your mind: Change your brain*. New York, NY: Ballantine. Benesh, B. (Developer). (1999). *The human brain inquiry kit*. Alexandria, VA: ASCD.

Bickmore, K., Goldthwait, P., & Looney, J. (1995). *Alternatives to violence: A manual for teaching peacemaking to youth and adults*. Akron, OH: Peace Grows.

Boekaerts, M. (1996). Self-regulated learning at the junction of cognition and motivation. *European Psychologist*, *1*(2), 100–112.

Bowers, G. H., & Sivers, H. (1998). Cognitive impact of traumatic events. *Development and Psychopathology*, *10*, 625–654.

Bracha, H. S., Ralston, T. C., Matsukawa, J. M., Matsunaga, S. M., Williams, A. E., & Bracha, A. S. (2004). Does “fight or flight”need updating? *Psychosomatics*, 45, 448–449. Retrieved from http://www. psy. psychiatryonline. org/cgi/content/full/45/5/448

Brady, M. (2013). The whole is greater than the sum of the parts. *English Journal*, *103*(1), 20. Retrieved from http://www. marionbrady. com

Bransford, J. D., Brown, A. L., & Cocking, R. R. (Eds.). (2000). *How people learn: Brain, mind, experience and school*. Washington, DC: National Academy Press. Retrieved from http://www. nap. edu/openbook. php?isbn=0309070368

Briggs-Myers, I., & McCaulley, M. (1985). *Manual: A guide to the development and use of the Myers Briggs Type Indicator*. Palo Alto, CA: Consulting Psychologists Press.

Brothers, L. (1997). *Friday's footprint: How society shapes the human mind*. New York, NY: Oxford University Press.

Brown, J., Isaacs, D., Wheatley, M., & Senge, P. (2005). *The world café: Shaping our futures through conversations that matter*. San Francisco, CA: Berrett-Koehler.

Caine, G., & Caine, R. (2001). *The brain, education, and the competitive edge*. Lanham, MD: Scarecrow.

Caine G., & Caine, R. (2010). *Strengthening and enriching your professional learning community: The art of learning together*. Alexandria, VA: ASCD.

Caine, G., Caine, R., & McClintic, C. (2002). Guiding the innate constructivist.

Educational Leadership, *60*(1), 70–73.

Caine, R. (2000). Building the bridge from research to classroom. *Educational Leadership*, *58*(3), 59–62.

Caine, R. (2008). How neuroscience informs our teaching of elementary students. In C. Block, S. Parris, & P. Afflerbach (Eds.), *Comprehension instruction* (2nd ed., pp. 127–141). New York, NY: Guilford Press.

Caine, G. (2013a). *5 elements for creating a culture of listening*. Amazon Kindle. Retrieved from http://goo. gl/8B3YjT

Caine, R. (2013b). *Nine skills for listening to life*. Amazon Kindle. Retrieved from http://goo. gl/PsGCF3

Caine, R. N., & Caine, G. (1991, 1994). *Making connections: Teaching and the human brain*. Menlo Park, CA: Addison-Wesley.

Caine, R., & Caine, G. (1997a). *Education on the edge of possibility*. Alexandria, VA:ASCD.

Caine, R., & Caine, G. (1997b). *Unleashing the power of perceptual change: The potential of brain based teaching*. Alexandria, VA: ASCD.

Caine R., & Caine. G. (2011). *Natural learning for a connected world: Education, technology, and the human brain*. New York, NY: Teachers College Press.

Caine, R., Caine, G., & Crowell, S. (1999). *Mindshifts* (2nd ed.). Chicago, IL: Zephyr.

Caine, R. N., Caine, G., McClintic, C. & Klimek, K. (2005). *12 brain/mind learning principles in action: The fieldbook for making connections, teaching, and the human brain*. Thousand Oaks, CA: Corwin.

Caine, R. N., Caine, G., McClintic, C. & Klimek, K. (2009). *12 brain/mind learning principles in action: Developing executive functions of the human brain (2nd ed.)*. Thousand Oaks, CA: Corwin.

Caine, R., & McClintic, C. (2014). *Handling student frustrations: How do I help students manage emotions in the classroom*? Alexandria, VA: ASCD.

Caine, R., McClintic, C., & Bond, A. (2014). *Ordered sharing: Build and maintain a functioning community by fostering healthy relationships*. Retrieved from http://www. nlri. org.

California Teachers Association (CTA) Leadership Training. (1989). Fist to Five workshop, Yucaipa, CA. (Adapted from Swindler, Jim. [n.d.] *Meeting facilitation: Important ingredient for change.*) Retrieved from http://healthcare. isixsigma. com/library/content/c070214a. asp

Church, C. (1998). Pie Jesu. On *Voice of an angel* [CD]. New York, NY: Sony Music.

Claxton, G. (1997). *Hare brain, tortoise mind: How intelligence increases when you think less*. Hopewell, NJ: ECCO.

Cole, K. (1998, August 13). Why the arts are important to science. *Los Angeles Times*, p. 8.

Cole, K. C. (1999, October 13). Nobel prizes go to Caltech chemist, Dutch physicists. *Los Angeles Times*, pp. 1, 15.

Color Vision & Art. (n.d.). *Peripheral vision*. Retrieved from http://www. webexhibits. org/colorart/ag. html

Combs, A. (1999). *Being and becoming*. New York, NY: Springer.

Combs, A., Richards, A., & Richards, F. (1988). *Perceptual psychology: A humanistic approach to the study of persons*. New York, NY: Harper and Row. (Original work published 1976)

Common Core State Standards Initiative. (n.d.). Retrieved from http://www. corestandards. org/ELA-Literacy/CCRA/SL/

Community Board Program. (2003a). *Conflict resolution: A secondary school curriculum*. Unpublished workshop materials.

Community Board Program. (2003b). *Conflict resolution: An elementary school curriculum*. Unpublished workshop materials.

Costa, A., & Kallick, B. (2000). *Habits of mind: A developmental series*. Alexandria, VA: ASCD.

Covey, S. R. (1989). *The seven habits of highly effective people: Powerful lessons in personal change*. New York, NY: Simon & Schuster.

Cozolino, L. (2006). *The neuroscience of human relationships: Attachment and the developing social brain*. New York, NY: W. W. Norton.

Cozolino, L. (2014). *The neuroscience of human relationships: Attachment and the developing social brain* (2nd ed.). New York, NY: W. W. Norton.

Craik, F. I. M., & Lockhart, R. S. (1972). Levels of processing: A framework for memory research. *Journal of Verbal Learning and Verbal Behavior*, *11*, 671–684.

Creswell, J. D., Bursley, J. K., & Satpute, A. B. (2013). Neural reactivation links unconscious thought to decision-making performance. *Social Cognitive and Affective Neuroscience*. Retrieved from http://www. ncbi. nim. nih. gov/pubmed/ 23314012

Csikszentmihalyi, M. (2008). *Flow: Psychology of optimal experience*. New York, NY: Perennial. (Original work published 1993)

Damasio, A. (1999). *The feeling of what happens: Body and emotion in the making of consciousness*. New York, NY: Harcourt Brace.

Damasio, A. (2003). *Looking for Spinoza: Joy, sorrow, and the feeling brain*. New York, NY: Harcourt.

Damasio, A. (2005). *Descartes'error: Emotion, reason and the human brain*. New York, NY: Avon Books. (Original work published 1994)

Davies, L. (2002). *Ten ways to foster resiliency in children*. Retrieved from http://www. kellybear. com/TeacherTip25. html

Deacon, T. W. (1997). *The symbolic species*. New York, NY: W. W. Norton.

Detweiler, J., Rothman, A., Salovey, P., & Steward, W. (2000). Emotional states and physical health. *American Psychologist*, *55*(1), 110–121.

Diamond, M. (1988). *Enriching heredity: The impact of the environment on the anatomy of the brain*. New York, NY: Free Press.

Diamond, M., & Hobson, J. (1998). *Magic trees of the mind*. New York, NY: Penguin Putnam.

Doige, N. (2007). *The brain that changes itself: Stories of personal triumph from the frontiers of brain science*. New York, NY: Penguin.

Dufour, R., & Eaker, R. E. (1998). *Professional learning communities at work: Best practices for enhancing student achievement*. Bloomington, IN: Solution Tree.

Dunn, R., & Griggs, S. (1988). *Multiculturalism and learning style*. Westport, CT: Praeger.

Dweck, C. (2006). *Mindset: The new psychology of success*. New York, NY: Random House.

Edwards, C., Gandini, L., & Forman, G. (Eds.). (1998). *The hundred languages of children: The Reggio Emilia Approach advanced reflections* (2nd ed.). Stamford, CT: Alder.

Egan, K. (1989). *Teaching as story telling: An alternative approach to teaching and curriculum in the elementary school*. Chicago, IL: University of Chicago Press.

Ekman, R., & Davidson, R. J. (Eds.). (1994). *The nature of emotion*. New York, NY: Oxford University Press.

Erikson, E. (1994). *Identity and the life cycle*. New York, NY: W. W. Norton.

Fadiman, D. (1988). *Why do these kids love school*? [Video]. Menlo Park, CA: Concentric Media.

Festinger, L. (1957). *A theory of cognitive dissonance*. Stanford, CA: Stanford University Press.

Finn, J., Gerber, S., Achilles, C., & Boyd-Zaharias, J. (2001). The enduring effects of small classes. *Teachers College Record*, *103*(2), 145–183.

Fredrickson, B. (2000, March). Cultivating positive emotions to optimize health and well-being. *Prevention and Treatment*, 3 (Article 0001a). Retrieved from http://journals. apa. org/prevention/volume3/pre0030001a. html

Frieberg, K., & Frieberg, J. (1998). *Nuts! Southwest Airlines'crazy recipe for business and personal success*. Austin, TX: Bard Press.

Fuster, J. M. (2003). *Cortex and mind: Unifying cognition*. New York, NY: Oxford University Press.

Fuster, J. M. (2013). *The neuroscience of freedom and creativity*. New York, NY: Cambridge University Press.

Gardner, H. (2006). *Multiple intelligences: New horizons*. New York, NY: Perseus Books Group.

Gendlin, E. (1982). *Focusing*. New York, NY: Bantam.

Gendron, M., Roberson, D., van der Vyver, J. M., & Barrett, L. F. (2014). Perceptions of emotion from facial expressions are not culturally universal: Evidence from a remote culture. *Emotion, 14*, 251–262.

Gershon, M. (1999). *The second brain: A groundbreaking new understanding of nervous disorders of the stomach and intestine*. New York, NY: Harper Perennial.

Gillham, J. (Ed.). (2000). *The science of optimism and hope: Research essays in honor of Martin E. P. Seligman* (Vol. 2). Radnor, PA: Templeton Foundation Press.

Goldberg, E. (2001). *The executive brain: Frontal lobes and the civilized mind*. New York, NY: Oxford University Press.

Goleman, D. (1997). *Emotional intelligence: Why it can matter more than IQ*. New York, NY: Bantam Books.

Goleman, D. (2007). *Social intelligence: The new science of human relationship*. New York, NY: Bantam.

Gopnik, A., Meltzoff, A., & Kuhl, P. (1999). *The scientist in the crib: Minds, brains, and how children learn*. New York, NY: William Morrow.

Gordon, T. (2001). *Leader Effectiveness Training: L. E. T.* New York, NY: Berkley. (Original work published 1977)

Gordon, T., & Burch, N. (Contributor). (2003). *TET: Teacher effectiveness training: The program proven to help teachers bring out the best in students of all ages*. New York, NY: Three Rivers Press. (Original work published 1977)

Gordon Training International. (n.d.). *Origins of the Gordon model*. Retrieved from http://www. gordontraining. com/thomas-gordon/origins-of-the-gordonmodel

Gordon, W. (1968). *Synectics: The development of creative capacity*. New York, NY: Macmillan.

Greenleaf, R. K. (Author). Spears, L. C. (Ed.). (2002). *Servant leadership: A journey into the nature of legitimate power and greatness* (25th anniversary ed.). Mahwah, NJ: Paulist Press.

Greenough, W., Black, J., & Wallace, C. (1987). Experience and brain development. *Child Development, 58*, 539–559.

Halpern, D. (1989). *Thought and knowledge: An introduction to critical thinking*. Hillsdale, NJ: Lawrence Erlbaum.

Hanson, R., with Mendius, R. (2009). *Buddha's brain: The practical neuroscience of happiness, love and wisdom*. Oakland, CA: New Harbinger.

Hart, L. (1978). *Human brain and human learning*. New York, NY: Longman.

Haskel, R. (2000). *Transfer of learning: Cognition, instruction, and reasoning*. Burlington, MA: Academic Press.

Hassard, J. (1999). *Science as inquiry: Activated learning, project-based, web-assisted, and active assessment strategies to enhance student learning*. Santa Monica, CA: Goodyear.

Healy, J. (1998). *Failure to connect: How computers affect our children's minds for better and worse*. New York, NY: Simon & Schuster.

Hillman, J. (1996). *The soul's code: In search of character and calling*. New York, NY: Warner.

Hom, E. J. (2014, February 11). What is STEM education? *LiveScience*. Retrieved from http://www. livescience. com/43296-what-is-stem-education. html

Honey, M., Pearson, G., & Schweingruber, H. (Eds). (2014). *STEM integration in K–12 education*. Washington, DC: NAS Press. Retrieved from http://www. nap. edu/catalog/18612/stem-integration-in-k-12-education-status-prospects-and-an

Hurley, S. L. (2006). Bypassing conscious control: Media violence, unconscious imitation, and freedom of speech. In S. Pockett, W. Banks, & S. Gallagher (Eds.), *Does consciousness Cause Behavior?* Cambridge, MA: MIT Press.

Hurley, S., & Charter, N. (Eds.). (2005). *Perspectives on imitation: From neuroscience to social science* (Vols. 1 and 2). Cambridge, MA: MIT Press.

Huttenlocher, P. R. (2002). *Neural plasticity: The effects of environment on the development of the cerebral cortex*. Cambridge, MA: Harvard University Press.

Jones, T. B. (2013). *Education for the human brain: A road map to natural learning in schools*. New York, NY: Rowman & Littlefield Education.

Klimek, K. J., Ritzenhein, E., & Sullivan, K. D. (2008). *Generative leadership: Shaping new futures for today's schools*. Thousand Oaks, CA: Corwin.

Kohn, A. (1999). Punished by rewards. Boston, MA: Houghton Mifflin.

Kohn, A. (2000). *The case against standardized testing*. Portsmouth, NH: Heinemann.

Kokko, K., & Pulkkinen, L. (2000). Aggression in childhood and long-term unemployment in adulthood: A cycle of maladaptation and some protective factors. *Developmental Psychology*, *36*(4), 463–472.

Koob, G. F., & Le Moal, M. (2006). *Neurobiology of addiction*. London, UK: Academic Press.

Kovalik, S., & Olsen, K. (1997). *Integrated thematic instruction: The model* (3rd ed.). Covington, WA: Books for Education.

Kuldas, S., Ismail, H. N., Hashim, S., & Bakar, Z. A. (2013). Unconscious learning processes: Mental integration of verbal and pictorial instructional materials. *Springerplus*. Retrieved from http://www.ncbi.nim.nih.gov/pmc/articles/PMC3612178/

Lakoff, G., & Johnson, M. (1999). *Philosophy in the flesh: The embodied mind and its challenge to western thought*. New York, NY: Basic Books.

Langer, E. (1989). *Mindfulness*. Reading, MA: Addison-Wesley.

Larrivee, B. (2008). *Authentic classroom management: Creating a learning community and building reflective practice*. Boston, NY: Allyn & Bacon.

Larrivee, B. (2012). *Cultivating teacher renewal: Guarding against stress and burnout*. New York, NY: Rowland & Littlefield.

Larrivee, B., & Cooper, J. M. (2006). *An educator's guide to teacher reflection*. Boston, MA: Houghton Mifflin.

Learning Center Marzano Center. (n.d.). Retrieved from http://www. marzano commoncore. com/

LeDoux, J. (1998). *The emotional brain: The mysterious underpinnings of emotional life*. New York, NY: Simon & Schuster. (Original work published 1996)

LeDoux, J. (2002). *The synaptic self*. New York, NY: Penguin Group.

Lewin, K. (1952). *Field theory in social science*. London, UK: Tavistock.

Littky, D., & Grabelle, S. (Eds.). (2004). *The big picture: Education is everyone's business*. Alexandria, VA: ASCD.

Llinas, R. (2002). *I of the vortex: From neuroscience to self*. Cambridge, MA: MIT Press.

Loescher, E. (1989). *How to avoid World War III at home*. Denver, CO: Conflict Center.

Luckner, J., & Nadler, R. (1997). *Processing the experience: Strategies to enhance and generalize learning* (2nd ed.). Dubuque, IA: Kendall/Hunt.

Lyon, G., & Krasnegor, N. (Eds.). (1999). *Attention, memory, and executive function* (2nd ed.). Baltimore, MD: Brookes.

MacLean, P. (1978). A mind of three minds: Educating the triune brain. In J. Chall & A. Mirsky (Eds.), *Education and the brain* (pp. 308–342). Chicago, IL: University of Chicago Press.

MacLean, P. D. (1990). *The triune brain in evolution: Role in paleocerebral functions*. New York, NY: Plenum Press.

McCombs, B., &Miller, L. (2009). *Learner-centered classroom practices and assessments: Maximizing student motivation, learning, and achievement*. Thousand Oaks, CA: Corwin.

McEwen, B. (2001). *The end of stress as we know it*. Washington, DC: Joseph Henfry Press.

Merzenich, M. (2013). *Soft-wired: How the new science of brain plasticity can change your life*. San Francisco, CA: Pamassus.

Miller, B., & Cummings, J. (1999). *The human frontal lobes*. New York, NY: Guilford Press.

Miller, E. K., & Cohen, J. D. (2001). An integrative theory of prefrontal cortex function. *Annual Review of Neuroscience 2001*, *24*, 167–202.

Molfese, D., & Molfese V. (2002). *Developmental variations in learning*. Mahwah, NJ: Lawrence Erlbaum.

Murphy, C. M., & Lick, D. W. (2005). *Whole-faculty study groups: Creating professional learning communities that target student learning* (3rd ed.). Thousand Oaks, CA: Corwin.

National Board for Professional Teaching Standards. (2002). *What teachers should know and be able to do*. Arlington, VA: Author. Retrieved from http:// www. nbpts. org/ sites/default/files/documents/certificates/what_teachers_should_know. pdf

National Center for Education Statistics. (2000, December 5). *Highlights from the Third International Mathematics and Science Study–Repeat*(TIMSS-R). Retrieved from http://nces. ed. gov/timss/highlights. asp

National Council for Accreditation of Teacher Education. (2003). *Summary data on teacher effectiveness, teacher quality, and teacher qualifications*. Retrieved from http://www. ncate. org/resources/factsheettq. htm

National Institute on Drug Abuse. (n.d.). Retrieved from http://www. drugabuse. gov/NIDAHome. html

Neville, B. (1989). *Education psyche: Emotion, imagination, and the unconscious in learning*. North Blackburn, Victoria, Australia: Collins Dove.

Next Generation Science Standards. (n.d.). Retrieved from http://www. nextgen science. org

Noe, A. (2004). *Action in perception*. Cambridge, MA: MIT Press.

Nye, B., Hedges, L., & Konstantopoulos, S. (2003). The long-term effects of small classes in early grades: Lasting benefits in mathematics achievement at grade 9. *Journal of Experiential Education*, *69*(3), 245–257.

Olsen, B., & Sexton, D. (2008). Threat rigidity, school reform, and how teachers view their work inside current education policy contexts. *American Educational Research Journal, 46* (1), 9–44.

Pajares, F. (1996). Self-efficacy beliefs in academic settings. *Review of Educational Research, 66* (4), 543–578.

Panksepp, J. (2004). *Affective neuroscience: The foundations of human and animal emotions*. New York, NY: Oxford University Press. (Original work published 1998)

Peale, N. V. (n.d.) Retrieved from http://www. quotationspage. com/quotes/Norman_Vincent_Peale

Pekrun, R., & Stephes, E. J. (2012). APA Educational Psychology Handbook, Vol. 2: Individual differences and cultural and contestual factors. In K. R. Harris, S. Graham, T. Urdan, J. M. Rayer, & M. Zeidner (Eds.), *APA Handbooks in Psychology* (pp. 3–31). Washington, DC: American Psychological Association. Retrieved from http://dx. doi. org/10. 1037/13274–001

Perfect, T., & Schwartz, B. (2002). *Applied metacognition*. Cambridge, UK: Cambridge University Press.

Perkins, D. (1995). *Outsmarting IQ: The emerging science of learnable intelligence.* New York, NY: Free Press.

Perkins, D. (2001). *The eureka effect: The art and logic of breakthrough thinking.* New York, NY: Norton.

Perry, B. D. (1996). *Maltreated children: Experience, brain development, and the next generation.* New York, NY: Norton.

Perry, B. D. (2003a). *Keep the cool in school: Promoting non-violent behavior in children.* Retrieved from http://teacher. scholastic. com/professional/ bruceperry/ cool. htm

Perry, B. D. (2003b, October 8). Workshop: 2nd Annual Southwest Family Violence Conference. Presented by the Alternatives to Domestic Violence and Prevent Child Abuse Council of Southwest Riverside County, CA. Unpublished workshop materials.

Perry, B. D., Pollard, R., Blakely, T., Baker, W., & Vigilante, D. (1995). Childhood trauma, the neurobiology of adaptation, and"use-dependent" development of the brain: How "states" become "traits. "*Infant Mental Health Journal, 16*(4), 271–291. Retrieved from http://www. trauma-pages. com

Perry, N. (1998). Young children's self-regulated learning and contexts that support it. *Journal of Educational Psychology, 90*(4), 715–729.

Pert, C. (1997). *Molecules of emotion.* New York, NY: Scribner.

Peterson, C., Maier, S., & Seligman, M. (1996). *Learned helplessness.* New York, NY: Oxford University Press.

Piaget, J. (1976). *To understand is to invent: The future of education.* New York, NY: Penguin.

Ploran, E. J., Nelson, S. M., Velanova, K., Donaldson, D. I., Petersen, S. E., & Wheeler, M. E. (2007). Evidence accumulation and the moment of recognition: Dissociating perceptual recognition processes using fMRI. *Journal of Neuroscience, 27*(44), 11912–11924.

Popham, J. (2001). *The truth about testing: An educator's call to action.* Alexandria, VA: ASCD.

A Private Universe [Motion picture]. Pyramid Film and Video. Retrieved from http:// www. pyramidmedia. com

Rauscher, F., Shaw, G., & Ky, K. (1995). Listening to Mozart enhances spatialtemporal reasoning: Towards a neurophysiological basis. *Neuroscience Letters, 185*, 44–47.

Rauscher, F., Shaw, G., Levine, L., Wright, F., Dennis, W., & Newcomb, R. (1997). Music training causes long-term enhancement of preschool children's spatialtemporal reasoning. *Neurological Research, 19*(1), 2–8.

Reivich, K., & Shatte, A. (2002). *The resilience factor*. New York, NY: Broadway Books.

Resnick, L. B. (2010). Nested learning systems for the thinking curriculum. *Educational Researcher*, *39*, 183.

Restak, R. (1995). *Brainscapes*. New York, NY: Hyperion.

Restak, R. (2001). *The secret life of the brain*. Washington, DC: Joseph Henry Press.

Rideout, V., Hamel, E., & Kaiser Family Foundation. (2006). *The media family: Electronic media in the lives of infants, toddlers, preschoolers, and their parents*. Washington, DC: Henry J. Kaiser Family Foundation. Retrieved from http://www. kff. org/entmedia/7500. cfm

Rideout. V., Roberts, D., Taylor, Rich, M., Judd, J., ... Burch, L. (2010). *Generation M2: Media in the lives of 8-to 18-years*. Retrieved from http:// www. kff. org/other/ event/generation-m2-media-in-the-lives-of/

Robbins, B. J. (2003, May–June). *Awe, gratitude and compassion: Common ground in a will-to-oneness*. Paper presented at conference on Works of Love: Scientific & Religious Perspectives on Altruism, Philadelphia, PA.

Rogers, C. (1980). *A way of being*. New York, NY: Mariner.

Root-Bernstein, R., & Root-Bernstein, M. (2000). *Sparks of genius: The thirteen thinking tools of the world's most creative people*. Boston, MA: Houghton Mifflin.

Rumbaugh, D., & Washburn, D. (1999). Attention and memory in relation to learning: A comparative adaptation perspective. In G. Lyon & N. Krasnegor(Eds.), *Attention, memory, and executive function* (pp. 199–219). Baltimore, MD: Brookes.

Sacks, P. (1998). *Standardized minds: The high price of America's testing culture and what we can do to change it*. Cambridge, MA: Perseus.

Sanfey, A. G., Rilling, J. K., Aronson, J. A., Nystrom, L. E., & Cohen, J. D. (2003). The neural basis of economic decision-making in the ultimatum game. *Science, 13*(300), 1755–1758. Retrieved from http://dx. doi. org/10. 1126/ science. 1082976

Sapolsky, R. (1998). *Why zebras don't get ulcers: An updated guide to stress, stressrelated diseases, and coping*. New York, NY: Freeman.

Schacter, D. (1996). *Searching for memory: The brain, the mind, and the past*. New York, NY: Basic Books.

Schmahmann, J. (Ed.). (1997). *The cerebellum and cognition*. San Diego, CA: Academic Press.

Schon, D. (1983). *The reflective practitioner: How professionals think in action*. New York, NY: Basic Books.

Schunk, D. H., & Pajares, F. (2002). The development of academic self-efficacy. In A. Wigfield & J. Eccles (Eds.), *Development of achievement motivation* (pp.15–31). San Diego, CA: Academic Press.

Schwahn, C. J., & Spady, W. (1998). *Total leaders: Applying the best future-focused change strategies to education*. Lanham, MD: Rowman & Littlefield.

Schwahn, C. J., & Spady, W. G. (2010). Total leaders 2.0: *Leading in the age of empowerment*. Lanham, MD: Rowman & Littlefield Education.

Schwartz, J., & Begley, S. (2002). *The mind and the brain: Neuroplasticity and the power of mental force*. New York, NY: HarperCollins.

Seligman, M. (1998). Positive social science. *APA Monitor*, *29*(4), 11.

Seligman, M. (2004). *Authentic happiness: Using the new positive psychology to realize your potential for lasting fulfillment*. New York, NY: ATRIA Paperback.

Seligman, M. (2012). *Flourish: A visionary new understanding of happiness and wellbeing*. New York, NY: Free Press.

Seligman, M., Ernst, R. M., Gillham, J., Reivich, K., & Linkins, M. (June). Positive education: Positive psychology and classroom interventions. *Oxford Review of Education*, *35*(3), 293–311.

Senge, P. M. (1990). *The fifth discipline: The art and practice of the learning organization*. New York, NY: Doubleday.

Siegel, D. (1999). *The developing mind: Toward a neurobiology of interpersonal experience*. New York, NY: Guilford.

Siegel, D. (2007). *The mindful brain: Reflection and attunement in the cultivation of well-being*. New York, NY: W. W. Norton.

Sinek, S. (2009). *Start with why: How great leaders inspire everyone to take action*. London, UK: Portfolio.

Sloboda, J. (1991). Musical expertise. In K. A. Ericson & J. Smith (Eds.), *Toward a general theory of expertise: Prospects and limits* (pp.153–171). New York, NY: Cambridge University Press.

Sosniak, L. (1989). From tyro to virtuoso: A long term commitment to learning. In F. Wilson & F. Roehmann (Eds.), *Music and child development: Proceedings of the 1987 Biology of Music Making Conference* (pp.274–290). St. Louis, MO: MMB Music.

Squire, L., & Kandel, E. (1999). *Memory: From mind to molecules*. New York, NY: Freeman.

Sternberg, R. (1988). *The triarchic mind: A new theory of human intelligence*. New York, NY: Viking.

Sternberg, R. (1997). *Successful intelligence: How practical and creative intelligence determines success in life*. New York, NY: Plume.

Sternberg, R., & Grigorenko, E. (2001). *Environmental effects on cognitive abilities*. London, UK: Lawrence Erlbaum.

Stipek, D., Feiler, R., Daniels, D., & Milburon, S. (1995). Effects of different instructional approaches as young children: Achievement and motivation. *Child Development*, *66*, 209–223.

Sylwester, R. (1995). *A celebration of neurons: An educator's guide to the human brain*. Alexandria, VA: ASCD.

Sylwester, R. (2002). *A biological brain in a cultural classroom* (2nd ed.). Thousand Oaks, CA: Corwin.

Turner, J. C. (1995). The influence of classroom contests on young children and motivation for literacy. *Reading Research Quarterly*, *30*, 420–441.

Turner Pictures (Producers), & Maxwell, R. F. (Writer/Director). (1993). Gettysburg [Motion picture]. Atlanta, GA: Turner Pictures.

Umberson, D., & Montez, J. K. (2010). Social relationships and health: A flashpoint for health policy. *Journal of Health and Social Behavior*, *51*(11). Retrieved from http:// www. hsb. sagepub. com

Van de Castle, R. (1995). *Our dreaming mind*. New York, NY: Ballentine.

Van Eden, C. G., Uylings, H. B. M., De Bruin, J. P. C., Feenstra, M. G. P., & Pennartz, C. M. A. (Eds.). (2000). Cognition, emotion, and autonomic responses: The integrative role of the prefrontal cortex and limbic structures. *In Proceedings of the 21st International Summer School of Brain Research* (pp. 23–27). New York, NY: Elsevier Science.

Vygotsky, L. (1978). *Mind in society*. Cambridge, MA: Harvard University Press.

Wallenstein, G. (2003). *Mind, stress, and emotions: The new science of mood*. Boston, MA: Commonwealth Press.

Walton, S. (2006). *A natural history of human emotions*. Berkeley, CA: Grove Press.

Wenger, E., McDermott, R., & Snyder, W. M. (2002). *Cultivating communities of practice*. Boston, MA: Harvard Business School Press.

Wheatley, M. (1999). *Leadership and the new science: Discovering order in a chaotic world (2nd ed.)*. San Francisco, CA: Berrett-Koehler.

Wiggins, G. (1993). *Assessing student performance: Exploring the purpose and limits of testing*. San Francisco, CA: Jossey-Bass.

Wiggins, G. (2002). Toward genuine accountability: The case for a new state assessment system. *Edutopia*. Retrieved from http://www. edutopia. org/toward-genuine-accountability-case-new-state-assessment-system

Wiggins, G. (2006). Healthier testing made easy: The ideas of authentic assessment. *Edutopia*. Retrieved from http://www. edutopia. org/authentic-assessmentgrant-wiggins

Zimmerman, B., & Martinez-Pons, M. (1990). Student differences in self-regulated learning relating grades, sex, and giftedness to self-efficacy and strategy. *Journal of*

Educational Psychology, 82(1), 51–59.

Zimmerman, B., Sebastian, B., & Kovach, R. (2002). *Developing self-regulated learners: Beyond achievement to self-efficacy (psychology in the classroom)*. Washington, DC: American Psychological Association.

Zull, J. E. (2002). *The art of changing the brain: Enriching the practice of teaching by exploring the biology of learning*. Sterling, VA: Stylus.

Zumbrunn, Tadlock, J., & Roberts E. D. (2011). *Encouraging self-regulated learning in the classroom: A review of the literature*. Richmond, VA: Metropolitan Educational Research Consortium (MERC), Virginia Commonwealth University.

标准

Core State Standards for high school in life science: http://www.standards.nsta.org/AcessStandardsByTopic. aspx Nat

Kansas State Curriculum Standards, Third Grade, Standard 2, Writing, page 9, Benchmark 3.

Minnesota Curriculum Standards (working draft, September 2003) Grade 7—U. S. History—Era 4: Civil War and Reconstruction, 1850s–1870s

Texas Elementary Curriculum Standards, Grade 4, Science 112.6 (b) Knowledge and Skills